O livro marrom

FÓSFORO

LUDWIG WITTGENSTEIN

O livro marrom

Tradução do inglês, organização e apresentação por
GIOVANE RODRIGUES E TIAGO TRANJAN

Posfácio por
JOÃO VERGÍLIO GALLERANI CUTER

Apresentação

Quando publicados pela primeira vez, sete anos após a morte de Wittgenstein, o *Livro azul* e o *Livro marrom* apareceram em edição única, com o longo título *Estudos preliminares para as "Investigações filosóficas", normalmente conhecidos como os livros azul e marrom*.[1] A escolha do título tem algo de correto — e muito de desencaminhador. Ela é parcialmente correta na medida em que nos recorda de que as *Investigações* foram o resultado de pelo menos dezesseis anos de trabalho contínuo, desde 1929 até 1945.[2] Pertencem a esse período o texto ditado entre 1933 e 1934, datilografado e encadernado sob capas azuis, e aquele ditado entre 1934 e 1935, datilografado e encadernado sob capas marrons,

1. Rush Rhees, um dos três herdeiros literários de Wittgenstein (junto com Elizabeth Anscombe e Georg von Wright), preparou as duas primeiras edições inglesas desses livros, com o longo título mencionado, respectivamente em 1958 e em 1960. A segunda edição não modificou em nada o *Livro marrom*, mas incluiu algumas poucas alterações no texto do *Livro azul*. Para informações a esse respeito, ver a Apresentação ao *Livro azul* (São Paulo: Fósforo, 2025).

2. Em 1945, Wittgenstein escreveu a última versão do prefácio às *Investigações filosóficas* (São Paulo: Fósforo, 2022), com o intuito de publicá-las pela Cambridge Press, o que só ocorreu em 1953, dois anos após sua morte. É costumeiro tratar 1945 como o ano de conclusão da obra, apesar de algumas poucas alterações feitas por ele em período posterior.

os quais mais tarde se tornariam os célebres *Livro azul* e *Livro marrom*. Não há dúvida de que ler essas obras é testemunhar o desenvolvimento e o amadurecimento de uma nova filosofia, que ganharia forma final no mais importante livro de Wittgenstein, as *Investigações filosóficas*. De fato, basta um pouco de imaginação para ver esses esforços como experimentos, e esses livros da primeira metade dos anos 1930 como laboratórios, estudos preliminares para o que viria mais tarde.

Por outro lado, há pelo menos duas razões para recusar aquele título. Em primeiro lugar porque ao aceitá-lo subscreveríamos à ideia, mais aparente que real, de que esses dois livros formam uma única obra. Seria um erro pensar que a composição inicial por meio de ditados a alunos, a produção de versões revisadas datiloscritas e a contiguidade temporal fazem de um deles uma espécie de continuação do outro, ou que eles compõem um único projeto, já que, tanto do ponto de vista do estilo quanto do ponto de vista do conteúdo, os dois são muito distintos. Eles representam não apenas diferentes perspectivas sobre alguns temas comuns como também abordagens absolutamente originais a temas que não lhes são comuns.[3]

A segunda razão para rejeitar a publicação conjunta sob aquele título é que a expressão "estudos preliminares" poderia dar a entender que eles não seriam a última palavra de Wittgenstein a respeito dos temas tratados. Contudo, tal decisão acerca do valor das obras parece caber mais aos leitores e intérpretes do que aos editores. Mais importante: há ganhos fi-

3. O próprio Rush Rhees admite, na versão alemã do *Livro marrom* preparada por ele em 1969, o caráter problemático da edição conjunta. Em seu prefácio, afirma: "Wittgenstein não deu título a nenhum dos dois ditados. Assim, eles eram distinguidos e nomeados por meio das cores das capas. Isso pode ser desencaminhador, uma vez que poderia dar a entender que eles teriam uma relação mais estreita um com o outro, ou mesmo que formariam um conjunto".

losóficos em tratar essas obras por seus próprios méritos. Para constatá-los, poderíamos propor o seguinte experimento de pensamento: Quanto aprenderíamos a respeito da linguagem e de suas relações com o sujeito e com o mundo caso o *Livro marrom*, por exemplo, fosse o único escrito sobrevivente dos esforços maduros de Wittgenstein? Certamente, muito. E certamente nos beneficiamos, em uma medida difícil de avaliar, da leitura das várias reflexões que acabaram ficando ausentes de escritos posteriores, ou então que não foram tão detalhadamente desenvolvidas. Seja como for, não temos dúvida de que bastaria este livro para implementar, ao menos em parte, a revolução que a filosofia wittgensteiniana representa no pensamento ocidental.

Nesta apresentação, gostaríamos de expor o contexto que levou à produção do *Livro marrom* e o processo peculiar de sua composição. Além disso, indicaremos algumas das dificuldades específicas à edição e à tradução.

CAMBRIDGE, 1934-5

No início de outubro de 1934, Wittgenstein convidou dois de seus alunos, Alice Ambrose e Francis Skinner, para colaborar em um ambicioso projeto. Wittgenstein lhes ditaria observações filosóficas, precedidas e seguidas por discussões, as quais mais tarde seriam revisadas e, por fim, datilografadas. O projeto era diferente daquele de que Ambrose e Skinner haviam participado no ano letivo anterior, quando um grupo de seis alunos tomara nota dos ditados que mais tarde dariam origem ao *Livro azul*. Naquele caso, tratava-se de um curso acadêmico formal — ao menos ele foi assim descrito no *Cambridge University*

Reporter.[4] Já o novo empreendimento tinha um enquadramento diferente. Embora Wittgenstein chamasse de "aulas" os encontros semanais com seu par de alunos,[5] essas novas sessões, que dariam origem ao *Livro marrom*, não eram o que usualmente se chama de aula ou curso: não eram abertas a outros estudantes da universidade, ocorriam na casa do professor e tinham menos o intuito de ensinar os alunos que o de registrar os pensamentos de um filósofo. Além disso, eram bem mais flexíveis: se a proposta inicial era a de encontros semanais, muito rapidamente essas sessões se multiplicaram. Wittgenstein relata, em carta de 25 de novembro, estar ocupadíssimo: "Encontro-me com dois alunos cinco vezes por semana, por quatro horas, das 9h30 às 13h30, com uma pausa para o café".[6]

O propósito desse projeto fica indicado, ainda que de modo vago, na sequência dessa mesma carta: "Ao longo dessas horas, o que faço é, sobretudo, ditar-lhes, e o que ditei pode ou não ser publicado um dia". Ora, desde seu retorno a Cambridge, em 1929, depois de um período de quase dez anos afastado da filosofia, Wittgenstein passara a criticar fortemente suas antigas ideias. As novas concepções, que a partir de então foram preenchendo numerosos cadernos e tiposcritos, não encontravam, porém, uma forma de expressão que satisfizesse seu autor. Parece, contudo, que o formato exercitado pela primeira vez nas sessões do *Livro azul* foi considerado promissor por

4. Para mais detalhes a respeito da composição do *Livro azul*, ver a Apresentação a essa obra (op. cit.).

5. Cf. Alice Ambrose, "Ludwig Wittgenstein: A Portrait". In: Francis Flowers III e Ian Ground (Orgs.), *Portraits of Wittgenstein*. v. 2. Londres: Thoemmes Continuum, 1999, pp. 269-70.

6. Carta a W. H. Watson, 25 nov. 1934, n. 180. In: Brian McGuinness (Org.), *Wittgenstein in Cambridge: Letters and Documents 1911-1951*. Oxford: Wiley Blackwell, 2008.

Wittgenstein. Daí o novo projeto de ditados de um registro publicável dessas ideias — agora, porém, numa nova configuração, que assume percursos e temas significativamente diferentes. Que uma publicação desses esforços estivesse permanentemente no horizonte de Wittgenstein é indicado, em primeiro lugar, pelo fato de que, a partir de agosto de 1936, ele traduziu cerca de três quartos do *Livro marrom* para o alemão.[7] Em segundo lugar, como qualquer leitor notará, o ditado de 1934-5 é evidente fonte de inspiração para o início das *Investigações filosóficas*.

Se lembrarmos, agora, que desde o *Tractatus Logico-Philosophicus* (única obra publicada em vida por Wittgenstein, em 1921) ele não havia apresentado ao público nenhuma de suas novas concepções, e que, apesar disso, ele era considerado um dos mais importantes filósofos vivos[8] — não apenas pela notável fama alcançada pelo *Tractatus* mas também pelo impacto

7. Trata-se do texto que serviu de base a *Uma consideração filosófica. Tentativa de uma revisão em alemão do* Livro marrom, *complementada pela versão inglesa*, título de responsabilidade do editor, Rush Rhees (Frankfurt: Suhrkamp, 1969). Com efeito, no final de agosto de 1936 Wittgenstein começou essa "tentativa de revisão" durante uma de suas costumeiras estadias na pequena vila de Skoldjen, na Noruega. A desistência da tradução/revisão do *Livro marrom*, nos primeiros dias de novembro de 1936, marca o início dos trabalhos nas *Investigações*.

8. Dois testemunhos relevantes ilustram bem essa reputação. Bertrand Russell, em carta de 1931 a Moritz Schlick, refere-se a Wittgenstein como "talvez o mais perfeito exemplo que jamais conheci de um gênio, tal como tradicionalmente concebido; apaixonado, profundo, intenso e dominador" (Brian McGuinness, *Wittgenstein: A Life. Young Ludwig 1889-1921*. Berkeley: University of California Press, 1988, p. 118). Em outra passagem que talvez ilustre bem o impacto de Wittgenstein no cenário intelectual de Cambridge à época, o economista John Maynard Keynes conta, em carta de 1929 à sua esposa, ter encontrado o filósofo quando este retornava à universidade depois de dez anos ausente. Seu relato: "Bem, Deus chegou. Eu o encontrei no trem das 5h15". O fato de que, ao longo de toda a carreira de Wittgenstein, Keynes tenha sido um de seus maiores apoiadores indica a grande extensão de verdade nesse gracejo.

que suas novas ideias começavam a produzir já naquele início dos anos 1930 —, então teremos uma ideia mais clara a respeito da aura que envolvia o evento em Cambridge.

AS SESSÕES DE DITADO DO *LIVRO MARROM*

Durante as sessões de ditado, tanto Alice Ambrose quanto Francis Skinner desempenharam o importante papel não apenas de copistas, mas de colaboradores. Seu procedimento consistia em dobrar verticalmente as folhas a serem preenchidas, criando duas colunas. Na da esquerda, registravam o texto ditado por Wittgenstein; na da direita, apunham comentários, perguntas e observações pessoais, além de comentários e correções adicionais feitas pelo professor. Frequentemente partindo dos comentários e perguntas da coluna da direita, Wittgenstein revisava o texto da esquerda, instruindo Ambrose e Skinner a realizarem alterações imediatas. Em algumas ocasiões, ele próprio fazia alterações manuscritas diretamente nos documentos. Uma vez concluídas as sessões, parte desses manuscritos (os de Ambrose) foi datilografada e, mais tarde, serviu de base para a edição de Rush Rhees.[9]

9. Na medida em que, até recentemente, os únicos documentos disponíveis (para os herdeiros literários, inclusive) eram os textos produzidos por Ambrose, podemos estar seguros de que foi exclusivamente com base neles que a versão publicada por Rhees foi composta. Os manuscritos com base nos quais o TS 310 foi produzido estão depositados na "Alice Ambrose Lazerowitz Collection" da Cambridge University Library. Além dos manuscritos das sessões de ditado do *Livro marrom*, a coleção contém a versão manuscrita por Ambrose do *Livro azul*, parte do material de seu "Livro amarelo" (publicado em *Wittgenstein's Lectures, Cambridge 1932-1935*. Chicago/Londres: The University of Chicago Press, 1979) e anotações tomadas por ela em aulas de Wittgenstein. Para informações acerca dos manuscritos de Francis Skinner, o segundo aluno presente nas sessões de ditado, ver adiante.

Ao fim das sessões, que tomaram dois trimestres acadêmicos, Ambrose dispunha de três manuscritos. O primeiro, que registra cerca de oito semanas de trabalho, termina precisamente ao fim do que hoje se conhece como a Parte I do *Livro marrom*; as sessões que lhe deram origem se estenderam de 16 de outubro a 12 de dezembro de 1934, pouco depois do fim do trimestre acadêmico de *Michaelmas*. O segundo consiste em apenas quatro folhas (ou sete páginas), com notas tomadas na primeira sessão (ou nas primeiras sessões) de 1935, em 8 ou 9 de janeiro.[10] O terceiro e último manuscrito foi iniciado provavelmente em 22 de janeiro, após um hiato de cerca de duas semanas, e termina no dia 29 de março, cerca de duas semanas após o fim do trimestre acadêmico de *Lent*.[11]

Note-se que, embora 29 de março seja o dia da última sessão de ditado, é possível que o trabalho conjunto sobre o manuscrito tenha prosseguido durante as primeiras semanas do trimestre acadêmico de *Easter*, que tem início na metade de abril. O que se sabe ao certo é que a colaboração com Ambrose foi encerrada no início de maio, devido a um desentendimento com Wittgenstein em torno de problemas não relacionados aos ditados.[12]

10. Além de mais curto, o segundo manuscrito tem a peculiaridade de não estar dividido nas duas colunas mencionadas anteriormente. Não resta nenhuma dúvida, porém, quanto à autenticidade do texto, seja porque há, como é usual, edições ao texto com a caligrafia de Wittgenstein, seja porque o terceiro manuscrito faz referências constantes ao segundo.

11. Para informações a respeito do contexto geral da composição do *Livro marrom*, ver o valioso artigo de Enzo de Pellegrin, "The Brown Book of Alice Ambrose: Remarks on Ludwig Wittgenstein's Dictated Notes of 1934-35" (*Wittgenstein-Studien*, v. 10, n. 1, 2019).

12. O fato que desencadeou o rompimento foi a publicação, no volume da *Mind* de abril de 1935, de um artigo de Ambrose intitulado "Finitismo em matemática", em que a autora apresenta "o que pensava ter aprendido com Wittgenstein" (op. cit., pp. 270-1). Este, contudo, julgou que suas concepções não haviam sido

DOS MANUSCRITOS DE AMBROSE ÀS DIFERENTES VERSÕES DO TIPOSCRITO (TS 310)

Ainda que a documentação acerca da composição e da circulação inicial do *Livro marrom* seja escassa, há pouca dúvida de que o tiposcrito que serviu de base às edições de Rush Rhees tenha sido preparado exclusivamente por Alice Ambrose, a qual, por sua vez, se baseou apenas em suas próprias notas (ou seja, não nas de Skinner) e sem a supervisão imediata de Wittgenstein. Com efeito, em agosto de 1935, Ambrose voltou aos Estados Unidos, seu país de origem, levando consigo os calhamaços manuscritos com os ditados do filósofo. Como sabemos a partir de uma carta de Ambrose à esposa do filósofo G. E. Moore, orientador de Ambrose e amigo comum dela e de Wittgenstein, a datilografia dessas notas foi concluída por volta do início de fevereiro de 1936. Isso significa, entre outras coisas, que a versão final do TS 310[13] foi preparada por Ambrose num momento em que sua comunicação com Wittgenstein era dificultada tanto pelo atrito recente quanto pelo fato de que eles estavam em continentes diferentes. Talvez em razão disso, sua transcrição dos manuscritos foi minuciosa, respeitando rigorosamente o texto do filósofo e incluindo eventuais variantes de trechos que ainda haviam permanecido não solucionados depois das sessões de ditado e discussão.

→ apresentadas a contento e pediu que o segundo artigo, que complementaria a publicação de abril, não fosse publicado. Não tendo se alcançado um acordo quanto a isso, os trabalhos conjuntos cessaram. A última conversa pessoal entre aluna e professor a respeito desse tema ocorreu em 6 de maio de 1935; depois disso, eles só voltaram a se encontrar, para um almoço, em agosto do mesmo ano, momentos antes da partida de Ambrose para os Estados Unidos.

13. Segundo a catalogação usual do espólio de Wittgenstein, organizada por Georg von Wright, os textos datilografados são referidos como "TS". *O livro marrom* é o décimo ditado do catálogo e, ainda na classificação de Von Wright, os ditados compõem o terceiro tipo dos escritos de Wittgenstein; daí o número 310.

O modo como o trabalho de Ambrose entrou em circulação ainda é alvo de estudo, que passa pelo exame dos tiposcritos de que temos notícia e a que temos acesso, e pela investigação de sua procedência. Passa, por exemplo, pelas três cópias depositadas nos arquivos de Ambrose na Cambridge University Library. Embora elas tenham sido evidentemente produzidas por Ambrose, é apenas uma suposição muito provável que sejam da primeira geração de tiposcritos. Além disso, sabemos a partir das notas biográficas publicadas por Theodore Redpath, amigo e aluno de Wittgenstein, que este autorizou que ele recebesse uma cópia diretamente de Ambrose. Com base na mesma fonte, somos informados de que Moore recebeu uma cópia da mesma maneira.[14] Assim, temos bons motivos para supor que também a cópia de Redpath, hoje depositada na Biblioteca Nacional da Áustria,[15] com fac-símiles disponíveis publicamente,[16] pertence à primeira geração de documentos, a de fevereiro de 1936. Para além dessas informações biográficas, conta a favor dessa hipótese o fato de que a versão de Redpath é quase idêntica às três cópias depositadas nos arquivos de Ambrose em Cambridge.

Note-se que é na já mencionada carta de Ambrose à sra. Moore que aparece a primeira menção de que se tem notícia ao título "*O livro marrom*". A impressão que se tem, no entanto, é de que Ambrose está apenas repetindo uma prática já então corrente. Essa circunstância pode gerar alguma estranheza,

14. Theodore Redpath, "A Student's Memoir". In: Francis Flowers III e Ian Ground (Orgs.), *Portraits of Wittgenstein*. Edição condensada. Londres: Bloomsbury, 2018, p. 263.

15. Alfred Schmidt, "The Wittgenstein Collection of the Austrian National Library". *Nordic Wittgenstein Review*, v. 3, n. 1, 2014.

16. Acessível pelo site The Wittgenstein Archives at the University of Bergen (WAB).

uma vez que, no momento da escrita da carta, as famosas cópias datilografadas e encapadas em marrom, a que Rhees se refere no prefácio da edição alemã, ainda não estavam em circulação. Além disso, não há qualquer registro de Wittgenstein se referindo ao texto como "*Livro marrom*". Fato é que tanto as cópias encapadas no arquivo de Ambrose em Cambridge como a cópia de Redpath trazem na folha de rosto: "O Livro Marrom. Notas ditadas a F. Skinner e A. Ambrose, 1934-5. Por L. Wittgenstein. Não oficial". Se o nome já corria em razão da circulação das notas manuscritas, em círculos restritos, sob uma capa dessa mesma cor, ou se surgiu de alguma outra maneira (talvez criado por Ambrose), ainda não sabemos.

Tampouco sabemos se Ambrose enviou cópias diretamente a Wittgenstein — e, nesse caso, quando o teria feito. O certo, porém, é que ele as possuía. No prefácio à sua edição, Rhees se refere a três volumes em posse de Wittgenstein. Esses textos são muito provavelmente o resultado do trabalho de Ambrose (sejam versões diretamente produzidas por ela, sejam cópias datilografadas com base em textos dessa primeira geração). A alternativa seria que esses tiposcritos fossem baseados nos manuscritos de Skinner. Mas esse, como veremos logo a seguir, não deve ser o caso.

OS MANUSCRITOS DE SKINNER E A "COMUNICAÇÃO DA EXPERIÊNCIA PESSOAL"

O livro marrom, tal como publicado no fim dos anos 1950 e desde então tornado célebre, é o resultado do gênio de Wittgenstein, da colaboração com Ambrose e Skinner, e do cuidadoso arremate dado por Ambrose. Recentemente, contudo, foi descoberta uma versão alternativa do texto, baseada exclusivamente nas notas inicialmente tomadas por Francis Skinner e depois transcritas por ele, à mão, sob a supervisão de Wittgenstein.[17] Trata-se de um texto muito semelhante ao de Ambrose, porém acrescido de toda uma nova seção, até pouco tempo atrás inédita, a qual publicamos como apêndice ao presente volume. Esse novo trecho foi intitulado, por Wittgenstein ele próprio, "Comunicação da experiência pessoal". Com isso, a edição brasileira é a primeira, em qualquer língua, a apresentar a "versão completa" do *Livro marrom* — não com base no arremate de Ambrose, mas finalizada por Wittgenstein em parceria com Skinner.

Para entender melhor o lugar desse novo texto, esbocemos uma breve linha do tempo. Entre outubro de 1934 e março de 1935, Wittgenstein, Ambrose e Skinner colaboram nas sessões de ditados. Enquanto Ambrose leva seus manuscritos para os Estados Unidos em agosto de 1935 e termina de prepará-los em fevereiro de 1936, Wittgenstein e Skinner muito provavelmente seguem trabalhando em sua própria versão final do *Livro marrom*. Até setembro de 1936, quando Wittgenstein viaja para passar algumas semanas na Rússia, professor e aluno devem

17. Após a morte prematura de Skinner, em 1941, Wittgenstein enviou uma quantidade significativa do material resultante de sua colaboração filosófica (diversos textos com a caligrafia de Skinner, certamente ditados por Wittgenstein, com numerosas adições e correções na caligrafia deste) para o célebre matemático Reuben Goodstein (1912-1985), amigo pessoal de Skinner e um dos membros do seleto grupo de alunos para quem Wittgenstein havia ditado o *Livro azul*. O material abrange um período que se estende de 1932 a 1941, com a maior parte concentrada até 1936. Foi somente após a doação dos papéis de Goodstein para a Associação Matemática de Cambridge, em 2002, que o arquivo Wittgenstein-Skinner foi redescoberto. A edição desses escritos coube a Arthur Gibson, com a colaboração de Niamh O'Mahoney (*Ludwig Wittgenstein: Dictating Philosophy to Francis Skinner. The Wittgenstein--Skinner Manuscripts*. Cambridge: Springer, 2020).

ter preparado as "cópias limpas",[18] tomando por base os manuscritos produzidos por Skinner durante as sessões iniciais do *Livro marrom*. O material correspondente a essas sessões, quase idêntico àquele preparado por Ambrose, preenche quatro cadernos e meio dos seis de que hoje dispomos; o final do quinto caderno e todo o sexto correspondem à elaboração, já sem a presença de Ambrose, da "Comunicação da experiência pessoal". Vale observar que, no ano letivo de 1935-6, ou seja, o período em que Skinner e Wittgenstein trabalham sozinhos em sua versão do *Livro marrom*, são ministradas as importantes aulas sobre "Dados sensíveis e experiência privada",[19] cujos temas correspondem precisamente àqueles desenvolvidos nesses últimos cadernos.

Ora, embora a pesquisa wittgensteiniana ainda precise de mais clareza acerca da origem e da significação desse mate-

18. As "cópias limpas" (*fair copies*, em inglês) eram o último estágio da produção das tipologias usadas na impressão de livros. Note-se que, nessa época, ainda era comum que as versões finais entregues a uma editora fossem manuscritas, o que torna bastante provável que o esforço posto nesse material tivesse em vista uma publicação. A favor dessa hipótese, citamos a carta de 17 de setembro de 1935 de Skinner a Wittgenstein: "Sinto que o espírito do método que usamos no último ano é muito bom. [...] Sinto que será muito bom continuá-lo e prepará-lo para publicação". Notamos, além disso, que há indícios bastante concludentes de que os cadernos com a caligrafia de Skinner sejam precisamente o tipo de cópia limpa indicada acima (Ibid., pp. 25, 28-9, 35, 80-1 e 95).

19. Temos acesso a esse material a partir de duas fontes. Em primeiro lugar, os MSS 148, 149 e 151, publicados na coletânea de textos de Wittgenstein intitulada *Philosophical Occasions* (Indianápolis/Cambridge: Hackett, 1993) como "Notas para aulas acerca da 'experiência privada' e 'dados sensíveis'". Em segundo, as anotações de Rush Rhees de aulas ministradas em fevereiro e junho de 1936, publicadas em 1984 como "A linguagem dos dados sensíveis e da experiência privada" (*Philosophical Investigation*, v. 7) e republicadas também nas *Philosophical Occasions*. A comparação entre esses textos e a "Comunicação da experiência pessoal" indicam que esta é a versão final de esforços que se mostram em estado preliminar naqueles dois documentos.

rial, o cenário esboçado é bastante seguro e indica que a versão usada por Rush Rhees para preparar suas edições ao longo dos anos 1950 e 1960 não era a versão final preparada por Wittgenstein e Skinner. Aquilo que, desde a publicação do *Livro marrom*, considerava-se a conclusão do texto constituía, na verdade, apenas um estágio intermediário no processo de sua composição, o último acompanhado por Alice Ambrose. Com a redescoberta do material, esquecido em arquivos por décadas e publicado apenas recentemente, temos a oportunidade de ler essa importante continuação da obra que se tornou canônica.

A "TENTATIVA DE REVISÃO" DO *LIVRO MARROM*

Em agosto de 1936, quando terminou sua *fellowship* de cinco anos no Trinity College — ou seja, a bolsa que o vinculava a atividades de pesquisa e ensino em Cambridge —, Wittgenstein partiu para Skjolden, na Noruega, seu costumeiro local de reclusão e trabalho desde os anos 1910. O principal objetivo era verter o *Livro marrom* para o alemão, sua língua materna e filosófica. Ainda que não o possamos afirmar categoricamente, é muito provável que, dado o histórico apresentado aqui, o material levado à Noruega fossem os cadernos de Skinner.

Em seu manuscrito, Wittgenstein chamou esse esforço de "Tentativa de uma revisão". Contudo, o que vemos, ao menos inicialmente, é uma tradução, com razoável grau de liberdade, do resultado das sessões de ditado de 1934-5. À medida, porém, que o texto avança, vai passando por transformações cada vez maiores e a inserção de novos problemas vai ganhando vulto. É por essa razão que o trabalho daí resultante merece ser tratado como uma obra distinta, sendo bastante acertada, portanto, a decisão dos herdeiros literários de publicá-la em volume separado, sob o seguinte título: *Uma consideração filosófica*.[20] Essa tradução/revisão avançou até por volta da página 120 (segundo a paginação do TS 310 usada na presente edição), ou seja, três quartos do livro. No início de novembro daquele mesmo ano, porém, Wittgenstein desistiu dessa versão, o que ele explica em carta a Moore de 20 de novembro de 1936: "Ter a versão inglesa diante de mim travava meu pensamento. Eu decidi, portanto, começar do zero mais uma vez, sem deixar meus pensamentos serem guiados por outra coisa que não eles mesmos". Nasce, então, a primeira versão das *Investigações filosóficas*, muito próxima às primeiras 88 seções do texto que hoje conhecemos.[21] E encerra-se, com isso, o longo capítulo da vida filosófica de Wittgenstein associado ao *Livro marrom*.

A PREPARAÇÃO DA PRESENTE TRADUÇÃO

Para a presente tradução, valemo-nos da cópia que pertenceu a Von Wright, um dos três executores literários designados pelo autor. Para o texto do apêndice, extraído dos manuscritos de Francis Skinner recentemente redescobertos, valemo-nos do material tal como apresentado na edição de Gibson e O'Mahony.

20. O texto de base dessa edição alemã é o MS 115, pp. 118-292. A primeira edição do livro, de 1969, compõe o quinto volume dos *Escritos* [*Schriften*], publicados pela editora alemã Suhrkamp, e inclui a tradução para o alemão do *Livro azul*, as *Zettel* [*Recortes* ou *Fichas*, como traduz a edição lisboeta (Edições 70, 1981)], além do texto do MS 115 acrescido da tradução alemã (por Petra von Morstein) do último quarto do *Livro marrom*. A segunda edição, de 1984, compõe o quinto volume das *Obras* [*Werkausgabe*], publicadas pela mesma editora, que reproduz a primeira edição, excluindo as *Zettel* (remanejadas para o oitavo volume das *Obras*).

21. Para esclarecimentos e reflexões a respeito da transição do *Livro marrom* às *Investigações* durante essa importante estadia na Noruega em 1936, ver a seção "O início das *Investigações filosóficas*" (pp. 347-52) do posfácio de Marcelo Carvalho à nossa edição das *Investigações* (op. cit.).

Tanto no caso das variantes encontradas entre as versões (seja entre as diferentes versões do TS 310, seja entre os TSs e a edição de Rhees) como no caso das variantes indicadas internamente nos textos (seja o preparado por Ambrose, seja o preparado por Skinner), optamos por indicar apenas aquelas que julgamos filosoficamente relevantes.

Vale notar que a pontuação desses textos frequentemente causa alguma estranheza: quatro pontos em vez de três, variações irregulares entre aspas simples e duplas, vírgulas no lugar de dois-pontos etc. Rush Rhees, o primeiro editor desses textos, quase sempre padroniza essa pontuação. Salvo indicação em contrário, nós o seguimos sem indicar a mudança em nota de rodapé.

Note-se, por fim, que a paginação indicada entre colchetes em meio ao texto de nossa edição é a do tiposcrito pertencente a Von Wright, uma vez que essa é a versão mais frequentemente adotada entre os estudiosos da obra de Wittgenstein.[22] Ela tem a dupla função de facilitar a consulta a esses originais e de servir de referência ao índice remissivo de conceitos, disponível ao fim do livro.

Sobre a tradução, algumas últimas palavras, que têm estritamente o espírito daquelas publicadas em nossa apresentação ao *Livro azul*. Embora encontremos, também aqui, as dificuldades típicas da tradução de textos filosóficos em geral, e da tradução do estilo wittgensteiniano em particular,[23] o principal desafio dos textos ingleses de Wittgenstein diz respeito ao

22. Tanto os Arquivos Wittgenstein da Universidade de Bergen quanto o "Ludwig Wittgenstein Project", as fontes de acesso mais usuais ao corpus wittgensteiniano, partem do texto e da paginação da versão de Von Wright do TS 310.

23. Ver nossas considerações a esse respeito em nossas edições das *Investigações filosóficas* (op. cit.) e do *Sobre a certeza* (São Paulo: Fósforo, 2023).

fato de que essa não é sua língua materna. Assim, em comparação com a elegância e a precisão de seu alemão, sua expressão em inglês é frequentemente dura e, algumas vezes, imprecisa. Nossa estratégia geral é a de, preservando a clareza, apresentar ao leitor uma experiência semelhante àquela que tem o leitor da versão inglesa: alguma estranheza e eventualmente algum incômodo diante de uma sintaxe que talvez pudesse se resolver de maneira mais fluente em português.

O livro marrom

Parte I

[1][1] Agostinho, ao descrever seu aprendizado da linguagem, diz que foi ensinado a falar ao aprender os nomes das coisas. Está claro que qualquer um que diga isso tem em mente a maneira pela qual uma criança aprende palavras como "homem", "açúcar", "mesa" etc. Ele não pensa, primeiramente, em palavras como "hoje", "não", "mas", "talvez".

Suponha que um homem descrevesse um jogo de xadrez sem mencionar a existência dos peões e a maneira de operar com eles. Sua descrição do jogo como um fenômeno natural estará incompleta. Por outro lado, podemos dizer que ele descreveu completamente um jogo mais simples. Nesse sentido, podemos dizer que a descrição de Agostinho do aprendizado da linguagem está correta para uma linguagem mais simples que a nossa. Imagine esta linguagem:–

1). Sua função é a comunicação entre um construtor **A** e seu ajudante **B**. **B** tem de entregar materiais de construção para **A**.

1. Indicamos entre colchetes, ao longo do texto, a paginação original da cópia de Von Wright do tiposcrito (TS) 310, na qual se baseia a presente edição. Para mais detalhes, ver a Apresentação. (Esta e as demais notas são dos tradutores, exceto se indicado de outra maneira.)

Há blocos, tijolos, placas, vigas, colunas. A linguagem consiste nas palavras "bloco", "tijolo", "placa", "coluna". **A** grita uma dessas palavras, e então **B** traz um material de um determinado formato. Imaginemos uma sociedade na qual esse é o único sistema de linguagem. A criança aprende essa linguagem com os adultos ao ser treinada em seu uso. Estou usando a palavra "treinada" de maneira estritamente análoga àquela em que falamos que um animal é treinado para fazer certas coisas. Isso é feito por meio de exemplo, recompensa, punição e coisas semelhantes. Parte desse treinamento consiste em apontarmos para um material de construção, dirigirmos a atenção da criança para ele e pronunciarmos uma palavra. Chamarei esse procedimento de ensino *demonstrativo* das palavras.[2] No uso efetivo [2] dessa linguagem, um homem grita as palavras como ordens, o outro age de acordo com elas. Mas aprender e ensinar essa linguagem conterá o seguinte procedimento: A criança apenas "nomeia" as coisas, ou seja, ela pronuncia as palavras da linguagem quando o professor aponta para as coisas. De fato, haverá um exercício ainda mais simples: A criança repete palavras que o professor pronuncia.

(Nota: Objeção: A palavra "tijolo" na linguagem 1) não tem o significado que tem na *nossa* linguagem. — Isso é verdade se significa que na nossa linguagem há usos da palavra "tijolo!"[3] diferentes dos usos dessa palavra na linguagem 1). Mas será que às vezes não usamos a palavra "tijolo!" exatamente dessa maneira? Ou será que deveríamos dizer que, quando a usamos, trata-se de uma frase elíptica, uma abreviação para "Traga-me um tijolo"? Será que está correto dizer que, se *nós* dizemos "tijolo!", nós *que-*

2. A partir deste ponto, será comum o uso do adjetivo "demonstrativo" [*demonstrative*] para indicar algo que é ou deve ser "mostrado". Note-se que nem em português nem em inglês essa acepção está dicionarizada.

3. Seguimos o tiposcrito de base, em que ocorre o ponto de exclamação. A edição de Rhees o eliminou.

remos dizer "Traga-me um tijolo"? Por que eu deveria traduzir a expressão "tijolo!" para a expressão "Traga-me um tijolo"? E, se elas são sinônimas, por que eu não deveria dizer: Se ele diz "tijolo!", ele quer dizer "tijolo!"...? Ou: Por que ele não deveria ser capaz de querer dizer apenas "tijolo!" se ele é capaz de querer dizer "Traga-me um tijolo", a não ser que você deseje afirmar que, enquanto ele diz em voz alta "tijolo!", como uma questão de fato, ele sempre diz em sua mente, para si mesmo, "Traga-me um tijolo"? Mas que razão poderíamos ter para afirmar isso? Suponha que alguém perguntasse: Se um homem dá a ordem "Traga-me um tijolo", será que ele precisa querer dizer isso como quatro palavras, ou será que ele não pode querer dizer isso como uma única palavra composta, sinônima da palavra "tijolo!"? Sentimo-nos tentados a responder: Ele *quer dizer* todas as quatro palavras se na sua linguagem ele usa aquela frase em contraste com outras [3] frases nas quais essas palavras são usadas, tais como, por exemplo, "Leve embora esses dois tijolos". Mas e se eu perguntasse: "Mas como é que sua frase é contrastada com essas outras? Será que ele precisa tê-las pensado simultaneamente, ou logo antes, ou logo depois, ou será que é suficiente que ele as tenha em algum momento aprendido etc.?". Ao fazer essa pergunta, parece ser irrelevante qual dessas alternativas é o caso. E estamos inclinados a dizer que tudo o que é realmente relevante é que esses contrastes existam no sistema de linguagem que ele está usando, e que eles não precisam estar presentes em sua mente, em qualquer sentido, quando ele profere a frase. Compare agora essa conclusão com nossa pergunta original. Quando a fizemos, parecia que estávamos fazendo uma pergunta a respeito do estado mental do homem que diz a frase, ao passo que a ideia de significado a que no final chegamos não era a de um estado mental. Pensamos no significado dos sinais, às vezes, como estados mentais do homem que os está usando, às vezes como o papel que esses sinais estão desempenhando em um sistema de linguagem. A conexão entre essas duas ideias é que as experiências mentais que acompanham o uso de um sinal são indubitavelmente causadas por nosso uso do sinal em um sistema de linguagem específico.[4] William James fala de sentimentos específicos que acompanham o uso de palavras como "e", "se", "ou". E não há dúvida de que ao menos certos gestos estão frequentemente associados a tais palavras, como um gesto de agregação associado a "e" e um gesto de rejeição associado a "não". E obviamente há sensações visuais e musculares associadas a esses gestos. Por outro lado, é bastante claro que essas sensações não acompanham todos os usos das palavras "não" e "e". Se em alguma língua a palavra "mas" significasse aquilo que "não" significa em português, está claro que não deveríamos comparar os significados dessas duas [4] palavras comparando as sensações que elas produzem. Pergunte a si mesmo quais meios nós temos para descobrir os sentimentos que elas produzem em diferentes pessoas e em diferentes ocasiões. Pergunte-se: "Quando eu disse 'Dê-me uma maçã *e* uma pera, *e* saia da sala', será que eu tinha o mesmo sentimento ao pronunciar as duas palavras 'e'?". Mas não estamos negando que as pessoas que usam a palavra "mas" do modo como "não" é usado em português terão, falando de modo geral, sensações semelhantes acompanhando a palavra "mas" às que um brasileiro tem quando usa a palavra "não". E a palavra "mas", nas duas línguas, será em geral acompanhada por diferentes conjuntos de experiências.)

2). Olhemos agora para uma extensão da linguagem 1). O ajudante do construtor sabe de cor a série de palavras de um a dez. Quando recebe a ordem "Cinco placas!", ele vai ao lugar

4. No tiposcrito que serve de base à presente edição, esta frase aparece em uma folha à parte (numerada como "3a"). Há uma indicação, feita por meio de asterisco, de que ela deve ser inserida aqui.

onde as placas estão armazenadas, diz as palavras de um a cinco, pega uma lajota[5] para cada palavra e as leva para o construtor. Aqui, os dois usam a linguagem dizendo as palavras. Aprender os numerais de cor será uma das características essenciais do aprendizado dessa linguagem. O uso dos numerais será, mais uma vez, ensinado demonstrativamente. Mas agora a mesma palavra, por exemplo, "três", será ensinada apontando seja para placas, seja para tijolos, seja para colunas etc. E, por outro lado, diferentes numerais serão ensinados apontando-se para grupos de materiais com o mesmo formato.

(Observação: Enfatizamos, há pouco, a importância de aprender a série dos numerais de cor porque não havia nenhuma característica comparável a isso no aprendizado da linguagem 1). E isso nos mostra que, ao introduzir numerais, nós introduzimos um [5] *tipo* completamente diferente de instrumento em nossa linguagem. A diferença de tipo é muito mais óbvia quando contemplamos um exemplo tão simples como esse do que quando olhamos para nossa linguagem ordinária, com seus inumeráveis tipos de palavras, todas mais ou menos semelhantes quando estão no dicionário. —

O que é que as explicações demonstrativas dos numerais têm em comum com aquelas das palavras "placa", "coluna" etc., exceto um gesto e o pronunciar das palavras? O modo como tal gesto é usado nos dois casos é diferente. Essa diferença é borrada se dizemos "Em um caso, nós apontamos para um formato, no outro, para um número". A diferença se torna óbvia e clara apenas quando contemplamos um exemplo *completo* (ou seja, o exemplo de uma linguagem completamente elaborada, em detalhes).)

5. Aqui e nas páginas seguintes, Wittgenstein trata os termos "placa" [*slab*] e "lajota" [*platte*] indistintamente.

3). Introduzamos um novo instrumento de comunicação, — um nome próprio. Ele é dado a um objeto específico (um material de construção específico), apontando-se para ele e pronunciando-se o nome. Se **A** grita o nome, **B** traz o objeto. O ensino demonstrativo de um nome próprio é diferente, mais uma vez, do ensino demonstrativo nos casos 1) e 2).

(Observação: Essa diferença não reside, porém, no ato de apontar e pronunciar a palavra, ou em qualquer ato mental (querer dizer?) que a acompanhe, mas no papel que a demonstração (apontar e pronunciar) desempenha na totalidade do treinamento e no uso que dela é feito na prática de comunicação por meio dessa linguagem. Pode-se pensar que a diferença poderia ser descrita dizendo-se que, em diferentes casos, apontamos para diferentes tipos de objetos. Mas suponha que eu aponte com [6] minha mão para uma camiseta azul. Como é que apontar para a sua cor difere de apontar para o seu formato? — Estamos inclinados a dizer que a diferença é que *queremos dizer* algo diferente nos dois casos. E "querer dizer" aqui deve ser algum tipo de processo que tem lugar enquanto apontamos. O que nos tenta particularmente a essa visão é que, quando se pergunta a um homem se ele apontou para a cor ou para o formato, ele é capaz, pelo menos na maioria dos casos, de responder isso e de estar seguro de que sua resposta está correta. Se, por outro lado, procuramos por dois atos mentais característicos, correspondendo a querer dizer a cor e querer dizer o formato etc., não somos capazes de encontrar nenhum deles, ou ao menos nenhum que sempre precise acompanhar, respectivamente, o apontar para a cor e o apontar para o formato. Temos apenas uma ideia *vaga* do que significa concentrar a atenção na cor como algo oposto a concentrar a atenção no formato, ou vice-versa. A diferença, pode-se dizer, não reside no ato de demonstração, mas sim nos entornos daquele ato no uso da linguagem.)

4). Quando recebe a ordem "Esta placa!", **B** traz a lajota para a qual **A** está apontando. Quando recebe a ordem "Lajota, ali!", ele leva uma lajota até o lugar indicado. Será que a palavra "ali" é ensinada demonstrativamente? Sim e não! Quando uma pessoa é treinada no uso da palavra "ali", o professor, ao treiná-la, fará o gesto de apontar e pronunciará a palavra "ali". Mas será que deveríamos dizer que, desse modo, ele dá a um lugar o nome "ali"? Lembre-se de que, nesse caso, o gesto de apontar é parte da própria prática de comunicação.

(Observação: Já foi sugerido que palavras como "ali", [7] "aqui", "agora", "este" são os "*verdadeiros nomes próprios*", por oposição àquilo que, na vida cotidiana, chamamos de nomes próprios, os quais, na visão a que estou me referindo, só podem ser chamados assim de maneira rudimentar. Há uma tendência generalizada de considerar aquilo que, na vida cotidiana, é chamado de nome próprio apenas como uma aproximação grosseira do que idealmente poderia ser chamado assim. Compare isso com a ideia de "*individual*" de Russell. Ele fala de *individuals* como os componentes últimos da realidade, mas diz que é difícil dizer quais coisas são *individuals*. A ideia é que a análise posterior tem de revelar isso. Nós, por outro lado, introduzimos há pouco a ideia de um nome próprio em uma linguagem na qual ele era aplicado àquilo que, na vida cotidiana, chamamos de "objetos", "coisas" ("materiais de construção").

— "O que significa a palavra 'exatidão'? Será que se trata de verdadeira exatidão se você deve chegar a um chá às 4h30 e chega quando um bom relógio bate 4h30? Ou será que só seria exatidão se você começasse a abrir a porta no momento em que o relógio começasse a bater? Mas como devemos definir esse momento e como devemos definir 'começar a abrir a porta'? Será que estaria correto dizer 'É difícil dizer o que é a verdadeira exatidão, pois tudo o que conhecemos são apenas aproximações grosseiras'?")

5). Pergunta e resposta: **A** pergunta "Quantas lajotas?". **B** as conta e responde com o numeral.

Chamaremos de "jogos de linguagem" sistemas de comunicação como, por exemplo, 1), 2), 3), 4), 5). Eles são mais ou menos aparentados àquilo que, na linguagem ordinária, chamamos de jogos. Ensinam-se às crianças suas línguas nativas por meio de tais jogos, e aqui eles têm até mesmo o caráter de entretenimento que os jogos têm. Não estamos, [8] contudo, considerando os jogos de linguagem que descrevemos como partes incompletas de uma linguagem, mas como linguagens completas em si mesmas, como sistemas completos de comunicação humana. Para manter em mente esse ponto de vista, muito frequentemente é útil imaginar que essas linguagens simples são o sistema total de comunicação de uma tribo em um estágio primitivo da sociedade. Pense na aritmética primitiva de tais tribos.

Quando o menino ou adulto aprende aquilo que poderíamos chamar de linguagens técnicas específicas, por exemplo o uso de tabelas e diagramas, geometria descritiva, simbolismo químico etc., ele aprende mais jogos de linguagem. (Observação: A imagem que fazemos da linguagem do adulto é aquela de uma massa linguística indistinta, sua língua materna, cercada por jogos de linguagem pontuais e de contornos mais ou menos bem definidos, as linguagens técnicas.)

6). Perguntar pelo nome: introduzimos agora novas formas de materiais de construção. **B** aponta para um deles e pergunta "O que é isso?"; **A** responde "Isso é um . . .". Mais tarde, **A** grita essa nova palavra, digamos, "arco", e **B** traz o material. Chamaremos as palavras "Isso é um . . .", somadas ao gesto de apontar, de explicação ostensiva ou definição ostensiva. No caso 6), um nome genérico foi explicado, vale dizer, o nome de um formato. Mas podemos perguntar, de modo análogo, pelo nome próprio de um objeto específico, pelo nome de uma cor, de um numeral,[6] de uma direção.

(Observação: Nosso uso de expressões como "nomes de números", "nomes de cores", "nomes de materiais", "nomes de nações" pode se originar de duas fontes diferentes. Uma delas é que podemos imaginar as funções de nomes próprios, numerais, palavras para cores [9] etc. como muito mais semelhantes do que realmente são. Se fazemos isso, sentimo-nos tentados a pensar que a função de todas as palavras é mais ou menos parecida com a função do nome próprio de uma pessoa, ou de nomes genéricos como "mesa", "cadeira", "porta" etc. A segunda fonte é esta: se nós vemos quão fundamentalmente diferentes são as funções de palavras como "mesa", "cadeira" etc. das funções de nomes próprios, e quão diferentes de ambas são as funções, digamos, dos nomes das cores, então não vemos qualquer razão por que também não deveríamos falar de nomes de números e nomes de direções, mas não dizendo coisas como "nomes de direções são apenas diferentes formas de objetos", e sim enfatizando a analogia que reside na falta de analogia entre as funções das palavras "cadeira" e "Jack", por um lado, e "leste" e "Jack", por outro.)

7). **B** tem uma tabela em que sinais escritos estão postos na mesma linha que imagens de objetos (digamos, uma mesa, uma cadeira, uma xícara etc.). **A** escreve um desses sinais, **B** procura-o na tabela, vai com os olhos ou com a ponta de seu dedo do sinal escrito até a imagem que lhe corresponde e apanha o objeto que a imagem representa.

Olhemos agora para os diferentes tipos de sinais que introduzimos. Distingamos, em primeiro lugar, entre frases e pala-

6. No tiposcrito de base, o termo "numeral" [*numeral*] aparece sobreposto ao termo "número" [*number*], ambos datilografados. Seguimos a edição de Rhees.

vras. Irei chamar de frase todo sinal completo em um jogo de linguagem; seus sinais constituintes são palavras. (Isso é meramente uma observação vaga e genérica acerca do modo como usarei as palavras "proposição" e "palavra".) Uma proposição pode consistir em apenas uma palavra. Em 1), os sinais "tijolo!", "coluna!" são as frases. Em 2), uma frase consiste em duas palavras. Segundo [10] os papéis que proposições desempenham em um jogo de linguagem, nós distinguimos entre ordens, perguntas, explicações, descrições e assim por diante.

8). Se, em um jogo de linguagem semelhante a 1), **A** grita uma ordem: "placa, coluna, tijolo!", a qual é obedecida por **B** quando ele traz uma placa, uma coluna e um tijolo, poderíamos falar aqui de três proposições ou de apenas uma. Se, por outro lado,

9). a ordem das palavras mostra a **B** a ordem em que deve trazer os materiais de construção, diremos que **A** grita uma proposição que consiste em três palavras. Se o comando, nesse caso, tomasse a forma "Placa, depois coluna, depois tijolo!", diríamos que a proposição consiste em quatro palavras (e não em cinco). Entre as palavras, vemos grupos com funções semelhantes. Podemos facilmente ver uma semelhança no uso das palavras "um", "dois", "três" etc. E, mais uma vez, uma semelhança no uso de "placa", "coluna" e "tijolo" etc., e assim distinguimos partes do discurso. Em 8), todas as palavras da proposição pertenciam à mesma parte do discurso.[7]

10). A ordem em que **B** tinha de trazer os materiais em 9) poderia ter sido indicada pelo uso dos ordinais, da seguinte maneira: "Segundo, coluna; primeiro, placa; terceiro, tijolo!". Aqui,

7. Em inglês, *parts of speech* é a maneira mais usual de se referir àquilo que, em português, indicamos como "categorias gramaticais": substantivos, adjetivos, numerais etc. Optamos por uma tradução mais literal para não introduzir a palavra "gramática" — um conceito central para todo o pensamento wittgensteiniano — antes que o próprio autor o faça.

temos um caso em que aquilo que, em um jogo de linguagem, era a função da ordem das palavras, em outro, é a função de palavras específicas.

Reflexões como a precedente nos mostrarão a variedade infinita das funções de palavras em proposições, e é curioso comparar o que vemos em nossos exemplos com as regras simples e rígidas que lógicos dão para a construção de proposições. Se agrupamos palavras de acordo com a semelhança de suas funções, distinguindo assim partes do discurso, [11] é fácil ver que muitas maneiras diferentes de classificar podem ser adotadas. Com efeito, poderíamos facilmente imaginar uma razão para não classificar a palavra "um" junto com "dois", "três" etc. da seguinte maneira:

11). Considere esta variação do nosso jogo de linguagem 2). Em vez de gritar "Uma placa!", "Um bloco!" etc., **A** apenas grita "placa!", "bloco!" etc., e o uso dos outros numerais é como o descrito em 2). Suponha que um homem acostumado com essa forma 11) de comunicação fosse introduzido ao uso da palavra "um" tal como descrito em 2). Podemos facilmente imaginar que ele se recusaria a classificar "um" junto com os numerais "2", "3" etc.

(Observação: Pense nas razões a favor de e contra classificar "0" junto com os outros cardinais. "Preto e branco são cores?" Em quais casos você estaria inclinado a dizer isso, e em quais casos não estaria? — Palavras podem ser comparadas, de muitas maneiras, a peças de xadrez. Pense nas muitas maneiras de distinguir entre diferentes tipos de peças no jogo de xadrez (por exemplo, peões e "oficiais").

Lembre-se da expressão "dois ou mais".)

É para nós natural chamar gestos, como aqueles empregados em 4), ou imagens, como aquelas de 7), de elementos ou instrumentos da linguagem. (Falamos às vezes de uma linguagem de gestos.) Chamarei de padrões as imagens em 7) e outros instrumentos da linguagem com função semelhante. (Essa explicação, assim como outras que temos dado, é vaga, e é nosso propósito que ela seja vaga.) Podemos dizer que palavras e padrões têm diferentes tipos de funções. Quando fazemos uso de um padrão, comparamos alguma coisa com ele, por exemplo, [12] uma cadeira com a imagem de uma cadeira. Nós não comparamos, anteriormente, uma placa com a palavra "placa". Ao introduzir a distinção "palavra/padrão", a ideia não era estabelecer uma dualidade lógica definitiva. Apenas destacamos, em meio à variedade de instrumentos da nossa linguagem, dois tipos característicos de instrumentos. Chamaremos "um", "dois", "três" etc. de palavras. Se, em vez desses sinais, usássemos "–", "– –", "– – –", "– – – –", poderíamos chamar estes últimos de padrões. Suponha que, em uma linguagem, os numerais fossem "um", "um um", "um um um" etc., será então que deveríamos chamar "um" de palavra ou de padrão? O mesmo elemento pode ser usado em um lugar como palavra e em outro como padrão. Um círculo poderia ser o nome de uma elipse ou, por outro lado, um padrão com o qual a elipse deve ser comparada por meio de um método de projeção específico. Considere também os seguintes dois sistemas de expressão:

12). **A** dá a **B** uma ordem que consiste em dois símbolos escritos, o primeiro uma mancha de formato irregular com uma certa cor, digamos, verde, o segundo o contorno desenhado de uma figura geométrica, digamos, um círculo. **B** traz um objeto com este contorno e aquela cor, digamos, um objeto circular verde.

13). **A** dá a **B** uma ordem que consiste em um símbolo, uma figura geométrica pintada com uma cor específica, digamos, um círculo verde. **B** lhe traz um objeto circular verde. Em 12), alguns padrões correspondem aos nossos nomes de cor, e outros padrões, aos nossos nomes de formato. Os símbolos em 13) não podem ser considerados combinações daqueles dois elementos.

Uma palavra entre aspas pode ser chamada de um padrão. Assim, na frase "Ele disse 'Vá para o inferno'", "Vá para o inferno" é um padrão do que ele disse. Compare os seguintes casos: [13] a) Alguém diz "Eu assobiei . . . (assobiando uma melodia)"; b) Alguém escreve "Eu assobiei ". Uma palavra onomatopaica como "sussurrar" pode ser chamada de um padrão. Chamamos uma imensa variedade de processos de "comparar um objeto com um padrão". Abrigamos muitos tipos de símbolos sob o nome "padrão". Em 7), **B** compara uma imagem na tabela com os objetos que tem diante de si. Mas em que consiste comparar uma imagem com o objeto? Suponha que a tabela mostrasse: a) uma imagem de um martelo, de um alicate, de um serrote, de um cinzel; b) por outro lado, imagens de vinte tipos diferentes de borboletas. Imagine em que consistiria a comparação nesses dois casos e note a diferença. Compare ambos com um terceiro caso c) em que as imagens na tabela representam materiais de construção desenhados em escala, e a comparação tem de ser feita com régua e compasso. Suponha que a tarefa de **B** seja trazer um pedaço de tecido da cor da amostra. De que maneira as cores da amostra e do tecido devem ser comparadas? Imagine uma série de casos distintos:

14). **A** exibe a amostra a **B**, então **B** afasta-se e pega o pano "de memória".

15). **A** dá a **B** a amostra, **B** vai com os olhos da amostra até os panos nas prateleiras de onde ele tem de escolher.

16). **B** coloca a amostra sobre cada rolo de pano e escolhe aquele que não consegue distinguir da amostra, para o qual a diferença entre a amostra e o pano parece desaparecer.

17). Imagine, por outro lado, que a ordem tenha sido "Traga um pano ligeiramente mais escuro do que esta amostra". Em 14), eu disse que **B** pega o pano "de memória", o que equivale a usar uma [14] forma de expressão usual. Mas o que poderia acontecer em tal caso de comparação "de memória" apresenta uma imensa variedade. Imagine alguns casos:

14a). Quando vai buscar o pano, **B** tem uma imagem mnemônica diante do olho de sua mente. Ele alterna entre olhar para os panos e evocar sua imagem. Ele passa por esse processo com, digamos, cinco dos rolos, em alguns casos dizendo a si mesmo "Escuro demais", em outros casos dizendo a si mesmo "Claro demais". No quinto rolo ele para, diz "É isso" e o apanha da prateleira.

14b). Não há nenhuma imagem mnemônica diante do olho de **B**. Ele olha para quatro rolos, balançando a cabeça a cada vez, sentindo certo tipo de tensão mental. Quando chega ao quinto rolo, essa tensão relaxa, ele faz um sinal de assentimento com a cabeça e apanha o rolo.

14c). **B** vai até a prateleira sem uma imagem mnemônica, olha para cinco rolos um depois do outro, apanha o quinto rolo da prateleira.

"Mas isso não pode ser tudo em que comparar consiste."

Quando chamamos os três casos precedentes de casos em que comparamos de memória, sentimos que sua descrição é, em certo sentido, insatisfatória ou incompleta. Estamos inclinados a dizer que a descrição deixou de fora o traço essencial de tal processo, dando-nos apenas traços acessórios. O traço essencial parece ser aquele que se poderia chamar de uma experiência específica de comparar e de reconhecer. Mas, ora, é estranho[8] que, olhando mais atentamente para casos de comparação, seja muito fácil ver um grande número de atividades e estados mentais, todos *mais ou menos* [15] característicos do

8. No tiposcrito de base, o termo "estranho" [*queer*] aparece escrito à mão, por sobre o termo datilografado "claro" [*clear*], que foi riscado. Seguimos a edição de Rhees.

ato de comparar. Isso de fato é assim, quer falemos de comparar de memória ou de comparar por meio de uma amostra diante de nossos olhos. Conhecemos um *vasto* número de tais processos, processos semelhantes uns aos outros de um vasto número de maneiras diferentes. Encostamos as peças cujas cores queremos comparar ou as seguramos próximas umas às outras por um período maior ou menor de tempo, olhamos para elas alternada ou simultaneamente, as colocamos sob luzes diferentes, dizemos coisas diferentes enquanto fazemos isso, temos imagens mnemônicas, sensações de tensionamento e relaxamento, satisfação e insatisfação, as muitas sensações de tensão em nossos olhos ou em volta deles, que acompanham a observação prolongada do mesmo objeto, e todas as combinações possíveis dessas experiências e de muitas outras. Quanto mais casos assim observamos e quanto mais atentamente os olhamos, mais em dúvida nos sentimos a respeito de encontrar uma experiência mental específica característica da comparação. Com efeito, se, depois que você escrutinasse certo número deles *atentamente*, eu admitisse que existe uma experiência mental peculiar que você poderia chamar de a experiência de comparar, e que, se você insistisse, eu deveria estar disposto a adotar a palavra "comparar" apenas para casos em que essa sensação peculiar ocorreu, você então sentiria que a suposição de uma experiência peculiar como essa perdeu sua razão de ser, porque essa experiência foi colocada no mesmo nível que um vasto número de outras experiências que, depois que escrutinamos os casos, parecem ser aquelas que realmente constituem o que conecta todos os casos de comparar. Pois a "experiência específica" que estávamos procurando deveria ter desempenhado o papel que foi assumido pelo conjunto de experiências reveladas a nós por nosso [16] escrutínio: Nós jamais quisemos que a experiência específica fosse apenas uma entre certo número de experiências *mais ou menos* características. (Poder-se-ia dizer que há duas maneiras de olhar para essa questão, uma, por assim dizer, mais de perto, e a outra como que à distância, e através do *medium* de uma atmosfera peculiar.) Com efeito, descobrimos que o uso que realmente fazemos da palavra "comparar" é diferente daquele que, olhando para ele de longe, éramos levados a esperar. Descobrimos agora que aquilo que conecta todos os casos de comparar é um vasto número de semelhanças que se sobrepõem, e assim que vemos isso não nos sentimos mais compelidos a dizer que precisa haver uma única característica comum a todos eles. O que ata o navio ao cais é uma corda, e a corda consiste em fibras, mas ela não extrai sua força de nenhuma fibra que corre através da corda de uma extremidade a outra, e sim do fato de que há um vasto número de fibras que se sobrepõem.

"Mas certamente, no caso 14c), **B** agiu de maneira inteiramente automática. Se tudo o que aconteceu foi realmente o que se descreveu ali, ele não sabia por que escolheu o rolo que efetivamente escolheu. Ele não tinha nenhuma razão para escolhê-lo. Caso tenha escolhido o rolo correto, ele fez isso do mesmo modo que uma máquina poderia ter feito." Nossa primeira resposta é que não havíamos negado que **B**, no caso 14c), tivesse aquilo que chamaríamos de uma experiência pessoal, pois não dissemos que ele não estava vendo os panos a partir dos quais escolheu ou o pano que escolheu, nem que ele não tivesse sensações musculares e táteis, e coisas assim, enquanto o fazia. Ora, com que se pareceria uma tal razão, uma que justificasse sua escolha e fizesse dela algo não automático? (Ou seja: Com que [17] *imaginamos* que ela se pareceria?) Suponho que deveríamos dizer que o oposto de uma comparação automática – o caso ideal de comparação consciente, por assim dizer – seria ter uma clara imagem mnemônica diante de nosso olho da mente ou ver uma amostra real e ter uma sensação específica de não ser capaz de distinguir, de um modo específico, entre essas amostras e os panos escolhidos. Suponho que essa sensação peculiar seja a razão, a justificativa, para a escolha. Esse sentimento específico, poder-se-ia dizer, conecta as experiências de ver a amostra, por um lado, e de ver o pano, por outro. Mas se é assim, o que é que conecta essa experiência específica a ambas? Não estamos negando que uma experiência como essa pudesse intervir. Mas ao olhar para ela como acabamos de fazer, a distinção entre automático e não automático não mais parece ser definitiva, com contornos bem definidos, como a princípio parecia. Não queremos dizer que essa distinção perde seu valor prático em casos específicos, por exemplo, quando nos perguntam, em circunstâncias específicas, "Será que você pegou esse rolo da prateleira automaticamente ou pensou a respeito?", podemos estar justificados em dizer que não agimos automaticamente e podemos dar, como explicação,[9] o fato de que havíamos olhado o pano cuidadosamente, de que havíamos tentado evocar a imagem mnemônica do padrão e de que havíamos manifestado, para nós mesmos, dúvidas e decisões. *No caso específico*, pode-se considerar que isso distingue o automático do não automático. Em outro caso, contudo, podemos distinguir entre um modo automático e um modo não automático de aparição de uma imagem mnemônica, e assim por diante.

Se o caso 14c) o incomoda, você pode estar inclinado a dizer: "Mas *por que* ele trouxe precisamente esse rolo de pano? Como foi que ele [18] o reconheceu como o correto? Com base em

9. No tiposcrito de base, o termo "explicação" [*explanation*] aparece sobreposto ao termo "razão" [*reason*], ambos datilografados. Seguimos a edição de Rhees.

quê?"[10] – Se você pergunta "por quê", será que está perguntando pela causa ou pela razão? Se estiver perguntando pela causa, é bastante fácil excogitar uma hipótese fisiológica ou psicológica que explique essa escolha sob as condições dadas. É tarefa das ciências experimentais testar tais hipóteses. Se, por outro lado, você estiver perguntando por uma razão, a resposta é "Não é necessário que tenha havido uma razão para a escolha. Uma razão é um passo que precede o passo da escolha, mas por que todos os passos deveriam ser precedidos por outro?".

"Mas então **B** não *reconheceu*, realmente, o pano como sendo o pano correto." — Você não precisa contar 14c) entre os casos de reconhecimento, mas se você se tornou ciente do fato de que os processos que chamamos de processos de reconhecimento formam uma vasta família com semelhanças que se sobrepõem, provavelmente não se sentirá pouco inclinado a incluir 14c) nessa família também. — "Mas será que não falta a **B**, nesse caso, o critério por meio do qual ele é capaz de reconhecer o pano? Em 14a), por exemplo, ele tinha a imagem mnemônica e reconheceu o pano que estava buscando por meio da concordância entre este e a imagem." — Mas será que ele também tinha uma imagem dessa concordância diante de si, uma imagem com a qual pudesse comparar a concordância entre o padrão e o rolo para ver se ela era a correta? E, por outro lado, será que uma imagem como essa não lhe poderia ter sido dada? Suponha, por exemplo, que **A** desejasse lembrar **B** de que aquilo que ele queria era um rolo exatamente como a amostra, e não, como talvez em outros casos, um pano ligeiramente mais escuro que o padrão. Será que, nesse caso, **A** não poderia ter dado a **B** um exemplo da concordância exigida dando-lhe duas peças da mesma cor (por

10. No tiposcrito de base, as aspas anteriormente abertas não são fechadas. Seguimos a intervenção de Rhees.

exemplo, [19] como um tipo de lembrete)? Será que uma ligação desse tipo entre a ordem e sua execução, qualquer que ela seja, é necessariamente a última? — E se você diz que, em 14b), ele ao menos tinha o relaxamento da tensão como meio para reconhecer o pano correto, será que ele tinha de ter consigo uma imagem desse relaxamento para reconhecê-lo como aquele por meio do qual o pano correto deveria ser reconhecido? —

"Mas e se **B** traz o rolo, como em 14c), e, ao compará-lo com o padrão, ele acaba se mostrando o rolo errado?" — Mas será que isso também não poderia ter acontecido em todos os outros casos? Suponha que, em 14a), o rolo trazido por **B** acabasse não batendo com o padrão. Será que, em alguns desses casos, nós não diríamos que sua imagem mnemônica mudou, em outros, que o padrão ou o pano mudou, em outros ainda, que a luz mudou? Não é difícil inventar casos, imaginar circunstâncias, em que cada um desses juízos fosse feito. — "Mas será que não há, afinal de contas, uma diferença essencial entre os casos 14a) e 14c)?" — Certamente! Precisamente aquela indicada na descrição desses casos. —

Em 1), **B** aprendeu a trazer um material de construção ao ouvir a palavra "coluna!" quando ela era gritada. Poderíamos imaginar o que aconteceu, em um caso assim, como sendo o seguinte: Na mente de **B**, a palavra gritada produziu uma imagem, digamos, de uma coluna; o treinamento, como diríamos, estabeleceu essa associação. **B** pega o material de construção que se conforma à sua imagem. — Mas será que foi *necessariamente* isso o que aconteceu? Se o treinamento pôde fazer com que a ideia ou imagem surgisse — automaticamente — na mente de **B**, por que ele não deveria produzir diretamente as *ações* de **B**, sem a intervenção de uma imagem? [20] Isso representaria apenas uma pequena variação do mecanismo associativo. Tenha em mente que não se chega à imagem produzida pela palavra por meio de um processo racional (mas, se for assim, isso apenas faz nosso argumento regredir um passo); mas que esse caso é estritamente comparável àquele de um mecanismo em que um botão é apertado e uma plaquinha se ergue. De fato, esse tipo de mecanismo pode ser usado em vez do mecanismo de associação.

Colocamos imagens mentais de cores, formatos, sons etc. etc., nos casos em que desempenham um papel na comunicação por meio da linguagem, na mesma categoria de manchas de cor efetivamente vistas, sons efetivamente ouvidos.

18). No uso de tabelas (como em 7)), o objetivo do treinamento pode ser não apenas ensinar o uso de uma tabela específica, mas capacitar o próprio aluno a usar ou construir tabelas com novas correlações entre sinais escritos e imagens. Suponha que a primeira tabela que uma pessoa foi treinada a usar contivesse as quatro palavras "martelo", "alicate", "serrote", "cinzel", e as imagens correspondentes a elas. Poderíamos agora acrescentar a imagem de um outro objeto que o aluno tivesse diante de si, digamos, de uma plaina, e correlacioná-la à palavra "plaina". Tornaremos a correlação entre a nova imagem e a nova palavra tão parecida quanto possível às correlações na tabela anterior. Poderíamos, assim, acrescentar a nova palavra e a nova imagem na mesma folha e colocar a nova palavra sob as palavras anteriores, e a nova imagem sob as imagens anteriores. O aluno será agora encorajado a fazer uso da nova imagem e da nova palavra sem o treinamento especial que nós lhe demos quando lhe ensinamos a usar a primeira tabela. [21] Esses atos de encorajamento serão de vários tipos, e muitos deles só serão possíveis se o aluno reage, e reage de um modo específico. Imagine os gestos, sons etc. de encorajamento que você usa quando ensina um cachorro a buscar um graveto. Imagine, por outro lado, que você tentasse ensinar um gato a buscar um graveto.[11] Considerando que o gato não reagirá ao seu encorajamento, nem vale a pena considerar a maioria dos atos de encorajamento que você utilizou ao treinar o cachorro.

19). O aluno também poderia ser treinado a dar às coisas nomes que ele mesmo inventasse, e a trazer os objetos quando os nomes são gritados. Nós lhe apresentamos uma tabela na qual ele encontra, de um lado, imagens de objetos que estão ao seu redor e, do outro, espaços em branco, e ele joga o jogo escrevendo sinais inventados por ele mesmo ao lado das imagens, e reagindo da maneira precedente quando esses sinais são usados como ordens. Ou então,

20). o jogo pode consistir em que **B** constrói uma tabela e obedece a ordens dadas em termos dessa tabela. Quando o uso de uma tabela é ensinado, e a tabela consiste, digamos, em duas colunas verticais, a da esquerda contendo nomes, a da direita contendo imagens, nomes e imagens estando correlacionados por se situarem na mesma linha horizontal, uma característica importante do treinamento pode ser aquela que faz o aluno deslizar seu dedo da esquerda para a direita, como se fosse o treinamento de desenhar uma série de linhas horizontais, uma embaixo da outra. Tal treinamento pode ajudar a fazer a transição da tabela original para o novo item.

Seguindo o uso ordinário, chamarei de regras as tabelas, definições ostensivas e instrumentos semelhantes. O uso de uma regra pode ser explicado por uma regra ulterior. [22]

21). Considere este exemplo: Introduzimos agora diferentes maneiras de ler tabelas. Cada tabela consiste em duas colunas, de palavras e imagens, como acima. Em alguns casos, elas de-

11. No tiposcrito de base, esta frase aparece escrita à mão, entre as linhas, com uma marca assinalando o ponto em que deve ser inserida.

vem ser lidas horizontalmente da esquerda para a direita, ou seja, de acordo com o esquema:

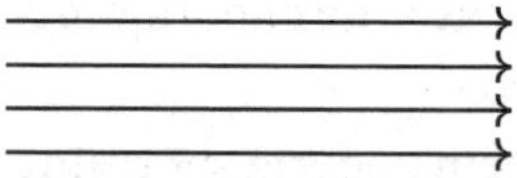

Em outros, de acordo com esquemas tais como:

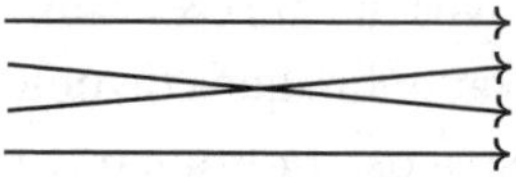

ou:

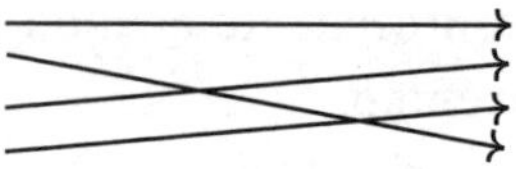

etc.

Esquemas desse tipo podem ser anexados às nossas tabelas, como regras para lê-las. Será que essas regras não podem ser novamente explicadas por meio de regras ulteriores? Certamente. Por outro lado, será que uma regra está explicada de maneira incompleta se não foi dada nenhuma regra para o seu uso?

Introduzimos agora em nossos jogos de linguagem a série infinita dos numerais. Mas como isso é feito? Obviamente, a analogia entre esse processo e aquele de introduzir uma série de vinte numerais não é a mesma que aquela entre introduzir uma série de vinte numerais e introduzir uma série de dez numerais. Suponha que nosso jogo fosse como 2), mas jogado com a série infinita de numerais. A diferença entre ele e 2) não seria apenas que mais numerais são utilizados. Dito de outra maneira, suponha que, como uma questão de fato, ao jogar o jogo, houvéssemos efetivamente feito uso de, digamos, 155 numerais; então o jogo que jogamos não seria aquele que poderia ser descrito dizendo-se que jogamos o jogo 2), só que com 155 numerais em vez de 10. Mas em que consiste a diferença? (A diferença pareceria consistir quase [23] no espírito com o qual os jogos são jogados.) A diferença entre jogos pode residir, digamos, no número de fichas utilizadas, no número de quadrados do tabuleiro, ou no fato de que usamos quadrados em um caso e hexágonos no outro, e coisas assim. Ora, a diferença entre o jogo finito e o jogo infinito não parece residir nas ferramentas materiais do jogo; pois estaríamos inclinados a dizer que a infinitude não pode estar expressa nelas, ou seja, que podemos concebê-la somente em nossos pensamentos e, portanto, que é nesses pensamentos que o jogo finito e o jogo infinito precisam ser distinguidos. (É estranho, porém, que esses pensamentos possam ser expressados por meio de sinais.)

Consideremos dois jogos. Ambos são jogados com cartas contendo números, e o número mais alto leva a melhor.[12]

22). Um jogo é jogado com um número fixo de tais cartas, digamos, 32. No outro jogo, estamos autorizados, em algumas circunstâncias, a aumentar o número de cartas para tantas quantas desejemos, cortando pedaços de papel e escrevendo números sobre eles. Chamaremos o primeiro deles de jogo limitado, e o segundo, de ilimitado. Suponha que uma rodada do segundo jogo foi jogada e o número de cartas efetivamente usadas foi 32. Qual é a diferença, nesse caso, entre jogar uma rodada *a*) do jogo ilimitado e jogar uma rodada *b*) do jogo limitado?

A diferença não será aquela entre uma rodada de um jogo limitado com 32 cartas e uma rodada de um jogo limitado com um número maior de cartas. O número de cartas usadas era, dissemos, o mesmo. Mas haverá diferenças de um tipo diferente, por exemplo, o jogo limitado é jogado com um maço de cartas normal, o jogo ilimitado, com um grande estoque de

12. No tiposcrito de base, essas duas frases aparecem como parte do parágrafo anterior. Seguimos a intervenção de Rhees.

cartas em branco e lápis. [24] O jogo ilimitado é iniciado com a questão "Até quanto nós iremos?". Se os jogadores consultam as regras desse jogo em um livro de regras, eles encontrarão a frase "e assim por diante" ou "e assim por diante ad inf." no final de certas séries de regras. Assim, a diferença entre as rodadas *a*) e *b*) reside nas ferramentas que usamos, embora não, é claro, nas cartas com que elas são jogadas. Mas essa diferença parece trivial, e não a diferença essencial entre os jogos. Sentimos que precisa haver, em algum lugar, uma diferença grande, essencial. Mas se você olha atentamente para o que acontece quando as rodadas são jogadas, percebe que só é capaz de detectar algumas diferenças nos detalhes, cada qual parecendo inessencial. As ações, por exemplo, de dar e jogar as cartas *podem* ser idênticas nos dois casos. No curso da rodada *a*), os jogadores podem ter considerado criar mais cartas e descartado a ideia. Mas com o que se parece ter levado isso em consideração? Poderia ser um processo como o de dizer, para si mesmos ou em voz alta, "Será que eu deveria criar mais uma carta?". Mais uma vez, pode ser que nenhuma consideração como essa tenha passado pelas mentes dos jogadores. É possível que toda a diferença nos eventos entre uma rodada do jogo limitado e uma rodada do jogo ilimitado resida naquilo que foi dito antes de o jogo começar, por exemplo, "Vamos jogar o jogo limitado".

"Mas será que não é correto dizer que as rodadas dos dois jogos diferentes pertencem a dois sistemas diferentes?" Certamente. Ocorre apenas que os fatos a que estamos nos referindo ao dizer que eles pertencem a sistemas diferentes são muito mais complexos do que poderíamos esperar que eles fossem.

Comparemos agora jogos de linguagem dos quais diríamos [25] que são jogados com um conjunto limitado de numerais, com jogos de linguagem dos quais diríamos que são jogados com a série infinita de numerais.

23). Como em 2), **A** ordena a **B** que lhe traga certo número de materiais de construção. Os numerais são os sinais "1", "2" etc. .... "9", cada um deles escrito sobre uma carta. **A** tem um conjunto dessas cartas e dá a ordem a **B** mostrando-lhe uma das cartas desse conjunto e gritando uma das palavras, "placa", "coluna" etc.

24). Como em 23), só que não há um conjunto de cartas indexadas. A série de numerais 1 ..... 9 é aprendida de cor. Os numerais são gritados como parte das ordens, e a criança os aprende oralmente.

25). Um ábaco é usado. **A** ajusta o ábaco, entrega-o a **B**, que vai com ele até o lugar onde estão as placas etc.

26). **B** tem de contar as placas em uma pilha. Ele faz isso com um ábaco, o qual contém vinte contas. Nunca há mais do que 20 placas em uma pilha. **B** ajusta o ábaco para a pilha em questão e mostra a **A** o ábaco assim ajustado.

27). Como em 26). O ábaco possui 20 contas pequenas e uma grande. Se a pilha contém mais do que 20 placas, a conta grande é movida. (Assim, a conta grande corresponde, de alguma maneira, à palavra "muitos".)

28). Como em 26). Se a pilha contém *n* placas, sendo *n* maior que 20, mas menor que 40, **B** move $n - 20$ contas, mostra o ábaco assim ajustado a **A** e bate palmas uma vez.

29). **A** e **B** usam os numerais do sistema decimal (escritos ou falados) até 20. A criança que está aprendendo essa linguagem aprende esses [26] numerais de cor etc., como em 2).

30). Uma certa tribo tem uma linguagem do tipo 2). Os numerais usados são os do nosso sistema decimal. Não se pode observar nenhum numeral específico que desempenhe o papel predominante que é desempenhado pelo último numeral em alguns dos jogos acima (27), 28)). (As pessoas sentem-se tentadas a continuar essa frase dizendo "embora haja, é claro, um maior numeral efetivamente usado".) As crianças da tribo aprendem os numerais desta maneira: Os sinais de 1 a 20 lhes são ensinados, como em 2), e lhes é ensinado a contar fileiras com não mais do que 20 contas quando recebem a ordem "Conte estas aqui". Quando, ao contar, o aluno chega ao numeral 20, alguém lhe faz um gesto sugestivo de "Prossiga", à vista do qual a criança diz (na maioria dos casos, ao menos) "21". De maneira análoga, as crianças são levadas a contar até 22 e até números mais elevados, sendo que nenhum número específico desempenha, nesses exercícios, o papel predominante de último número. O último estágio do treinamento consiste em que a criança recebe a ordem de contar um grupo de objetos, bem acima de 20, sem que o gesto sugestivo seja usado para ajudá-la a ir além do numeral 20. Se uma criança não reage ao gesto sugestivo, ela é separada das outras e tratada como lunática.

31). Outra tribo. Sua linguagem é como aquela em 30). O numeral mais alto cujo uso se observa é 159. Na vida dessa tribo, o numeral 159 desempenha um papel peculiar. Suponha que eu dissesse "Eles tratam esse número como o seu mais alto", — mas o que isso quer dizer? Será que poderíamos responder: "Eles simplesmente dizem que ele é o mais alto"? — Eles dizem certas palavras, mas como é que sabemos o que eles querem dizer com elas? Um critério para o que eles querem dizer seria dado pelas ocasiões [27] nas quais é usada a expressão que estamos inclinados a traduzir pela nossa expressão "o mais alto", o papel, poderíamos dizer, que observamos essa palavra desempenhar na vida da tribo. De fato, poderíamos facilmente imaginar o numeral 159 sendo usado em ocasiões tais que, e em conexão com gestos e formas de comportamento tais que, nos fariam dizer que esse numeral desempenha o papel de um limite intransponível, mesmo se a tribo não tivesse qualquer palavra correspondente ao nosso "o mais alto", e os critérios para tratar o numeral 159 como o numeral mais alto não consistissem em nada que fosse *dito* a respeito do numeral.

32). Uma tribo tem dois sistemas de contagem. As pessoas aprenderam a contar com o alfabeto de A a Z e também com o sistema decimal, como em 30). Se um homem tem de contar objetos com o primeiro sistema, ordena-se que ele conte "*do modo fechado*", no segundo caso, "*do modo aberto*"; e a tribo usa as palavras "fechado" e "aberto" também para uma porta fechada e aberta.

(Observações: 23) é limitado de uma maneira óbvia pelo conjunto de cartas. 24): Note a analogia e a falta de analogia entre o *estoque limitado* de cartas em 23) e de palavras em nossa memória em 24). Perceba que a limitação em 26) reside, por um lado, na *ferramenta* (o ábaco de 20 contas) e seu uso em nosso jogo e, por outro lado (de uma maneira totalmente diferente), no fato de que na prática efetiva de jogar o jogo jamais se contam mais do que 20 objetos. Em 27), este último tipo de limitação estava ausente, mas a conta grande do ábaco, por sua vez, enfatizava a limitação dos nossos meios. Será que 28) é um jogo limitado ou um jogo ilimitado? A prática que descrevemos tem 40 como limite. Estamos inclinados a dizer que esse jogo "traz em si" a possibilidade de ser continuado indefinidamente, mas [28] lembre-se de que poderíamos também ter interpretado os jogos precedentes como inícios de um sistema. Em 29), o aspecto sistemático dos numerais usados é ainda mais conspícuo do que em 28). Poder-se-ia dizer que não há qualquer limitação imposta pelas ferramentas desse jogo, a não ser pela observação de que os numerais até 20 são aprendidos de cor. Isso sugere a ideia de que a criança não é ensinada a "*entender*" o sistema que vemos na notação decimal. A respeito da tribo em 30), nós certamente deveríamos dizer que eles são treinados a construir numerais indefinidamente, que a aritmética da sua linguagem não é uma aritmética finita, que seu sistema de números não tem fim. (É apenas em um caso como esse, em que numerais são construídos "indefinidamente", que dizemos que aquelas pessoas têm uma série infinita de números.) 31) poderia lhe mostrar quão ampla é a variedade de casos que podem ser imaginados em que estaríamos inclinados a dizer que a aritmética da tribo lida com uma série finita de números, a despeito do fato de que o modo como as crianças são treinadas no uso dos numerais não sugere qualquer limite superior. Em 32), os termos "fechado" e "aberto" (os quais, com uma ligeira variação do exemplo, poderiam ser substituídos por "limitado" e "ilimitado") são introduzidos no interior da linguagem da própria tribo. Quando introduzidos naquele jogo simples e claramente circunscrito, é evidente que não há nada de misterioso a respeito do uso da palavra "aberto". Mas essa palavra corresponde à nossa palavra "infinito", e os jogos que jogamos com esta última diferem de 31) apenas por serem muito mais complicados. Em outras palavras, nosso uso da palavra "infinito" é simplesmente tão *direto* quanto aquele de "aberto" em 31), e nossa ideia de que seu significado é [29] "transcendente" repousa sobre um mal-entendido.)

Poderíamos dizer, de modo aproximado, que os casos ilimitados são caracterizados pelo seguinte: que eles não são jogados com um *estoque definido* de numerais, mas, em vez disso, com um *sistema* para construir numerais (indefinidamente). Quando dizemos que se forneceu a uma pessoa um sistema para construir numerais, em geral pensamos em uma de três coisas: a) em lhe dar um *treinamento* semelhante àquele descrito em 30), o qual a fará passar, segundo a experiência nos ensina, em testes do tipo mencionado ali; b) em criar na mente ou no cérebro da mesma pessoa uma *disposição* a reagir daquela maneira; c) em lhe fornecer uma *regra geral* para a construção de numerais.

O que é que chamamos de uma regra? Considere o seguinte exemplo:

33). **B** se movimenta de acordo com regras que **A** lhe dá. A seguinte tabela é fornecida a **B**:

a	→
b	←
c	↑
d	↓

A dá uma ordem composta das letras da tabela, digamos: "a a c a d d d". **B** consulta a seta que corresponde a cada letra da ordem e se move de acordo; em nosso exemplo, assim:

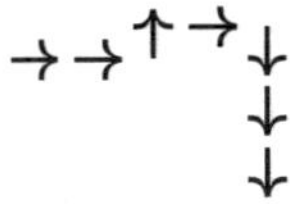

Deveríamos chamar a tabela 33) de uma regra (ou então de "a expressão de uma regra". A razão por que apresento essas expressões sinônimas aparecerá mais adiante). Não estaremos inclinados a chamar a frase "a a c a d d d", ela mesma, de uma regra. Ela é, evidentemente, a descrição do caminho que **B** tem de tomar. Por outro lado, tal descrição, em certas circunstâncias, seria chamada de uma regra, por exemplo, no seguinte caso: [30]

34). **B** tem de desenhar vários motivos ornamentais lineares. Cada motivo é uma repetição de um elemento que **A** lhe dá. Assim, se **A** dá a ordem "c a d a", **B** desenha uma linha assim:

Nesse caso, creio que deveríamos dizer que "c a d a" é a regra para desenhar o motivo. Falando de modo aproximado, ela caracteriza aquilo que chamamos de uma regra para ser aplicada repetidamente, em um número indefinido de ocorrências. Compare com 34), por exemplo, o seguinte caso:

35). Um jogo jogado com peças de vários formatos sobre um tabuleiro de xadrez. O modo como permitimos que cada peça se mova é estabelecido por uma regra. Assim, a regra para uma peça específica é "a c", para uma outra peça, "a c a a", e assim por diante. A primeira peça, então, pode fazer um movimento como este: →↑, e a segunda, um como este: →↑→→. Tanto uma fórmula como "a c" quanto um diagrama como aquele que corresponde a tal fórmula poderiam aqui ser chamados de uma regra.

36). Suponha que, depois de jogar o jogo 33) várias vezes como descrito acima, ele fosse jogado com esta variação: **B** não olha mais para a tabela, mas ao ler a ordem que **A** lhe dá, as letras evocam as imagens das setas (por associação), e **B** age de acordo com essas setas imaginadas.

37). Depois de jogá-lo desse modo várias vezes, **B** se move de acordo com a ordem escrita tal como teria feito se tivesse consultado ou imaginado as setas, mas sem que de fato nenhuma imagem desse tipo intervenha. Imagine até mesmo esta variação:

38). Em seu treinamento para seguir uma ordem escrita, mostra-se a **B** a tabela de 33) uma única vez; a partir disso, ele obedece à ordem de **A** sem qualquer intervenção adicional da tabela, do mesmo modo que **B** [31] faz em 33) com a ajuda da tabela a cada passo.

Em cada um desses casos, poderíamos dizer que a tabela 33) é uma regra do jogo. Mas em cada um deles essa regra desempenha um papel diferente. Em 33), a tabela é um instrumento usado naquilo que chamaríamos de *a prática* do jogo. Ela é substituída, em 36), pelo processo de associação. Em 37), até mesmo essa sombra da tabela foi abandonada na prática do jogo, e, em 38), a tabela é reconhecidamente apenas um instrumento para o *treinamento* de **B**.

Mas imagine este próximo caso:

39). Um certo sistema de comunicação é usado por uma tribo. Irei descrevê-lo dizendo que ele é semelhante a nosso jogo 38), exceto que nenhuma tabela é usada no treinamento. O treinamento *poderia* ter consistido em conduzir o aluno pela mão várias vezes ao longo do caminho que se queria que ele seguisse. Mas também poderíamos imaginar um caso:

40). em que nem mesmo esse treinamento é necessário, em que, como diríamos, olhar para as letras a b c d naturalmente produzisse um ímpeto para se mover do modo descrito.[13] À primeira vista, esse caso[14] parece enigmático. Parece que estamos pressupondo um funcionamento pouquíssimo usual da mente. Ou podemos perguntar "Como diabos ele vai saber de que modo se mover quando a letra *a* lhe é mostrada?". Mas será que a reação de **B**, nesse caso, não é exatamente a reação descrita em 37) e 38), e de fato nossa reação usual quando, por exemplo, ouvimos e obedecemos a uma ordem? Pois o fato de que o treinamento em 38) e 39) *precedeu* a execução da ordem não muda o processo de execução. Em outras palavras, o "curioso mecanismo mental" pressuposto em 40) não é outro senão aquele que havíamos pressuposto ter sido [32] criado pelo treinamento em 37) e 38). "Mas será que tal mecanismo *poderia* ter nascido com você?" Mas você sentiu alguma dificuldade em pressupor que *aquele* mecanismo nasceu com **B**, aquele que o habilitou a responder ao treinamento do modo como ele respondeu? E lembre-se de que a regra ou explicação dada na tabela 33) para os sinais a b c d não era essen-

13. No original: "... *the look of the letters abcd naturally produced...*". O trecho também poderia ser traduzido assim: "... o aspecto das letras a b c d naturalmente produzisse...".

14. No tiposcrito de base, o termo usado é "causa" [*cause*], e não "caso" [*case*]. Seguimos a intervenção de Rhees. Notamos, no entanto, que o contexto da passagem admitiria a manutenção do termo original, e que a intervenção de Rhees não pode ser tratada, assim, como mera correção de erro datilográfico.

cialmente a última, e que poderíamos ter dado uma tabela para o uso de tais tabelas, e assim por diante. (Cf. 21).)

Como é que se explica a um homem o modo como ele deveria executar a ordem "Vá *nessa* direção!" (apontando com uma seta a direção em que ele deveria ir)? Será que isso não poderia significar ir na direção que chamaríamos de oposta àquela da seta? Será que qualquer explicação de como ele deveria seguir a seta não ocupa a posição de uma outra seta? O que você diria desta explicação: Um homem diz "Se eu aponto nessa direção (apontando com sua mão direita), quero que você siga assim" (apontando com sua mão esquerda na mesma direção)? Isso simplesmente lhe mostra os extremos entre os quais variam os usos dos sinais.

Retornemos a 39). Alguém visita a tribo e observa o uso dos sinais em sua linguagem. Ele descreve a linguagem dizendo que suas frases consistem nas letras a b c d usadas de acordo com a tabela: (de 33)). Vemos que a expressão "Um jogo é jogado de acordo com a regra tal e tal" é usada não apenas na variedade de casos exemplificada por 36), 37) e 38), mas até mesmo em casos nos quais a regra não é um instrumento nem do treinamento, nem da prática do jogo, mas mantém com ele a relação que nossa tabela mantém com a prática do nosso jogo 39). Poder-se-ia, nesse caso, chamar a tabela de uma [33] lei natural que descreve o comportamento das pessoas dessa tribo. Ou poderíamos dizer que a tabela é um registro que pertence à história natural da tribo.

Note que no jogo 33) eu distingui nitidamente entre a ordem que deve ser executada e a regra empregada. Em 34), por outro lado, nós chamamos a frase "c a d a" de uma regra, e ela era a ordem. Imagine também esta variação:

41). O jogo é semelhante a 33), mas o aluno não é apenas treinado a usar uma única tabela; em vez disso, o treinamento tem como objetivo fazer o aluno usar qualquer tabela que correlacione letras a setas. Bem, com isso quero dizer apenas que o treinamento é de um tipo peculiar, aproximadamente falando, análogo àquele descrito em 30). Irei me referir a um treinamento mais ou menos semelhante àquele de 30) como um "*treinamento geral*". Treinamentos gerais formam uma família cujos membros diferem enormemente entre si. O tipo de coisa em que agora estou pensando consiste principalmente: *a*) em um treinamento em um escopo limitado de ações, *b*) em dar ao aluno uma indicação para estender esse escopo, e *c*) em exercícios e testes aleatórios. Depois do treinamento geral, a ordem agora deve consistir em dar a ele um sinal deste tipo:

rrtst

r	↗
s	↖
t	↓

Ele executa a ordem movendo-se assim:[15]

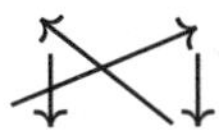

Estou pressupondo, aqui, que diríamos que a tabela, a regra, é *parte* da ordem.

Note que não estamos dizendo "*o que uma regra é*", mas apenas dando diferentes aplicações da palavra "regra"; e certamente fazemos isso ao dar aplicações das palavras "expressão de uma regra".

15. Como indicado na Apresentação, o tiposcrito usado de base para a presente edição é o de Von Wright. O diagrama apresentado no corpo do texto, portanto, é aquele que aparece nesse tiposcrito, inserido a caneta. Contudo, ele parece conter um erro, na medida em que estaria de acordo com a ordem "r t s t", e não "r r t s t". A versão de Redpath do mesmo tiposcrito (p. 30r) traz um diagrama ligeiramente diferente, também inserido a caneta, um pouco mais próximo daquilo que seria o correto. Já a edição de Rhees opta por corrigir inteiramente o problema e adota o seguinte diagrama, preparado tipograficamente:

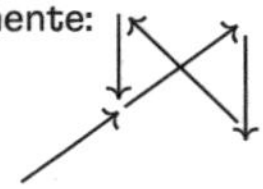

Note também que, em 41), não há argumento claro contra chamar [34] de frase todo o símbolo dado, embora *pudéssemos* distinguir, nele, entre a frase e a tabela. O que mais particularmente nos tenta, nesse caso, a fazer essa distinção é a escrita linear da parte fora da tabela. Embora, de certos pontos de vista, devêssemos chamar de meramente externo e inessencial o caráter linear da frase, esse caráter, e outros semelhantes, desempenha um grande papel naquilo que, como lógicos, estamos inclinados a dizer acerca de frases e proposições. E, portanto, se concebemos o símbolo em 41) como uma unidade, isso pode nos fazer perceber com que uma frase *pode* se parecer.

Consideremos agora estes dois jogos:

42). **A** dá ordens a **B**: elas são sinais escritos que consistem em pontos e traços, e **B** as executa fazendo uma dança com um passo específico. Assim, a ordem "– ·" deve ser executada dando-se um passo e um salto alternadamente; a ordem "· · – – –", dando-se alternadamente dois saltos e três passos etc. O treinamento nesse jogo é "geral" no sentido explicado em 41); e eu gostaria de dizer: "as ordens dadas não se movimentam em um escopo limitado. Elas abrangem combinações de qualquer número de pontos e traços". – Mas o que quer dizer que as ordens não se movimentam em um escopo limitado? Isso não é desprovido de sentido? Quaisquer ordens que sejam dadas na prática do jogo constituem um escopo limitado. – Bem, o que eu queria dizer com "as ordens não se movimentam em um escopo limitado" era que, nem no ensino do jogo, nem na sua prática, uma limitação do escopo desempenha um papel "predominante" (ver 30)) ou, como poderíamos dizer, o escopo do jogo (é supérfluo dizer [35] limitado) é apenas a extensão a que chegou sua prática efetiva ("acidental"). (Nosso jogo é, nesse sentido, como 30).) Comparar esse jogo com o seguinte:

43). As ordens e sua execução como em 42); mas apenas estes três sinais são usados: "– ·", "– · ·", "· – –". Dizemos que, em

42), **B**, ao executar a ordem, é *guiado* pelo sinal dado a ele. Mas se perguntamos a nós mesmos se os três sinais em 43) guiam **B** ao executar as ordens, parece que podemos dizer tanto sim como não, de acordo com o modo como olhamos para a execução das ordens.

Se tentamos decidir se **B**, em 43), é guiado ou não pelos sinais, estamos inclinados a dar respostas como as seguintes: *a*) **B** é guiado se ele não apenas olha para a ordem como um todo, digamos, "· – –", e então age, mas se ele a lê "palavra por palavra" (sendo as palavras usadas em nossa linguagem "·" e "–") e age de acordo com as palavras que leu.

Poderíamos tornar mais claros esses casos se imaginássemos que "ler palavra por palavra" consistia em apontar para cada palavra da frase com o dedo, como algo oposto a apontar para toda a frase de uma só vez, digamos, apontando para o começo da frase. E, para simplificar, iremos imaginar o "agir de acordo com as palavras" como consistindo em agir (dar passos e saltar) depois de cada palavra da frase. – *b*) **B** é guiado se ele passa por um processo consciente que faz uma conexão entre o apontar para uma palavra e o ato de saltar e dar um passo. Uma conexão como essa poderia ser imaginada de muitas maneiras diferentes. Por exemplo, **B** tem uma tabela na qual um traço [36] é correlacionado à imagem de um homem dando um passo, e um ponto, à imagem de um homem saltando. Os atos conscientes conectando ler a ordem e executá-la poderiam então consistir em consultar a tabela ou em consultar uma imagem mnemônica dela "com o olho da mente". *c*) **B** é guiado se, ao olhar para cada palavra da ordem, ele não apenas reage, mas experiencia a tensão peculiar de "tentar lembrar o que o sinal significa" e, além disso, experiencia o relaxamento dessa tensão quando o significado, a ação correta, aparece diante de sua mente.

Todas essas explicações parecem insatisfatórias de uma maneira peculiar,[16] e é a limitação do nosso jogo que as torna insatisfatórias. Isso se expressa na explicação de que **B** é guiado pela combinação específica de palavras em uma de nossas três frases caso ele também *pudesse* ter executado ordens que consistissem em outras combinações de pontos e traços. E, se dizemos isso, parece-nos que a "*habilidade*" de executar outras ordens é um estado específico da pessoa que executa as ordens de 42). E ao mesmo tempo não podemos, nesse caso, encontrar qualquer coisa que pudéssemos chamar de um tal estado.

Vejamos que papel as expressões "poder" ou "ser capaz de" desempenham em nossa linguagem.[17] Considere estes exemplos:

44). Imagine que, para um propósito qualquer, as pessoas usassem certo tipo de instrumento ou ferramenta; ela consiste em uma prancha com uma fenda que guia o movimento de um pino. O homem que usa a ferramenta desliza o pino ao longo da fenda. Existem pranchas desse tipo com fendas retas, fendas circulares, fendas elípticas etc. A linguagem das pessoas que usam esse instrumento possui expressões para [37] descrever a atividade de mover o pino na fenda. Elas falam de movê-lo em

16. No tiposcrito de base, o termo "peculiar" [*peculiar*] aparece escrito à mão, por sobre o termo datilografado "específico" [*particular*], que foi riscado. Seguimos a edição de Rhees. Vale observar que, a partir da página [126], Wittgenstein propõe uma discussão a respeito do uso, justamente, desses termos.

17. A partir deste ponto, Wittgenstein explora dificuldades filosóficas que emergem de diferentes usos do verbo *can* — tanto quando expressa *capacidades* de indivíduos como quando indica *possibilidades* abertas a indivíduos e coisas. Surge aqui um problema de tradução. Frequentemente seria mais natural verter *can* como "conseguir", em contextos nos quais o termo inglês alude mais claramente a capacidades; isso evitaria também a eventual confusão com um terceiro sentido do verbo "poder", o de "estar autorizado a" — muito mais comum no português que no inglês. Contudo, para manter a unidade da discussão proposta por Wittgenstein, fixamos a tradução de *can* por "poder" ao longo das seções que vão de 44 a 50 e 62 a 68.

um círculo, em uma linha reta etc. Elas também têm um meio de descrever a prancha utilizada. Fazem-no da seguinte forma: "Esta é uma prancha na qual o pino *pode* ser movido em um círculo". Nesse caso, poder-se-ia chamar a palavra "pode" de um operador por meio do qual a forma de expressão que descreve uma ação é transformada em uma descrição do instrumento.

45). Imagine um povo em cuja linguagem não existem formas de frase tais como "o livro está na gaveta" ou "a água está no copo", mas em todos os casos em que usaríamos essas formas eles dizem "O livro pode ser retirado da gaveta", "A água pode ser retirada do copo".

46). Uma atividade dos homens de certa tribo consiste em testar varetas quanto à sua rigidez. Eles o fazem tentando curvar a vareta com suas mãos. Em sua linguagem, eles têm expressões da forma "Esta vareta pode ser curvada facilmente" ou "Esta vareta pode ser curvada com dificuldade". Eles usam essas expressões do mesmo modo que usamos "Esta vareta é flexível" ou "Esta vareta é rígida". O que quero dizer é que eles não usam a expressão "Esta vareta pode ser curvada facilmente" do mesmo modo que usaríamos a frase "Estou curvando a vareta com facilidade". Em vez disso, eles usam sua expressão de um modo que nos faria dizer que estão descrevendo um estado da vareta. Isto é, usam frases tais como "Esta cabana é feita de varetas que podem ser curvadas facilmente". (Pense na maneira como formamos adjetivos a partir de verbos por meio da terminação "-ável", por exemplo, "deformável".)

Poderíamos, agora, dizer que nos últimos três casos as [38] frases da forma "tal e tal pode acontecer" descreviam o estado de objetos, mas há grandes diferenças entre esses exemplos. Em 44), nós víamos, diante de nossos olhos, o estado que estava sendo descrito. Nós víamos que a prancha tinha uma fenda circular ou reta etc. Em 45), ao menos em alguns casos era isso o que acontecia, nós podíamos ver os objetos na caixa, a água no copo etc. Em tais casos, usamos a expressão "estado de um objeto" de tal maneira que corresponde a ela o que se poderia chamar de experiência sensorial estacionária.

Por outro lado, quando falamos do estado de uma vareta em 46), observe que, a esse "estado", não corresponde uma experiência sensorial específica que dura enquanto dura o estado. Em vez disso, o critério definidor para que algo esteja nesse estado consiste em certos *testes*.

Podemos dizer que um carro viaja a 20 milhas por hora mesmo que ele viaje apenas por meia hora. Podemos explicar nossa forma de expressão dizendo que o carro viaja a uma velocidade que o torna capaz de fazer 20 milhas por hora. E também aqui estamos inclinados a falar da velocidade do carro como de um estado de seu movimento. Creio que não usaríamos essa expressão se não tivéssemos quaisquer outras "experiências de movimento" a não ser aquelas de um corpo que está em um lugar específico num certo tempo e em outro lugar em outro tempo; se, por exemplo, nossas experiências de movimento fossem do tipo que temos quando vemos que o ponteiro de horas do relógio se moveu de um ponto a outro do mostrador.

47). Uma tribo tem, em sua linguagem, comandos para a execução de certas ações de homens que estão em guerra, algo como "Atire!", [39] "Corra!", "Rasteje!" etc. Eles também têm um modo de descrever a constituição física de um homem. Uma descrição como essa tem a forma "Ele pode correr rápido", "Ele pode arremessar a lança longe". O que justifica que eu diga que essas frases são descrições da constituição física do homem é o uso que eles fazem das frases que têm essa forma. Assim, se eles veem um homem com músculos salientes nas pernas, mas que, como diríamos, não faz uso de suas pernas por qualquer razão que seja, eles dizem que ele é um homem que pode correr rápido. A imagem desenhada que mostra um homem de bíceps avantajados é descrita por eles como representando um homem "que pode arremessar uma lança longe".

48). Os homens de uma tribo são submetidos a certo tipo de exame médico antes de irem para a guerra. O examinador os faz passar por uma série de testes padronizados. Ele lhes pede para levantar certos pesos, balançar os braços, saltitar etc. O examinador então dá seu veredito na forma "Tal e tal pode arremessar uma lança" ou "pode arremessar um bumerangue" ou "está apto a perseguir o inimigo" etc. Não há qualquer expressão especial na linguagem dessa tribo para as atividades realizadas nos testes; mas elas são referidas apenas como os testes para certas atividades relativas à guerra.

Eis uma observação importante a respeito desse e de outros exemplos dados por nós: pode-se objetar à descrição que damos da linguagem de uma tribo que, nos espécimes que damos de sua linguagem, fazemos com que eles falem português, já pressupondo com isso todo o pano de fundo da língua portuguesa, isto é, nossos significados usuais das palavras. Assim, se digo que, em uma certa linguagem, não há um verbo especial para "saltitar", mas que essa linguagem usa, em vez disso, a forma "fazer [40] o teste para arremessar o bumerangue", pode-se perguntar de que modo eu caracterizei o uso das expressões "fazer um teste para" e "arremessar o bumerangue", para que seja justificável substituir quaisquer que sejam as palavras que eles efetivamente usam por essas expressões em português. A isso é necessário responder que demos apenas uma descrição bastante preliminar das práticas de nossas linguagens fictícias, apenas pistas em alguns casos, mas que se pode facilmente tornar essas descrições mais completas. Assim, em 48), eu poderia ter dito que o examinador usa ordens para fazer com que os homens passem pelos testes. Todas essas ordens começam com uma expressão específica que eu poderia traduzir para a expressão em português "Passar pelo teste". E essa expressão é sucedida por uma que, em situações efetivas de guerra, é usada para certas ações. Assim, há um comando a partir do qual os homens arremessam seus bumerangues e que, portanto, eu deveria traduzir por "Arremessar os bumerangues". Além disso, se um homem faz a seu comandante um relato da batalha, novamente ele usa a expressão que eu traduzi por "Arremessar um bumerangue", dessa vez em uma descrição. Bem, o que caracteriza uma ordem como tal ou uma descrição como tal ou uma pergunta como tal etc. é — como dissemos — o papel que o proferimento desses sinais desempenha na totalidade da prática da linguagem. Dito de outra maneira, se uma palavra da linguagem da nossa tribo é traduzida corretamente por uma palavra da língua portuguesa, isso depende do papel que essa palavra desempenha na totalidade da vida da tribo; as ocasiões em que é usada, as expressões de emoção pelas quais é geralmente acompanhada, as ideias que geralmente desperta ou que fazem com que ela seja dita etc. etc. Como exercício, pergunte a si mesmo: em que [41] casos você diria que uma certa palavra proferida pelas pessoas da tribo era uma saudação? Em que casos deveríamos dizer que ela corresponde ao nosso "Até logo", em que casos, ao nosso "Olá"? Em que casos você diria que uma palavra de uma língua estrangeira corresponde ao nosso "talvez"? — às nossas expressões de dúvida, confiança, certeza? Você descobrirá que as justificativas para chamar algo de uma expressão de dúvida, convicção etc. consistem, em larga medida, embora obviamente não por completo, em descrições de gestos, no jogo das expressões faciais, e até mesmo no tom da voz. Lembre-se, neste ponto, de que as experiências pessoais de uma emoção precisam, em parte, ser experiências estritamente localizadas; pois ao franzir o sobrolho com raiva, eu sinto a tensão muscular em minha testa, e ao chorar, as sensações ao redor dos meus olhos são obviamente parte, e uma parte importante, do que sinto. Creio que é isso o que William James queria dizer quando disse que um homem não chora porque está triste, mas que está triste porque chora. A razão pela qual esse ponto frequentemente não é entendido é que pensamos a respeito da manifestação de uma emoção como se fosse certo recurso artificial para fazer com que os outros saibam que nós a temos. Bem, não existe linha nítida entre tais "recursos artificiais" e aquilo que se poderia chamar de expressão natural da emoção. Comparar, a esse respeito: *a*) chorar, *b*) levantar a voz quando se está com raiva, *c*) escrever uma carta raivosa, *d*) tocar a campainha para chamar um servente com o qual você quer ralhar.

49.) Imagine uma tribo em cuja linguagem há uma expressão correspondente ao nosso "Ele fez tal e tal" e outra expressão correspondente ao nosso "Ele pode fazer tal e tal", sendo esta última [42] expressão, contudo, usada apenas nos casos em que seu uso é justificado pelo mesmo fato que também justificaria a primeira expressão. Ora, o que pode me fazer dizer isso? Eles têm uma forma de comunicação que, devido às circunstâncias nas quais é empregada, chamaríamos de narração de eventos passados. Há também circunstâncias nas quais faríamos e responderíamos perguntas como "Será que tal e tal pode fazer isso?". Tais circunstâncias podem ser descritas, por exemplo, dizendo-se que um chefe escolhe homens adequados para uma certa ação, digamos, atravessar um rio, escalar uma montanha etc. Como critérios definidores de "o chefe escolhe homens adequados para essa ação", eu não aceitarei o que ele diz, mas apenas os outros aspectos da situação. Nessas circunstâncias, o chefe faz uma pergunta que, no que se refere às consequências práticas, teria de ser traduzida por nosso "Será que tal e tal pode atravessar esse rio a nado?". Essa pergunta, contudo, só é respondida afirmativamente por aqueles que efetivamente atravessaram esse rio a nado. Essa resposta não é dada nas mesmas palavras com que, em circunstâncias que caracterizam uma narração, ele diria que atravessou esse rio a nado, mas é dada nos termos da pergunta feita pelo chefe. Por outro lado, essa resposta não é dada nos casos em que nós certamente daríamos a resposta "Eu posso atravessar esse rio a nado" se, por exemplo, no que diz respeito à natação, eu já tivesse realizado feitos mais difíceis, embora apenas não o de atravessar a nado esse rio em particular.

Aliás, será que as duas expressões, "Ele fez tal e tal" e "Ele pode fazer tal e tal", têm o mesmo significado nessa linguagem ou têm significados diferentes? Se você pensar a respeito disso, algo [43] irá tentá-lo a dar a primeira resposta, algo a dar a segunda. Isso apenas mostra que a pergunta, aqui, não tem um significado claramente definido. Tudo o que posso dizer é: Se o seu critério para ter o mesmo significado é o fato de que eles apenas dizem "Ele pode . . . ." caso ele tenha feito . . . . , então as duas expressões têm o mesmo significado. Se as circunstâncias nas quais uma expressão é usada constituem seu significado, os significados são diferentes. O uso que se faz da palavra "pode" — a expressão de possibilidade em 49) — pode lançar luz sobre a ideia de que o que pode acontecer precisa ter acontecido antes (Nietzsche). Também será interessante olhar, à luz de nossos exemplos, para a afirmação de que o que acontece pode acontecer.

Antes de avançarmos com nossas considerações acerca do uso da "expressão de possibilidade", busquemos mais clareza a respeito daquele departamento de nossa linguagem no qual são ditas coisas sobre o passado e o futuro, ou seja, sobre o uso de frases contendo expressões como "ontem", "um ano atrás", "em cinco minutos", "antes que eu fizesse isso" etc. Considere este exemplo:

50). Imagine o modo como uma criança poderia ser treinada na prática da "narração de eventos passados". Ela primeiro foi treinada a pedir certas coisas (por assim dizer, a dar ordens. Ver 1)). Parte desse treinamento consistia no exercício de "nomear as coisas". Ela aprendeu, desse modo, a nomear (e pedir) uma dúzia de seus brinquedos. Digamos que ela agora tenha brincado com três deles (por exemplo, uma bola, uma vareta e um chocalho), então eles lhe são tomados, e agora o adulto diz frases como "Ela tinha uma bola, uma vareta e um chocalho". Em uma ocasião semelhante, ele interrompe a [44] enumeração e estimula a criança a completá-la. Em outra ocasião, talvez, ele apenas diz "Ela tinha. . . ." e deixa que a criança faça a enumeração completa. Ora, o modo de "estimular a criança a prosseguir" pode ser este: Ele interrompe sua enumeração com uma expressão facial e uma elevação no tom da voz que poderíamos chamar de expectativa. Tudo depende então de se a criança irá reagir a esse "estímulo" ou não. Ora, há um estranho mal-entendido no qual estamos muito propensos a cair, que consiste em considerar os "meios externos" usados pelo professor para estimular a criança a prosseguir como aquilo que poderíamos chamar de um meio indireto de se fazer entender pela criança. Nós tratamos o caso como se a criança já possuísse uma linguagem na qual pensasse, e a tarefa agora é estimulá-la a adivinhar, em meio ao reino dos significados diante de sua mente, o significado desejado pelo professor, como se a criança, em sua própria linguagem privada, pudesse fazer a si mesma perguntas como "Será que ele quer que eu continue, ou que repita o que ele disse, ou alguma outra coisa?" (Comparar com 30)).

51). Outro exemplo de um tipo primitivo de narração de eventos passados: vivemos em uma paisagem com certos pontos de referência naturais característicos no horizonte. Desse modo, é fácil lembrar o lugar em que o sol se levanta em uma estação específica, ou o lugar acima do qual ele se ergue quando está em seu ponto mais alto, ou o lugar em que se põe. Temos algumas imagens características do sol em diferentes posições de nossa paisagem. Chamemos essa série de imagens de a série do sol. Também temos algumas imagens características das atividades de uma criança, deitar-se na cama, levantar-se, vestir-se, almoçar etc. Chamarei esse *conjunto*[18] [45] de imagens da vida. Imagino que a criança possa frequentemente ver a posição do sol enquanto realiza as atividades diárias. Chamamos a atenção da criança para o fato de que o sol está em certo lugar enquanto ela está ocupada em uma tarefa específica. Então fazemos com que ela olhe para estas duas coisas: uma imagem que representa sua tarefa e uma imagem que mostra o sol em sua posição naquele momento. Podemos assim narrar aproximadamente a história do dia da criança ao dispor uma fileira das imagens da vida e, sobre elas, o que eu chamei de série do sol, com as duas fileiras na correlação adequada. Depois disso, pedimos que a criança complemente essa história imagética, a qual deixamos incompleta. E eu gostaria de dizer, neste ponto, que essa forma de treinamento (ver 50) e 30)) é um dos grandes traços característicos do uso da linguagem, ou do pensamento.

52). Uma variante de 51). Há um grande relógio na creche, por simplicidade imagine-o apenas com o ponteiro das horas. A história do dia da criança é narrada do mesmo modo que acima, mas não há nenhuma série do sol; em vez disso, escrevemos um dos números do mostrador correlacionado a cada uma das imagens da vida.

53). Note que poderia haver um jogo semelhante no qual, como poderíamos dizer, o tempo também estivesse envolvido,

18. Esse destaque, presente no tiposcrito de base, foi omitido na edição de Rhees.

um jogo em que apenas se disporia uma série de imagens da vida. Poderíamos jogar esse jogo com o auxílio de palavras que correspondessem ao nosso "antes" e "depois". Nesse sentido, podemos dizer que 53) envolve as ideias de antes e depois, mas não a ideia de medição do tempo. Nem preciso dizer que um passo simples nos levaria das narrações em 51), 52) e 53) a narrações em palavras. Possivelmente, alguém [46] que considere tais formas de narração poderia pensar que, nelas, a verdadeira ideia de tempo ainda não está de modo algum envolvida, mas apenas algum substituto grosseiro dela, a posição de um ponteiro de relógio e coisas assim. Ora, se um homem alegasse que existe uma ideia de "cinco horas da tarde" que não envolve um relógio, que o relógio é apenas o instrumento rudimentar que indica quando são cinco horas da tarde, ou que existe uma ideia de hora que não envolve um instrumento para medir o tempo, eu não irei contradizê-lo, mas irei pedir que ele me explique qual é seu uso do termo "uma hora" ou "cinco horas da tarde". E se esse uso não é aquele que envolve um relógio, trata-se de um uso diferente; e então eu lhe perguntarei por que ele usa as expressões "cinco horas da tarde", "uma hora", "um tempo longo", "um tempo curto" etc. em um caso em conexão com um relógio, no outro independentemente de um relógio; será devido a certas analogias que se estabelecem entre os dois usos, mas agora nós temos dois usos dessas expressões, e nenhuma razão para dizer que um deles é menos verdadeiro e puro que o outro. Isso pode se tornar mais claro ao considerarmos o seguinte exemplo:

54). Se damos a uma pessoa a ordem "Diga um número, qualquer um que lhe venha à mente", ela pode, em geral, segui-la imediatamente. Suponha que se descobrisse que os números dados em resposta aumentassem — com toda pessoa normal — à medida que o dia avançasse; toda manhã, um homem começa com certo número pequeno e, à noite, antes de adormecer, alcança o número mais alto. Considere o que poderia tentar alguém a chamar as reações descritas de "um meio de medir o tempo", ou até mesmo a dizer que elas são os *verdadeiros* marcos na passagem do tempo, sendo os relógios solares etc. [47] apenas marcadores indiretos. (Examine a afirmação de que o coração humano é o verdadeiro relógio por trás de todos os outros relógios.)

Consideremos agora outros jogos de linguagem em que entram expressões temporais.

55). Este deriva de 1). Se uma ordem como "Placa!", "Coluna!" etc. é gritada, **B** é treinado para executá-la imediatamente. Agora introduzimos um relógio nesse jogo, uma ordem é dada, e treinamos a criança a não executá-la até que o ponteiro do nosso relógio alcance um ponto indicado anteriormente com o dedo. (Isso poderia ser feito, por exemplo, desta maneira: Você primeiro treinou a criança a realizar a ordem imediatamente. Você então dá a ordem, mas segura a criança, soltando-a apenas quando o ponteiro do relógio tiver alcançado o ponto do mostrador para o qual apontamos com nosso dedo.)

A essa altura, poderíamos introduzir uma palavra como "agora". Temos dois tipos de ordem nesse jogo, as ordens usadas em 1) e ordens que consistem nessas primeiras acrescidas de um gesto que indica um ponto do mostrador do relógio. Para tornar mais explícita a distinção entre esses dois tipos, podemos apensar um sinal específico às ordens do primeiro tipo e dizer, por exemplo, "placa, agora!".

Seria fácil, agora, descrever jogos de linguagem com expressões como "em cinco minutos", "meia hora atrás".

56). Passemos agora ao caso de uma *descrição* do futuro, uma previsão. Alguém poderia, por exemplo, despertar a tensão da expectativa em uma criança mantendo sua atenção, por um tempo considerável, em certos sinais de trânsito que mudam de cor periodicamente. Também temos diante de nós um disco vermelho, um verde e um amarelo, e [48] apontamos alternadamente para esses discos como um modo de prever a cor que aparecerá em seguida. É fácil imaginar desenvolvimentos ulteriores desse jogo.

Ao olhar para esses jogos de linguagem, não deparamos com as ideias de passado, futuro e presente em seu aspecto problemático e quase misterioso. O que é esse aspecto, e como acontece de ele aparecer, pode ser exemplificado da maneira mais característica se olharmos para a pergunta "Para onde vai o presente quando ele se torna passado, e onde está o passado?" — em que circunstâncias essa pergunta tem algum poder de sedução sobre nós? Pois em certas circunstâncias ela não tem esse poder, e deveríamos afastá-la como absurda.

Está claro que essa pergunta surge mais facilmente se estamos preocupados com casos nos quais há coisas fluindo diante de nós, — como toras de madeira flutuando rio abaixo. Em tal caso, podemos dizer que as toras que *passaram* por nós estão todas lá embaixo à esquerda, e que as toras que *passarão* por nós estão todas lá em cima à direita. Usamos então essa situação como um símile para todo acontecimento no tempo e chegamos até mesmo a incorporar esse símile à nossa linguagem, como quando dizemos que "o evento presente passa" (uma tora passa), "o evento futuro está por vir" (uma tora está por vir). Falamos acerca do fluxo dos eventos; mas também a respeito do fluxo do tempo — o rio em que as toras viajam.

Aqui está uma das mais férteis fontes da perplexidade filosófica: Falamos do evento futuro de algo chegando ao meu quarto, e também da futura chegada desse evento.

Dizemos "*Algo* irá acontecer" e também "Algo [49] está vindo em minha direção"; nós nos referimos à tora como "algo", mas também à vinda da tora em minha direção.

Pode então acontecer que não sejamos capazes de nos livrar das implicações de nosso simbolismo, o qual parece admitir uma pergunta como "Para onde vai a chama de uma vela quando a apagamos?", "Para onde vai a luz?", "Para onde vai o passado?". Nós nos tornamos obcecados com nosso simbolismo. – Podemos dizer que somos levados à perplexidade por uma analogia que irresistivelmente nos arrasta. – E isso também acontece quando o significado da palavra "agora" nos aparece sob uma luz misteriosa. Em nosso exemplo 55), parece que a função de "agora" não é de modo algum comparável à função de uma expressão como "cinco horas da tarde", "meio-dia", "a hora em que o sol se põe" etc. Eu poderia chamar esse último grupo de expressões de "determinações[19] de tempo". Mas nossa linguagem ordinária usa a palavra "agora" e determinações de tempo em contextos semelhantes. Assim, dizemos "O sol está se pondo agora", "O sol está se pondo às seis da tarde".[20] Estamos inclinados a dizer que tanto "agora" quanto "seis da tarde" "referem-se a pontos do tempo". Esse uso das palavras produz uma perplexidade que se poderia expressar na pergunta "O que é o 'agora'? – pois se trata de um momento do tempo e, no entanto, não se pode dizer que seja nem o 'momento em que estou falando' nem o 'momento em que o relógio bate' etc. etc.". – Nossa resposta é: A função da palavra "agora" é completamente diferente daquela de uma especificação de tempo. – Isso pode facilmente ser visto se olhamos para o papel que essa palavra efetivamente desem-

19. No tiposcrito de base, o termo "determinações" [*determinations*] aparece sobreposto ao termo "especificações" [*specifications*], ambos datilografados. Não seguimos a escolha de Rhees, que adotou "especificações". A razão para isso é que o termo "determinações" é retomado na sequência imediata.

20. No tiposcrito de base, a segunda frase aparece sobreposta à primeira, ambas datilografadas. Em sua edição, Rhees optou por manter as duas frases, no que o seguimos. Diferentemente dele, porém, acompanhamos o original ao não inserir quebras de parágrafo para isolá-las.

penha em nosso uso da linguagem, mas é obscurecido quando, em vez de olhar para a *totalidade do jogo de linguagem*, olhamos apenas para os contextos, para as expressões [50] linguísticas em que a palavra é usada. (A palavra "hoje" não é uma data, mas também não é nada semelhante a uma data. Ela não difere de uma data do mesmo modo que um martelo difere de um malho, mas do modo como um martelo difere de um prego; e certamente podemos dizer que existe uma conexão tanto entre o martelo e o malho como entre o martelo e o prego.)

Sentimo-nos tentados a dizer que "agora" é o nome de um instante do tempo, e isso, é claro, seria como dizer que "aqui" é o nome de um lugar, "isto" o nome de uma coisa e "eu" o nome de um homem. (É claro que alguém também poderia ter dito que "um ano atrás" é o nome de um tempo, "logo ali" o nome de um lugar, e "você" o nome de uma pessoa.) Mas não há nada mais diferente do que o uso da palavra "isto" e o uso de um nome próprio, – refiro-me *aos jogos* jogados com essas palavras, não às frases em que elas são usadas. Pois efetivamente dizemos "Isto é pequeno" e "Jack é pequeno"; mas lembre-se de que "Isto é pequeno", sem o gesto de apontar e sem a coisa para a qual apontamos, seria desprovido de significado. – Aquilo que pode ser comparado com um nome não é a palavra "isto", mas, caso você queira, o símbolo que consiste nessa palavra, no gesto e na amostra. Poderíamos dizer: Nada é mais característico de um nome próprio A do que o fato de que podemos usá-lo em uma frase como "Isto é A"; e não faz sentido dizer "Isto é isto" ou "Agora é agora" ou "Aqui é aqui".

A ideia de uma proposição dizendo algo a respeito do que irá acontecer no futuro é ainda mais propensa a nos deixar perplexos do que a ideia de uma proposição a respeito do passado. Pois, comparando eventos futuros com eventos passados, alguém quase pode ficar inclinado a dizer que, [51] embora os eventos passados não existam realmente à plena luz do dia, eles existem em um mundo subterrâneo, para o qual foram ao sair da vida real; ao passo que os eventos futuros não têm nem sequer essa existência espectral. É claro que poderíamos imaginar um reino dos eventos futuros, não nascidos, a partir do qual eles adentram a realidade e vão ao reino do passado; e, se pensamos nos termos dessa metáfora, pode nos surpreender que o futuro pareça menos existente do que o passado. Lembre-se, contudo, de que a gramática de nossas expressões temporais não é simétrica no que diz respeito a uma origem correspondente ao momento presente. Assim, a gramática das expressões relativas à memória não reaparece "com sinal oposto" na gramática do tempo futuro.[21] Essa é a razão pela qual já se disse que proposições referentes a eventos futuros não são realmente proposições. E não há problema algum em dizer tal coisa, contanto que isso não signifique mais do que uma decisão sobre o uso do termo "proposição"; uma decisão que, embora em desacordo com o uso comum da palavra "proposição", pode ocorrer naturalmente a seres humanos em certas circunstâncias. Se um filósofo diz que proposições acerca do futuro não são realmente proposições, é porque ele se deixou impressionar pela assimetria na gramática de expressões temporais. O perigo é, porém, que ele imagina ter feito um tipo de afirmação científica a respeito da "natureza do futuro". [52]

57). Um jogo é jogado desta maneira: Um homem lança um dado e, antes de lançá-lo, desenha em um pedaço de papel uma das seis faces do dado. Se, depois de tê-lo lançado, a face do dado que fica para cima é aquela que ele desenhou, ele sente (expressa) satisfação. Se uma face diferente fica para cima, ele

21. No tiposcrito de base, encontra-se a seguinte variante: "Assim, não há nada na gramática do tempo futuro que corresponda à gramática da palavra 'memória'. Essa parte da gramática do tempo pretérito não retorna 'com sinal trocado' no lado do tempo futuro". A variante aparece depois de um sinal de barra dupla (//). Seguimos a edição de Rhees.

se mostra insatisfeito. Ou ainda, façamos com que haja dois jogadores, e toda vez que um deles adivinha corretamente seu lançamento, o adversário lhe paga um centavo, e caso adivinhe incorretamente, ele paga a seu adversário. Nas circunstâncias desse jogo, desenhar a face do dado será chamado de "fazer uma adivinhação" ou uma "conjectura".

58). Uma certa tribo promove competições de corrida, lançamento de peso etc., e os espectadores apostam seus pertences nos competidores. As imagens de todos os competidores são dispostas em uma fileira e aquilo que chamei de apostar sua propriedade em um dos competidores consiste em um espectador colocar essa propriedade (moedas de ouro) sob uma das imagens. Se um homem colocou seu ouro sob a imagem do vencedor da competição, ele recebe em dobro o que apostou. Caso contrário, ele perde o montante apostado. Chamaríamos esse costume, sem qualquer dúvida, de apostar, mesmo se o observássemos em uma sociedade cuja linguagem não possuísse qualquer esquema para indicar "graus de probabilidade", "chances de ganho" e coisas assim. Estou supondo que o comportamento dos espectadores expressa grande entusiasmo e excitação antes e depois que o resultado da aposta seja conhecido. Imagino, além disso, que ao examinar como as apostas são feitas eu possa entender "*por que*" elas foram feitas dessa maneira. Quero dizer: Em uma competição entre dois lutadores, na maior parte das vezes o maior é o favorito. Ou, caso o menor seja o favorito, descubro que ele mostrou [53] maior força em ocasiões anteriores, ou que o maior recentemente esteve doente, ou negligenciou seu treinamento etc. Ora, isso pode se passar assim mesmo que a linguagem da tribo não expresse razões para o modo como as apostas são feitas. Em outras palavras, nada em sua linguagem corresponde ao nosso modo de dizer, por exemplo, "Estou apostando neste homem porque ele se manteve em forma, ao passo que o outro negligenciou seu treinamento", e coisas assim. Eu poderia descrever essa situação dizendo que minha observação me ensinou certas *causas* para que eles façam as apostas do modo como fazem, mas que os apostadores não usavam *razões* para agir como agiam.

A tribo pode, por outro lado, ter uma linguagem que contempla "dar razões". Bem, esse jogo de dar as razões pelas quais alguém age de uma maneira específica não envolve encontrar as causas das ações dessa pessoa (pela observação frequente das condições nas quais elas surgem). Imaginemos isto:

59). Se um homem da nossa tribo perdeu sua aposta e, em vista disso, é provocado ou repreendido, ele indica, possivelmente exagerando, certas características do homem em que depositou sua aposta. Pode-se imaginar uma discussão dos prós e dos contras acontecendo da seguinte maneira: duas pessoas apontam alternadamente para certas características dos dois competidores cujas chances de ganhar, como diríamos, eles estão discutindo; **A** aponta, com um gesto, para a maior altura de um deles, e **B**, em resposta a isso, sacode os ombros e aponta para o tamanho do bíceps do outro, e assim por diante. Eu poderia facilmente acrescentar mais detalhes que nos fariam dizer que **A** e **B** estão dando razões para depositar suas apostas em uma pessoa e não na outra.

Ora, poder-se-ia dizer que dar razões dessa maneira para [54] depositar suas apostas certamente pressupõe que eles tenham observado conexões causais entre o resultado de uma luta, digamos, e certas características dos corpos dos lutadores, ou de seu treinamento. Mas essa é uma pressuposição que, quer seja razoável ou não, eu certamente não fiz na descrição do nosso caso. (Assim como também não fiz a pressuposição de que os apostadores dão razões para suas razões.) Em um caso como o que acabamos de descrever, não ficaríamos surpresos caso a linguagem da tribo contivesse aquilo que chamaríamos de expressões de graus de crença, convicção, certeza. Poderíamos imaginar que essas expressões consistissem no uso de uma palavra específica falada com diferentes entonações, ou em uma série de palavras. (Não estou pensando, contudo, no uso de uma escala de probabilidades.) – Também é fácil imaginar que as pessoas da nossa tribo acompanhassem suas apostas de expressões verbais que nós traduzimos como "Eu creio que tal e tal *pode* vencer tal e tal na luta" etc.

60). Imagine, de modo semelhante, conjecturas sendo feitas a respeito de se uma certa carga de pólvora será suficiente para explodir uma certa rocha, e a conjectura sendo expressa em uma frase com a forma "Esta quantidade de pólvora pode explodir esta rocha".

61). Compare com 60) o caso em que a expressão "Eu serei capaz de levantar esse peso" é usada como uma abreviação para a conjectura "Minha mão, enquanto segura esse peso, irá se levantar se eu passar pelo processo (experiência) de 'fazer um esforço para levantá-lo'". Nos últimos dois casos, a palavra "pode" caracterizava aquilo que chamaríamos de expressão de uma conjectura. (É claro que [55] eu não quero dizer que chamamos a frase de uma conjectura porque ela contém a palavra "pode"; mas, ao chamar uma frase de conjectura, estamos nos referindo ao papel que a frase desempenha no jogo de linguagem; e traduzimos por "pode" uma palavra usada por nossa tribo caso "pode" seja a palavra que usaríamos nas circunstâncias descritas.) Ora, é bastante claro que o uso de "pode" em 59), 60), 61) está estreitamente relacionado ao uso de "pode" em 46) a 49); com a diferença, porém, de que em 46) a 49) as frases que dizem que algo *poderia* acontecer não eram expressões de conjectura. Ora, poder-se-ia objetar a isso dizendo: Nós certamente só estamos dispostos a usar a palavra "pode" em casos como 46) a 49) porque, nesses casos, é razoável conjecturar, a partir dos testes pelos quais um homem passou ou a partir do seu estado atual, o que ele fará no futuro.

Bem, é verdade que eu inventei deliberadamente os casos 46) a 49) de modo a fazer com que uma conjectura desse tipo pareça razoável. Mas eu também os inventei deliberadamente de modo a que eles *não* contivessem uma conjectura. Podemos, se quisermos, fazer a hipótese de que a tribo jamais usaria uma forma de expressão como aquela usada em 49) etc. caso a experiência não lhes tivesse mostrado que . . . . etc. Mas essa é uma pressuposição que, embora possivelmente correta, não está de modo algum envolvida nos jogos 46) a 49) tal como eu efetivamente os descrevi.

62). Seja o seguinte jogo: **A** escreve uma fileira de números. **B** o observa e tenta encontrar um sistema na sequência desses números. Depois de ter feito isso, ele diz: "Agora eu posso prosseguir".[22] Esse exemplo é particularmente instrutivo porque, aqui, "poder [56] prosseguir" parece ser algo que acontece repentinamente, na forma de um evento claramente delineado. – Suponha então que **A** tivesse escrito a fileira 1, 5, 11, 19, 29. Neste ponto, **B** grita "Agora eu posso prosseguir". O que foi que aconteceu quando ele repentinamente viu como prosseguir? Um grande número de coisas diferentes poderia ter acontecido. Suponhamos então que, no presente caso, enquanto **A** escrevia um número depois do outro, **B** se ocupava em testar diversas fórmulas algébricas para ver se elas funcionavam. Quando **A** escreveu "19", **B** foi levado a tentar a fórmula $a_n = n^2 + n - 1$. O fato de que, em seguida, **A** escreve 29 confirma seu palpite.

63). Ou ainda, nenhuma fórmula veio à mente de **B**. Depois de olhar para a crescente fileira de números que **A** escrevia,

22. O mais natural, nesse contexto, seria "Agora eu consigo prosseguir". Remetemos o leitor à nota 17 e à decisão, ali justificada, de fixar a tradução do verbo *can* como "poder".

possivelmente com um sentimento de tensão e com idcias turvas flutuando em sua mente, ele disse a si mesmo as palavras "Ele está elevando ao quadrado e sempre somando mais um";[23] então calculou o próximo número da sequência e viu que estava de acordo com os números que **A** então escreveu. –

64). Ou a fileira que **A** escreveu era 2, 4, 6, 8. **B** olha para ela e diz "É claro que eu posso prosseguir", e continua a série dos números pares. Ou ele não diz nada e apenas prossegue. Talvez, ao olhar para a fileira 2, 4, 6, 8 que **A** havia escrito, ele tenha tido certa sensação, ou sensações, que frequentemente acompanham palavras como "Isso é fácil!". Uma sensação desse tipo é, por exemplo, a experiência de um leve e rápido inspirar, o que se poderia chamar de um leve espasmo.

Ora, será que diríamos que a proposição "**B** pode continuar a série" significa que uma das ocorrências descritas há pouco acontece? Será que não está claro que a afirmação "**B** pode [57] continuar . . . ." não é o mesmo que a afirmação de que a fórmula $a_n = n^2 + n - 1$ vem à mente de **B**? Essa ocorrência poderia ter sido tudo o que de fato aconteceu. (Está claro, aliás, que para nós, aqui, pode não fazer nenhuma diferença se **B** tem a experiência da fórmula aparecendo diante do olho de sua mente, ou a experiência de escrever ou falar a fórmula, ou de selecioná-la com os olhos dentre as muitas fórmulas escritas anteriormente.) Se um papagaio tivesse pronunciado a fórmula, não teríamos dito que ele poderia continuar a série. – Portanto, estamos inclinados a dizer que "ser capaz de . . . ." tem de significar mais do que apenas pronunciar a fórmula – e, com efeito, mais do que qualquer uma das ocorrências que nós descrevemos. E isso, as-

23. A formulação de Wittgenstein, aqui, causa alguma confusão. A ideia expressa por B para apreender a sequência pode ser compreendida assim: $1^2 \underline{+ 0}$; $2^2 \underline{+ 1}$; $3^2 \underline{+ 2}$; $4^2 \underline{+ 3}$. Ou seja: os números acrescidos aos quadrados vão aumentando de um em um.

sim prosseguimos, mostra que dizer uma fórmula era apenas um sintoma do fato de que **B** é capaz de prosseguir, e que não era a habilidade de prosseguir ela mesma. Bem, o que há de desencaminhador nisso é que, aparentemente, estamos insinuando que há uma atividade, processo ou estado específico chamado de "ser capaz de prosseguir", o qual de algum modo está escondido de nossos olhos, mas se manifesta nessas ocorrências que chamamos de "sintomas" (do mesmo modo como uma inflamação das membranas mucosas do nariz produz o sintoma de espirrar). É desse modo que falar a respeito de sintomas, nesse caso, nos desencaminha. Quando dizemos "Certamente precisa haver algo a mais por trás do mero pronunciar da fórmula, pois não chamaríamos esse simples pronunciar de 'ser capaz de . . . .'", a expressão "por trás", aqui, está certamente sendo usada de maneira metafórica e, "por trás" do pronunciar da fórmula, podem estar as circunstâncias em que ela é pronunciada. É verdade, "**B** pode continuar . . . ." não é o mesmo que dizer "**B** diz a fórmula . . . .", mas daí [58] não se segue que a expressão "**B** pode continuar . . ." refere-se a uma atividade diferente do que aquela de dizer a fórmula, do modo como "**B** diz a fórmula" refere-se a uma atividade bem conhecida. O erro em que estamos é análogo a este: Diz-se para alguém que a palavra "cadeira" não significa esta cadeira específica para a qual estou apontando, e então ele olha ao redor do quarto procurando o objeto que a palavra "cadeira" realmente denota. (Esse caso seria uma ilustração ainda mais espantosa se ele tentasse olhar dentro da cadeira com o objetivo de encontrar o verdadeiro significado da palavra "cadeira".) É óbvio que, quando usamos a frase "Ele pode continuar a série" para nos referirmos ao ato de escrever ou falar a fórmula etc., isso forçosamente acontece por causa de alguma conexão entre escrever a fórmula e efetivamente continuar a série. E a conexão, na experiência, desses dois processos ou atividades é suficientemente clara. Mas essa conexão faz com que fiquemos tentados a sugerir que a frase "**B** pode continuar . . ." significa algo como "**B** faz algo que, como a experiência nos mostrou, geralmente resulta em que ele continua a série". Mas será que **B**, quando diz "Agora eu posso prosseguir", quer dizer, na verdade, "Agora estou fazendo algo que, como a experiência nos mostrou, etc. etc."? Será que o que você está querendo dizer é que ele tinha essa frase na mente ou que teria estado disposto a dar essa frase como explicação do que ele havia dito?! Dizer que a frase "**B** pode continuar . . ." é usada corretamente quando gerada por ocorrências tais como as descritas em 62), 63), 64), mas que essas ocorrências justificam seu uso apenas em certas circunstâncias (quando a experiência mostrou certas conexões) não é o mesmo que dizer que a frase "**B** pode continuar . . ." [59] é uma abreviação da frase que descreve todas essas circunstâncias, ou seja, a situação completa que é o pano de fundo do nosso jogo.

Por outro lado, *em certas circunstâncias*, estaríamos dispostos a substituir "**B** pode continuar a série" por "**B** sabe a fórmula", "**B** disse a fórmula". Do mesmo modo que, quando perguntamos a um médico "O paciente pode andar?", às vezes estaremos dispostos a substituir isso por "Sua perna está curada?". – "Ele pode falar?" significa, em certas circunstâncias, "A garganta dele está bem?", em outras (por exemplo, se ele é uma criança pequena) significa "Ele aprendeu a falar?". – À pergunta "O paciente pode andar?", a resposta do médico pode ser "A perna dele está boa". – Usamos a frase "Ele pode andar, ao menos no que concerne ao estado de sua perna" especialmente quando desejamos opor essa condição para o seu andar a alguma outra condição, digamos, o estado de sua coluna. Aqui, precisamos tomar cuidado para não pensar que há, na natureza do caso, algo que poderíamos chamar de o conjunto completo de condições, por exemplo, para o seu andar; de modo que o paciente, por assim dizer, tenha *necessariamente* de andar caso todas essas condições sejam contempladas.

Podemos dizer: A expressão "**B** pode continuar a série" é usada em diferentes circunstâncias para fazer diferentes distinções. Assim, ela pode distinguir *a*) entre o caso em que um homem sabe a fórmula e o caso em que ele não sabe; ou *b*) entre o caso em que um homem sabe a fórmula e não se esqueceu de como escrever os numerais do sistema decimal e o caso em que ele sabe a fórmula e se esqueceu de como escrever os numerais; ou *c*) (como talvez em 64)) entre o caso em que um homem está [60] em seu estado normal e o caso em que ele ainda está em estado de choque; ou *d*) entre o caso de um homem que fez esse tipo de exercício antes e o caso de um homem que é novo nisso. Esses são apenas alguns casos de uma grande família.

A pergunta a respeito de se "Ele pode continuar . . ." significa o mesmo que "Ele sabe a fórmula" pode ser respondida de muitas maneiras diferentes: Podemos dizer "Elas não significam o mesmo, ou seja, elas em geral não são usadas como sinônimas, como são, por exemplo, as frases 'Estou bem' e 'Gozo de boa saúde'"; ou podemos dizer "*Em certas circunstâncias*, 'Ele pode continuar . . . .' significa que ele sabe a fórmula". Imagine o caso de uma linguagem (mais ou menos análoga a 49)) na qual duas formas de expressão, duas frases diferentes, são usadas para dizer que as pernas de uma pessoa estão funcionando bem. Uma das formas de expressão é usada exclusivamente em circunstâncias em que estão sendo feitas preparações para uma expedição, uma caminhada, ou algo semelhante; a outra é usada em casos em que não se têm em vista tais preparações. Aqui, ficaremos em dúvida a respeito de se iremos dizer que as duas frases têm o mesmo significado ou significados diferentes. Em todo caso, o verdadeiro estado de coisas só pode ser visto quando olhamos em detalhe para o uso de nossas expressões. – E é claro que se, no nosso presente caso, decidíssemos dizer que as duas expressões têm significados diferentes, certamente não seríamos capazes de dizer que a diferença é que o fato que torna a segunda frase verdadeira é diferente do fato que torna a primeira frase verdadeira.

Estamos justificados em dizer que a frase "Ele pode [61] continuar . . . ." tem um significado diferente de "Ele sabe a fórmula". Mas não precisamos imaginar que podemos encontrar um estado de coisas específico "ao qual a primeira frase se refere", por assim dizer, em um plano superior àquele no qual acontecem as ocorrências específicas (tal como saber a fórmula, imaginar alguns dos próximos termos etc.).

Façamos a seguinte pergunta: Suponha que, por uma ou outra razão, **B** tivesse dito "Eu posso continuar a série", mas, quando lhe pediram para continuá-la, ele tivesse se mostrado incapaz de fazê-lo, — será que deveríamos dizer que isso provou que sua afirmação de que ele podia continuar estava errada, ou será que deveríamos dizer que ele era capaz de continuar no momento em que disse que era? Será que **B**, ele mesmo, diria "Vejo que estava errado" ou "O que eu disse era verdade, eu podia fazê-lo naquele momento, mas não posso agora"? – Há casos em que ele diria corretamente uma coisa e casos em que diria corretamente a outra. Suponha que *a*) quando disse que podia continuar, ele viu a fórmula diante de sua mente, mas, quando lhe pediram para continuar, descobriu que havia esquecido; – ou *b*) quando disse que podia continuar, ele havia dito para si mesmo os próximos cinco termos da série, mas descobre agora que os termos não lhe vêm à mente; – ou *c*) antes, ele havia continuado a série calculando mais cinco posições, agora ele ainda se lembra desses cinco números, mas se esqueceu de como os havia calculado; – ou *d*) ele diz "Naquele momento eu senti que podia continuar, agora não posso"; – ou *e*) "Quando eu disse que podia levantar o peso, meu braço não estava doendo, agora ele está"; etc.

Por outro lado, nós dizemos "Eu achei que pudesse levantar esse peso, mas vejo que não posso", "Eu achei que pudesse dizer esse trecho [62] de cor, mas vejo que estava enganado".

Essas ilustrações do uso da palavra "poder" deveriam ser suplementadas por ilustrações mostrando a variedade de usos que fazemos dos termos "esquecer" e "tentar", pois esses usos estão estreitamente conectados àqueles da palavra "poder". Considere estes casos: *a*) Antes, **B** havia dito a si mesmo a fórmula, agora, "Ele encontra ali um branco completo". *b*) Antes, ele havia dito a si mesmo a fórmula, agora, por um momento ele não está seguro de "se ela era 2^n ou 3^n". *c*) Ele se esqueceu de um nome, o qual está "na ponta da sua língua". Ou *d*) ele não está certo de se alguma vez soube o nome ou se o esqueceu.

Olhe, agora, para o modo como usamos a palavra "tentar": *a*) Um homem está tentando abrir uma porta e, para isso, puxa-a o mais forte que pode. *b*) Ele está tentando abrir a porta de um cofre e, para isso, tenta achar a combinação. *c*) Ele está tentando achar a combinação e, para isso, tenta lembrá-la, ou *d*) para isso, gira os botões e escuta com um estetoscópio. Considere os vários processos que chamamos de "tentar lembrar". Compare *e*) tentar mover seu dedo contra uma resistência (por exemplo, quando alguém o está segurando) e *f*) quando você entrelaçou os dedos das duas mãos de um modo específico e sente que "Você não sabe o que fazer para que um dedo específico se mova".

(Considere também a classe de casos em que dizemos "Eu posso fazer tal e tal, mas não farei": "Eu poderia se eu tentasse" – por exemplo, levantar 100 libras;[24] "Eu poderia se eu quisesse" – por exemplo, recitar o alfabeto.)

Poder-se-ia sugerir, talvez, que o único caso em que é correto dizer, sem restrições, que eu posso fazer uma certa [63] coisa é

24. 1 lb = ~0,45 kg.

aquele no qual, enquanto estou dizendo que posso fazer, eu efetivamente faço, e que, em outros casos, eu deveria dizer "Eu posso fazer isso, ao menos no que concerne a . . . .". Pode-se estar inclinado a pensar que somente no caso anterior uma pessoa deu uma verdadeira prova de ser capaz de fazer certa coisa.

65). Mas se olhamos para um jogo de linguagem no qual a frase "Eu posso . . . ." é usada dessa maneira (ou seja, um jogo no qual fazer certa coisa é considerado a única justificativa para dizer que alguém é capaz de fazê-la), vemos que não existe a diferença *metafísica* entre esse jogo e um jogo no qual outras justificativas são aceitas para dizer "Eu posso fazer tal e tal". Aliás, um jogo do tipo 65) mostra-nos o verdadeiro uso da frase "Se algo acontece, esse algo certamente pode acontecer"; uma frase para a qual quase não há uso em nossa linguagem. Ela soa como se tivesse um significado muito claro e profundo, mas, como a maioria das proposições gerais da filosofia, é desprovida de significado, a não ser em casos muito específicos.

66). Torne isso claro para você mesmo imaginando uma linguagem (semelhante a 49)) que tem duas expressões para frases tais como "Estou levantando um peso de 50 libras"; uma expressão é usada sempre que a ação é realizada como um teste (digamos, antes de uma competição esportiva), a outra expressão é usada quando a ação não é realizada como um teste.

Vemos que uma vasta rede de semelhanças de família conecta os casos em que são usadas as expressões de possibilidade "poder", "ser capaz de" etc. Certos traços característicos, podemos dizer, aparecem nesses casos em diferentes combinações: há, por exemplo, o elemento de conjectura (de que algo se comportará [64] de uma certa maneira no futuro); a descrição do estado de algo (como uma condição para que esse algo se comporte de uma certa maneira no futuro); o relato de certos testes nos quais alguém ou algo passou. –

Há, por outro lado, várias razões que fazem com que nos inclinemos a olhar para o fato de que algo é possível, de que alguém é capaz de fazer algo etc., como sendo o fato de que a pessoa ou a coisa está em um estado específico. Falando de maneira aproximada, isso equivale a dizer que "**A** está no estado de ser capaz de fazer algo" é a forma de representação que nos sentimos mais fortemente tentados a adotar, ou, como também poderíamos nos expressar, estamos fortemente inclinados a usar a metáfora de que algo está em um estado peculiar para dizer que algo pode se comportar de uma maneira específica. E essa maneira de representar, ou essa metáfora, está incorporada nas expressões "Ele tem a capacidade de . . . .", "Ele é capaz de multiplicar grandes números de cabeça", "Ele sabe jogar xadrez":[25] nessas frases, o verbo é usado no *tempo presente*, sugerindo que as frases são descrições de estados que existem no momento em que falamos.

A mesma tendência se mostra quando chamamos de estados mentais a habilidade de resolver um problema matemático, a habilidade de apreciar uma peça musical etc.; com essa expressão, não queremos dizer "fenômenos mentais conscientes". Em vez disso, queremos dizer que um estado mental é, nesse sentido, o estado de um mecanismo hipotético, um modelo da mente com o qual se pretende explicar os fenômenos mentais conscientes. (Coisas como estados mentais inconscientes ou subconscientes são traços do *modelo* da mente.) Da mesma maneira, [65] dificilmente podemos evitar conceber a memória como um tipo de depósito. Note também quão convictas as pessoas são de que, à habilidade de somar ou multiplicar, ou à habilidade de recitar um poema de cor etc., *necessariamente* corresponde um estado

25. Wittgenstein segue explorando as variações do verbo *can*. Aqui, seria muito artificial traduzir "*He can play chess*" como "Ele pode jogar xadrez". Esta é, portanto, a única exceção à nossa decisão de traduzir *can*, neste conjunto de seções, como "poder". Ver nota 17.

específico do cérebro da pessoa, embora, por outro lado, elas não saibam quase nada acerca de tais correspondências psicofisiológicas. Consideramos esses fenômenos como manifestações daquele mecanismo;[26] e a possibilidade de tais fenômenos é a maneira específica de construção desse mecanismo ele próprio.

Voltando agora à nossa discussão de 43), vemos que não era uma verdadeira[27] explicação para a ideia de que **B** estava sendo guiado pelos sinais quando dissemos que **B** estava sendo guiado se também *pudesse* executar ordens que consistissem em combinações de pontos e traços diferentes daquelas de 43). Com efeito, quando consideramos a questão de se **B**, em 43), era guiado pelos sinais, nós estávamos o tempo todo inclinados a dizer coisas como: nós só poderíamos decidir essa questão com certeza caso pudéssemos olhar no interior do mecanismo efetivo que conecta ver os sinais a agir de acordo com eles. Pois temos uma imagem bem definida do que chamaríamos, em um mecanismo, de certas partes sendo guiadas por outras. Com efeito, o mecanismo que imediatamente se insinua quando desejamos mostrar o que chamaríamos de "ser guiado pelos sinais", em um caso como 43), é um mecanismo do tipo de uma pianola. Aqui, no funcionamento de uma pianola, temos um caso claro de certas [66] ações, aquelas dos martelos do piano, sendo guiadas pelos padrões de furos no rolo da pianola. Poderíamos usar a expressão "A pianola está *lendo* o registro feito pelas perfurações no rolo", e poderíamos chamar padrões de tais perfurações de *sinais complexos* ou *frases*,

26. No tiposcrito de base, encontra-se a seguinte variante: "Temos uma tendência imensamente forte de conceber os fenômenos que nesses casos efetivamente observamos por meio do símbolo de um mecanismo cujas manifestações são esses fenômenos". A variante aparece antes de um sinal de barra dupla (//). Seguimos a edição de Rhees.

27. No tiposcrito de base, o termo "verdadeira" [*real*] aparece sobreposto ao termo "definitiva" [*final*], ambos datilografados. Seguimos a edição de Rhees.

opondo sua função em uma pianola à função que dispositivos semelhantes têm em mecanismos de um tipo diferente, por exemplo, a combinação de reentrâncias e dentes que formam uma chave. Essa combinação específica faz com que a lingueta de uma fechadura deslize, mas não diríamos que o movimento da lingueta foi guiado pelo modo como estão dispostos os dentes e as ranhuras, ou seja, não diríamos que a lingueta se moveu *de acordo* com o padrão da chave. Aqui você vê a conexão entre a ideia de ser guiado e a ideia de ser capaz de ler novas combinações de sinais: pois nós diríamos que a pianola *pode* ler *qualquer* padrão de perfurações de um tipo específico, ela não foi construída para uma melodia específica, ou um conjunto específico de melodias (como uma caixa de música), – ao passo que a lingueta da fechadura reage apenas àquele padrão da chave predeterminado pelo modo como está construída a fechadura. Poderíamos dizer que as reentrâncias e os dentes que formam uma chave não são comparáveis às palavras que formam uma frase, mas às letras que formam uma palavra, e que o padrão da chave não correspondia, nesse sentido, a um sinal complexo, a uma frase, mas a uma palavra.

Está claro que, embora pudéssemos usar as ideias de tais mecanismos como símiles para descrever o modo como **B** age nos jogos 42) e 43), nenhum mecanismo desse tipo está realmente envolvido naqueles jogos. Teremos de dizer que o uso que [67] fizemos da expressão "ser guiado", em nossos exemplos da pianola e da fechadura, é apenas um uso dentro de uma família de usos, embora esses exemplos possam servir como metáforas, modos de representação, para outros usos.

Estudemos o uso da expressão "ser guiado" por meio do estudo da palavra "ler". Refiro-me aqui, por "ler", à atividade de traduzir escrita em sons, e também de escrever de acordo com o que alguém está ditando ou de copiar por escrito uma página impressa, e coisas assim; nesse sentido, ler não envolve nada como entender o que você está lendo. Obviamente, o uso da palavra “ler” nos é extremamente familiar nas circunstâncias de nossa vida ordinária (seria extremamente difícil descrever essas circunstâncias, mesmo de modo aproximado). Uma pessoa, digamos, um inglês, passou na infância por um dos modos normais de treinamento na escola ou em casa, aprendeu a ler sua língua, depois leu livros, jornais, cartas etc. O que acontece quando ele lê o jornal? – Seus olhos deslizam pelas palavras impressas, ele as pronuncia em voz alta ou para si mesmo, mas ele pronuncia certas palavras apenas assimilando o seu padrão como um todo, outras palavras ele pronuncia depois de ter visto apenas suas poucas primeiras letras, e ainda outras ele lê letra por letra. Nós também diríamos que ele leu uma frase caso, ao deixar seus olhos deslizarem por ela, não dissesse nada nem em voz alta nem para si mesmo, mas fosse capaz de reproduzir a frase palavra por palavra ou com palavras ligeiramente diferentes quando lhe perguntassem, posteriormente, o que ele havia lido. Ele também pode agir como aquilo que poderíamos chamar de uma mera máquina de ler, quero dizer, sem prestar atenção ao [68] que fala, talvez concentrando sua atenção em algo totalmente diferente. Nesse caso, diríamos que ele leu se agisse sem falhas, como uma máquina confiável. – Compare esse caso ao caso de um principiante. Ele lê as palavras soletrando-as com grande dificuldade. Algumas das palavras, contudo, ele simplesmente adivinha pelo contexto ou, possivelmente, ele sabe o trecho de cor. O professor diz, então, que ele está fingindo ler as palavras, ou simplesmente que não as está lendo realmente. Caso, olhando para esse exemplo, perguntássemos a nós mesmos o que é ler, estaríamos inclinados a dizer que se trata de um ato mental consciente específico. Esse é o caso em que dizemos “Apenas ele sabe se está lendo; ninguém mais pode realmente sabê-lo”. Ainda assim, precisamos admitir que, ao menos no que diz respeito à leitura de uma palavra em específico, exatamente a mesma coisa poderia ter acontecido, tanto na mente do principiante quando ele "fingia" ler como na mente do leitor fluente quando leu a palavra. Estamos usando a palavra "ler" de um modo diferente quando falamos, por um lado, a respeito do leitor competente e, por outro, do principiante. Aquilo que, em um caso, chamamos de uma instância de leitura, não chamamos de instância de leitura no outro caso. – Evidentemente, estamos inclinados a dizer que o que aconteceu no leitor competente e no principiante, quando pronunciaram a palavra, não poderia ter sido a mesma coisa. A diferença residindo, senão em seus estados conscientes, então nas regiões inconscientes de suas mentes, ou em seus cérebros. Imaginamos aqui dois mecanismos cujo funcionamento interno podemos ver, e esse funcionamento interno é o verdadeiro critério para uma pessoa estar ou não [69] lendo. Mas, na verdade, nenhum mecanismo desse tipo nos é conhecido nesses casos. Olhe para isso desta maneira:

67). Imagine que seres humanos ou animais fossem usados como máquinas de ler; suponha que, para se tornarem máquinas de ler, eles precisam de um treinamento específico. O homem que os treina diz, a respeito de alguns deles, que já podem ler, a respeito de outros, que não podem. Tome o caso de um que até agora não respondeu ao treinamento. Se você coloca uma palavra impressa diante dele, ele às vezes irá fazer sons, e vez ou outra acontece "acidentalmente" de esses sons corresponderem mais ou menos à palavra impressa. Uma terceira pessoa ouve a criatura[28] em treinamento pronunciar o som correto ao olhar para a palavra "mesa". A terceira pessoa diz "Ela está lendo", mas o professor responde "Não, não está, é um

28. No tiposcrito de base, o termo "criatura" [*creature*] aparece sobreposto ao termo "aluno" [*pupil*], ambos datilografados. Seguimos a edição de Rhees.

mero acidente". Mas suponha agora que, quando se mostram outras palavras e frases ao aluno, ele prossegue lendo-as corretamente. Depois de um tempo, o professor diz "Agora ele pode ler". – Mas o que dizer da primeira palavra "mesa"? Será que o professor deveria dizer "Eu estava errado; ele leu aquilo também", ou será que ele deveria dizer "Não, ele só começou a ler mais tarde"? Quando foi que ele realmente começou a ler, ou: Qual foi a primeira palavra, ou a primeira letra, que ele leu? É evidente que essa pergunta não faz sentido aqui, a não ser que eu dê uma explicação "artificial" como: "A primeira palavra que ele lê = a primeira palavra das primeiras cem palavras consecutivas que ele lê corretamente". – Suponha, por outro lado, que usássemos a palavra "ler" para distinguir entre o caso em que um processo consciente específico de ler as palavras letra a letra tem lugar na mente de uma pessoa e o caso em que isso não acontece: [70] – Então, ao menos a pessoa que está lendo poderia dizer que tal e tal palavra foi a primeira que ela realmente leu. – Também naquele outro caso, diferente deste, em que uma máquina de ler é um mecanismo conectando sinais às reações a esses sinais, por exemplo, uma pianola, poderíamos dizer "apenas depois que tal e tal coisa foi feita com a máquina, por exemplo, certas partes foram conectadas por fios, a máquina realmente leu; a primeira letra que ela leu foi um *d*". –

No caso 67), ao chamar certas criaturas de "máquinas de ler", queríamos dizer apenas que elas reagem de um modo específico ao ver sinais impressos. Nenhuma conexão entre ver e reagir, nenhum mecanismo interno intervém nesse caso. Seria absurdo se, à pergunta a respeito de se ela leu ou não a palavra "mesa", o treinador tivesse respondido "Talvez ela a tenha lido", pois não há dúvida alguma, nesse caso, a respeito do que ela realmente fez. Poderíamos chamar a mudança ocorrida de uma mudança no comportamento geral do aluno, e, nesse caso, não demos um significado à expressão "A primeira palavra na nova era". (Compare isso com o seguinte caso:

....

Em nossa figura, uma sequência de pontos com intervalos grandes sucede a uma sequência de pontos com intervalos pequenos. Qual é o último ponto da primeira sequência e qual é o primeiro ponto da segunda? Imagine que nossos pontos fossem orifícios no disco giratório de uma sirene. Então ouviríamos um som grave sucedendo a um som agudo (ou vice-versa). Pergunte a si mesmo: Em que momento começa o som grave e o outro termina?) [71]

Por outro lado, há uma grande tentação de considerar o ato mental consciente como o único verdadeiro critério que distingue ler de não ler. Pois estamos inclinados a dizer "Certamente um homem sempre sabe se está lendo ou fingindo ler" ou "Certamente um homem sempre sabe quando está realmente lendo". Caso **A** tente fazer **B** acreditar que é capaz de ler a escrita cirílica e, para enganá-lo, aprenda uma frase russa de cor, a qual ele pronuncia enquanto olha para a frase impressa, podemos certamente dizer que **A** sabe que está fingindo, e o fato de que, nesse caso, ele não está lendo é caracterizado por uma experiência pessoal específica, a saber, aquela de dizer a frase de cor. Além disso, caso **A** cometa um deslize ao dizer a frase de cor, essa experiência será diferente daquela que tem uma pessoa que comete um deslize enquanto *lê*.

68). Mas suponha agora que um homem que pudesse ler fluentemente tivesse de ler frases que nunca leu antes, mas as lesse o tempo todo com a sensação peculiar de saber de cor a sequência de palavras. Será que, nesse caso, deveríamos dizer que ele não está lendo, ou seja, será que deveríamos considerar sua experiência pessoal como o critério que distingue entre ler e não ler?

69). Ou imagine este caso: Mostra-se a um homem, o qual está sob influência de certa droga, um grupo de cinco sinais que não são letras de um alfabeto existente; e, olhando para eles com todos os sinais externos e experiências pessoais de ler uma palavra letra por letra, ele pronuncia a palavra "SOBRE". (Esse tipo de coisa acontece nos sonhos. Então, depois de acordar, dizemos "Eu tinha a impressão de estar lendo esses [72] sinais, embora realmente não fossem de modo algum sinais".) Em um caso como esse, algumas pessoas poderiam estar inclinadas a dizer que ele está lendo, e outras, que ele não está. Poderíamos imaginar que depois que ele leu, letra por letra, a palavra "sobre", nós lhe mostrássemos outras combinações dos cinco sinais, e que ele as lesse de modo consistente com sua leitura da primeira permutação de sinais que lhe foi mostrada. Por meio de uma série de testes semelhantes, poderíamos descobrir que ele estava usando o que poderíamos chamar de um alfabeto imaginário. Se esse fosse o caso, estaríamos mais dispostos a dizer "Ele está lendo" do que "Ele imagina estar lendo, mas não está realmente".

Note também que há uma série contínua de casos intermediários entre o caso em que uma pessoa sabe de cor o que está impresso diante dela e o caso em que ela lê todas as palavras letra por letra, sem se valer de auxílios como adivinhar a partir do contexto, saber de cor, e coisas do tipo.

Faça o seguinte: Diga de cor a série dos cardinais de um a doze, – Agora olhe para o mostrador do seu relógio e *leia* essa sequência de números. Pergunte-se o que você chamou de ler nesse caso, ou seja, o que você fez para tornar isso ler?

Tentemos esta explicação: Uma pessoa lê se ela *deriva* a cópia que está produzindo do modelo que está copiando. (Usarei a palavra "modelo" para me referir àquilo a partir do qual ela está lendo, por exemplo, as frases impressas que ela está lendo ou copiando por escrito, ou sinais como "- - · · -" em 42) e 43), os quais ela está "lendo" a partir de seus movimentos, ou as partituras com base nas quais um pianista toca etc. Eu uso a palavra "cópia" para a frase dita ou escrita a partir da frase impressa, para os movimentos feitos [73] de acordo com sinais como "- - · · -", para os movimentos dos dedos do pianista ou a melodia que ele toca com base na partitura etc.) Assim, se tivéssemos ensinado o alfabeto cirílico a uma pessoa e lhe tivéssemos ensinado como cada letra é pronunciada, se então lhe déssemos um trecho impresso em escrita cirílica e ela o lesse seguindo a pronúncia de cada letra tal como lhe havíamos ensinado, nós sem dúvida diríamos que ela estava derivando o som de cada palavra do alfabeto escrito e falado que lhe foi ensinado. E isso também seria um claro caso de ler. (Poderíamos usar a expressão "Nós lhe ensinamos a *regra* do alfabeto".)

Contudo, vejamos: o que foi que nos fez dizer que ele *derivou* as palavras faladas a partir das escritas por meio da regra do alfabeto? Será que tudo o que sabemos não é isto: que lhe dissemos que essa letra era pronunciada dessa maneira, aquela letra, daquela maneira etc., e que a pessoa, depois disso, leu em voz alta palavras na escrita cirílica? O que se insinua para nós como resposta é que ela precisa ter, de algum modo, mostrado que efetivamente fez a transição das palavras impressas para as faladas por meio da regra do alfabeto que lhe havíamos dado. E aquilo que queremos dizer com "ela mostra isso" certamente se tornará mais claro se alterarmos nosso exemplo e

70). supusermos que ela lê um texto transcrevendo-o, digamos, de letras de forma para letras cursivas. Pois nesse caso podemos supor que a regra do alfabeto foi dada na forma de uma tabela que mostra o alfabeto de forma e o alfabeto cursivo em colunas paralelas. Deveríamos então imaginar o ato de *derivar* a cópia a partir do texto assim: A pessoa que está copiando consulta [74] a tabela para cada letra, em intervalos frequentes, ou diz a si mesma coisas como "Ora, como é mesmo o *a* minúsculo cursivo?", ou tenta visualizar a tabela, evitando efetivamente olhar para ela. –

71). Mas e se, fazendo tudo isso, a pessoa então transcrevesse um "A" como um "b", um "B" como "c" e assim por diante? Será que também não deveríamos chamar esse "ler" de "derivar"? Poderíamos, nesse caso, descrever seu procedimento dizendo que ela usou a tabela como nós teríamos feito caso não olhássemos diretamente da esquerda para a direita, assim:

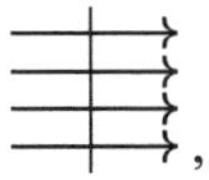

mas assim:

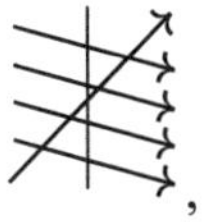

embora, ao consultar a tabela, ela efetivamente deslizasse seus olhos ou seu dedo horizontalmente, da esquerda para a direita. – Mas suponhamos agora

72). que, ao passar pelo processo normal de "consultar", a pessoa transcrevesse um "A" como um "n", um "B" como um "x", em resumo, ela agisse de acordo com um esquema de flechas que, como poderíamos dizer, não mostrasse nenhuma regularidade simples. Será que também não poderíamos chamar isso de "derivar"? – Mas suponha que

73). ela não se ativesse a essa maneira de transcrever. De fato, que ela a mudasse, mas de acordo com uma regra simples: Depois de ter transcrito "A" como "n", ela transcrevesse o próximo "A" como "o", e o próximo "A" como "p", e assim por diante. Mas onde está a linha nítida entre esse procedimento e aquele de produzir uma transcrição sem qualquer sistema que seja? Bem, você poderia objetar a isso dizendo "No caso 71), você obviamente supôs que a pessoa *entendeu a tabela de modo diferente*; ela não a entendeu do modo normal". Mas o que é que chamamos de "entender a tabela de [75] um modo específico"?

Porém, qualquer que seja o processo que você imagine como sendo esse "entender", ele é somente um outro elo interposto entre os processos externo e interno de derivar que descrevi e a efetiva transcrição. Com efeito, esse processo de entender poderia obviamente ser descrito por meio de um esquema do tipo usado em 71), e então poderíamos dizer que, em um caso específico, a pessoa consultou a tabela assim:

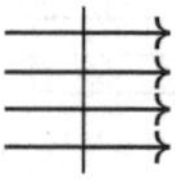
;

entendeu a tabela assim:

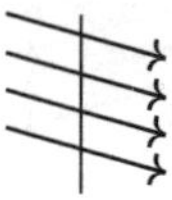
;

e a transcreveu assim:

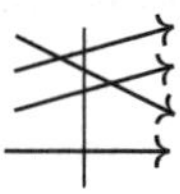
.

Mas será que isso significa que a palavra "derivar" (ou "entender") na verdade não tem significado, já que, se seguimos o seu significado, este parece se perder no nada? No caso 70), o significado de "derivar" saltava aos olhos de maneira bastante clara, mas dissemos a nós mesmos que isso era apenas um caso especial do derivar. Pareceu-nos que a essência do processo de derivar era apresentada aqui em uma roupagem específica e que, ao despi-lo dessa roupagem, nós chegaríamos à essência. Já em 71), 72), 73), nós tentamos despir nosso caso daquilo que parecia ser tão somente sua vestimenta específica, apenas para descobrir que o que pareciam ser meras vestimentas eram os traços essenciais do caso. (Nós agimos como se tivéssemos tentado encontrar a verdadeira alcachofra ao despi-la de suas folhas.) O uso da palavra "derivar" é, de fato, exibido em 70), ou seja, esse exemplo nos mostrou uma das famílias de casos em que essa palavra é usada. E a explicação para o uso dessa palavra, assim como do uso da palavra "ler" ou "ser guiado por símbolos", consiste essencialmente em descrever uma seleção de exemplos que exibem traços característicos, alguns exemplos mostrando esses [76] traços de maneira exagerada, outros mostrando transições, com certas séries de exemplos mostrando como tais características vão se perdendo. Imagine que alguém desejasse dar a você uma ideia das características faciais de certa família, os Tais e Tais, e o fizesse mostrando a você um conjunto de retratos de família e chamando sua atenção para certos traços característicos, e a principal tarefa dele consistisse na *disposição* adequada dessas imagens, a qual permitiria que você visse, por exemplo, o modo como certas influências gradualmente alteraram os traços, de quais modos característicos os membros da família envelheceram, quais traços apareceram de modo mais forte à medida que envelheciam.

Não era a função de nossos exemplos nos mostrar a essência de "derivar", "ler", e assim por diante, através de um véu de traços inessenciais; os exemplos não eram descrições de um exterior que nos permitiria adivinhar um interior, o qual, por uma ou outra razão, não pudesse ser mostrado em sua nudez. Sentimo-nos tentados a pensar que nossos exemplos são meios *indiretos* para produzir uma certa imagem ou ideia na mente de uma pessoa, – que eles meramente *indicam* algo que não podem mostrar. Isso seria assim em um caso como este: Suponha que eu deseje produzir em alguém uma imagem mental do interior de uma sala específica do século 18, na qual ele está impedido de entrar. Para tanto, eu adoto este método: Eu lhe mostro a casa do lado de fora, apontando para a janela da sala em questão; na sequência, eu o levo a outras salas do mesmo período. –

Nosso método é *puramente descritivo*; as descrições que damos não são meros indícios de explicações. [77]

Parte II[29]

1.[30] Será que temos um sentimento de familiaridade sempre que olhamos para objetos familiares? Será que temos esse sentimento usualmente?

Quando é que efetivamente temos esse sentimento?

Ajuda se perguntarmos: Com o que contrastamos o sentimento de familiaridade?

Uma coisa com a qual o contrastamos é a surpresa.

Poder-se-ia dizer: "A falta de familiaridade é muito mais claramente uma experiência do que a familiaridade".

29. No tiposcrito de base, não há indicação de que aqui se inicia uma segunda parte. Consta apenas a seguinte informação: "((Intervalo. Férias depois do trimestre de *Michaelmas*))". Seguimos a edição de Rhees em adotar a divisão do livro em duas partes. Em Cambridge, o trimestre acadêmico de *Michaelmas* vai do início de outubro até o início de dezembro (em 1934, ele se encerrou em 8 de dezembro). Sabemos, a partir da reconstrução de De Pellegrin (op. cit.), que a data do último encontro entre Wittgenstein, Ambrose e Skinner foi no dia 12 de dezembro. A retomada, ocorrida em 8 ou 9 de janeiro de 1935, marca o início do segundo dos três manuscritos usados por Ambrose para compor o tiposcrito do *Livro marrom*. Para mais informações a esse respeito, ver a Apresentação.

30. No tiposcrito de base, não ocorre a divisão do texto em seções marcadas por numerais arábicos. Seguimos a intervenção de Rhees, que se estende por toda a Parte II.

Dizemos: **A** mostra a **B** uma série de objetos. **B** deve dizer a **A** se o objeto lhe é familiar ou não. *a*) A pergunta pode ser "Será que **B** sabe o que são esses objetos?" ou *b*) "Será que ele reconhece aquele objeto específico?".

1). Tome o caso em que se mostra a **B** uma série de instrumentos, – uma balança, um termômetro, um espectroscópio etc.

2). Mostram-se a **B** um lápis, uma caneta, um tinteiro e um seixo. Ou:

3) Além de objetos familiares, mostra-se a **B** um objeto a respeito do qual ele diz "Isso parece ter alguma finalidade, mas eu não sei qual finalidade".

O que acontece quando **B** reconhece algo[31] como sendo um lápis?

Suponha que **A** lhe houvesse mostrado um objeto com a aparência de uma vareta. **B** manuseia esse objeto, ele subitamente se separa em dois, uma das partes sendo a tampa, a outra, o lápis. **B** diz "Ah, isso é um lápis". Ele reconheceu o objeto como sendo um lápis.

4). Poderíamos dizer "**B** sempre soube qual é a aparência de um lápis; ele poderia, por exemplo, ter desenhado um lápis se lhe pedissem. Ele não sabia que o objeto que lhe foi dado continha um lápis que ele [78] poderia ter desenhado a qualquer momento".

Compare isso com o seguinte caso 5).

5). Mostra-se a **B** uma palavra escrita em um pedaço de papel de cabeça para baixo. Ele não reconhece a palavra. O papel é girado lentamente até que **B** diz "Agora eu vejo o que está escrito. Está escrito 'lápis'".

31. No tiposcrito de base, o termo "algo" [*something*] aparece sobreposto à expressão "um lápis" [*a pencil*], ambos datilografados. Seguimos a edição de Rhees.

Poderíamos dizer "Ele sempre soube qual é a aparência da palavra 'lápis'. Ele não sabia que a palavra que lhe mostravam, quando girada, teria a aparência de 'lápis'".

Em ambos os casos, 4) e 5), você poderia dizer que algo estava oculto. Mas note a aplicação diferente de "oculto".

6). Compare com isto: Você está lendo uma carta e não consegue ler uma de suas palavras. Você adivinha, a partir do contexto, o que ela deve ser, e agora consegue lê-la. Você reconhece esse garrancho como sendo um *c*, o segundo como sendo um *o*, o terceiro como sendo um *m* etc. Isso é diferente do caso em que a palavra "comer" estava coberta por uma mancha de tinta e você apenas adivinhou que a palavra "comer" tinha de estar naquele lugar.

7). Compare: Você vê uma palavra e não consegue lê-la. Alguém a altera ligeiramente, acrescentando um traço, encompridando uma linha, ou outras coisas assim. Agora você consegue lê-la. Compare essa alteração com o ato de girar em 5) e note que há um sentido no qual, enquanto a palavra era girada, você viu que ela *não* era alterada. Ou seja, há um caso em que você diz "Eu estava olhando para a palavra enquanto ela era girada, e eu sei que ela é agora a mesma que era quando não a reconheci".

8). Suponha que o jogo entre **A** e **B** consistisse apenas em que [79] **B** tivesse de dizer se conhece o objeto ou não, mas sem dizer qual ele é. Suponha que um lápis comum lhe fosse mostrado depois de lhe ser mostrado um higrômetro que ele nunca viu antes. Quando lhe mostraram o higrômetro, **B** disse que não estava familiarizado com ele, quando lhe mostraram o lápis, que o conhecia. O que aconteceu quando ele o reconheceu? Será que é necessário que ele tivesse dito a si mesmo, embora não dissesse a **A**, que o que ele viu era um lápis? Por que deveríamos supor isso?

Com efeito, quando ele reconheceu o lápis, ele o reconheceu como sendo o quê?

9). Suponha, até mesmo, que ele tivesse dito a si mesmo "Ah, isso é um lápis"; será que você poderia comparar isso com 4) ou 5)? Nesses casos, alguém poderia ter dito "Ele reconheceu isso como sendo aquilo" (apontando, por exemplo, para o lápis encoberto ao dizer "isso" e para um lápis comum ao dizer "aquilo", e de modo semelhante em 5)).

Em 8), o lápis não passou por qualquer mudança, e as palavras "Ah, isso é um lápis" não se referiam a um paradigma cuja semelhança com o lápis mostrado tivesse sido reconhecida por **B**.

Se lhe perguntassem "O que é um lápis?", **B** não teria apontado para outro objeto como sendo o paradigma ou a amostra, mas poderia ter apontado imediatamente para o lápis que lhe foi mostrado.

"Mas quando ele disse 'Ah, isso é um lápis', como é que ele soube que se tratava de um lápis se não o reconheceu como algo?" – Isso equivale, na verdade, a dizer "Como ele reconheceu 'lápis' como o nome desse tipo de coisa?". Bem, como é que ele o reconheceu? Ele apenas reagiu desse modo específico, dizendo essa palavra.

10). Suponha que alguém mostre cores a você e lhe peça para nomeá-las. [80] Apontando para certo objeto, você diz "Isso é vermelho". O que você responderia se lhe perguntassem "Como você sabe que isso é vermelho?"?

É claro que há o caso em que uma explicação geral foi dada a **B**, digamos, "Iremos chamar de 'lápis' qualquer coisa com que se possa escrever facilmente sobre uma tabuleta de cera". Então **A** mostra um pequeno objeto pontiagudo em meio a outros objetos, e **B** diz "Ah, isso é um lápis", depois de ter pensado "Seria bem fácil escrever com isso". Nesse caso, podemos dizer, ocorreu *uma derivação*. Em 8), 9), 10), não há qualquer derivação. Em 4), poderíamos dizer que foi por meio de um paradigma que **B** fez uma derivação segundo a qual o objeto mostrado a ele era um lápis; do contrário, nenhuma derivação assim poderia ter ocorrido.

Ora, será que deveríamos dizer que **B** teve um sentimento de familiaridade ao ver o lápis depois de ter visto instrumentos que ele não conhecia? Imaginemos o que realmente poderia ter acontecido. Ele viu um lápis, sorriu, sentiu-se aliviado, e o nome do objeto que ele viu veio à sua mente ou à sua boca.

Ora, será que o sentimento de alívio não é exatamente aquilo que caracteriza a experiência de passar de coisas não familiares para coisas familiares?

2. Dizemos experimentar tensão e relaxamento, alívio, esforço e descanso em casos tão diferentes quanto estes: um homem segura um peso com o braço esticado; seu braço, todo o seu corpo, está em um estado de tensão. Nós deixamos que ele solte o peso, a tensão relaxa. Um homem corre, e então descansa. Ele pensa intensamente a respeito da solução de um problema em Euclides, então a encontra e relaxa. Ele tenta se lembrar de um nome, e relaxa após encontrá-lo. [81]

E se perguntássemos "O que todos esses casos têm em comum para nos fazer dizer que são casos de esforço e relaxamento?".

O que é que nos faz usar a expressão "buscar em nossa memória" quando tentamos lembrar uma palavra?

Façamos a pergunta "Qual é a semelhança entre procurar uma palavra na sua memória e procurar meu amigo no parque?". Qual seria a resposta para tal pergunta?

Um tipo de resposta certamente consistiria em descrever uma série de casos intermediários. Poderíamos dizer que o caso mais semelhante a procurar algo na memória não é o de procurar meu amigo no parque, mas, digamos, aquele de procurar a grafia de uma palavra no dicionário. E poderíamos prosseguir interpolando casos. Outra maneira de *apontar* a semelhança seria dizer, por exemplo, "Nesses dois casos, em um primeiro momento não conseguimos escrever a palavra, e depois conseguimos". É isso o que chamamos de apontar um traço comum.

Bem, é importante notar que não precisamos estar cientes das semelhanças assim apontadas quando somos levados a usar as palavras "buscar", "procurar" etc. no caso de tentar lembrar.

Poderíamos estar inclinados a dizer "Certamente uma semelhança deve chamar nossa atenção, ou não seríamos levados a usar a mesma palavra". – Compare essa afirmação com esta: "Uma semelhança entre esses casos tem de chamar nossa atenção para que estejamos inclinados a usar a mesma imagem para representar ambos". Isso diz que algum ato tem de preceder o ato de usar essa imagem. Mas por que [82] aquilo que chamamos de "a semelhança que nos chama a atenção" não consistiria parcial ou inteiramente em usarmos a mesma imagem? E por que não consistiria parcial ou inteiramente em sermos levados a usar a mesma expressão?

Dizemos: "Essa imagem (ou essa expressão) se insinua irresistivelmente a nós". Bem, será que isso não é uma experiência?

Estamos aqui tratando de casos nos quais, como poderíamos colocar de maneira aproximada, a gramática de uma palavra parece sugerir a "necessidade" de certo passo intermediário, embora de fato a palavra seja usada em casos nos quais não há tal passo intermediário. Assim, estamos inclinados a dizer "Um homem *tem de* entender uma ordem antes de obedecer a ela", "Ele tem de saber onde está sua dor antes de poder apontar para ela", "Ele tem de saber a melodia antes de poder cantá-la" e coisas assim.

Façamos a pergunta: Suponha que eu tivesse explicado a alguém a palavra "vermelho" (ou o significado da palavra "vermelho") apontando para vários objetos vermelhos e dando a explicação ostensiva. – O que significa dizer "Ora, se ele entendeu o significado, ele me trará um objeto vermelho caso eu lhe peça"? Isso parece dizer: Se ele realmente se apropriou daquilo que é comum a todos os objetos que eu lhe mostrei, ele estará em condições de seguir minha ordem. Mas o que é que há de comum a esses objetos?

Será que você pode me dizer o que há de comum entre um vermelho-claro e um vermelho-escuro? Compare esse com o seguinte caso: Eu lhe mostro duas imagens de duas paisagens diferentes. Nas duas imagens, entre muitos outros objetos, há a imagem de um arbusto, e ele é exatamente igual em ambas. Eu lhe peço "Aponte para aquilo [83] que essas duas imagens têm em comum" e, como resposta, você aponta para esse arbusto.

Considere agora esta explicação: Eu dou a alguém duas caixas contendo diversas coisas e digo "O objeto que essas duas caixas têm em comum é chamado de espeto". A pessoa para quem eu dei essa explicação tem de ir separando os objetos nas duas caixas até encontrar aquele que elas têm em comum, e assim, podemos dizer, ela chega à explicação ostensiva. Ou esta explicação: "Nessas duas imagens você vê manchas de muitas cores; aquela cor que você encontra em ambas é chamada de 'malva'". – Nesse caso, faz todo sentido dizer "Se ele viu (ou encontrou) o que é comum a essas duas imagens, então ele pode me trazer um objeto de cor malva".

Há também o seguinte caso:[32] Eu digo a alguém "Irei lhe explicar a palavra 'w' mostrando-lhe vários objetos. Aquilo que é comum a todos eles é o que 'w' significa". Eu primeiro mostro a ele dois livros, e ele pergunta a si mesmo "Será que 'w' significa 'livro'?". Eu então aponto para um tijolo, e ele diz a si mes-

32. No tiposcrito de base, o termo "jogo" [*game*] aparece sobreposto ao termo "caso" [*case*], ambos datilografados. Seguimos a edição de Rhees.

mo "Talvez 'w' signifique 'paralelepípedo'". Finalmente, aponto para carvão incandescente, e ele diz a si mesmo "Ah, ele quer dizer 'vermelho', pois todos esses objetos tinham algo de vermelho neles". Seria interessante considerar outra forma desse jogo, na qual a pessoa tem de *desenhar* ou *pintar*, a cada etapa, aquilo que ela acha que eu quero dizer. O interesse dessa versão reside em que, em alguns casos, seria bastante óbvio o que ela precisa desenhar, dizer, quando vê que todos os objetos que lhe mostrei até então trazem uma certa marca registrada (ela desenharia a marca registrada). – O que, por outro lado, ela deveria pintar se reconhece que há algo vermelho em cada objeto? [84] Uma mancha vermelha? E de que formato e tonalidade? Aqui, uma convenção teria de ser estabelecida, digamos, a de que pintar uma mancha vermelha com bordas irregulares não significa que os objetos têm em comum aquela mancha vermelha com bordas irregulares, mas *algo* vermelho.

Se, apontando para manchas de diversas tonalidades de vermelho, você perguntasse a um homem "O que essas coisas têm em comum que faz você chamá-las de vermelhas?", ele estaria inclinado a responder "Você não está vendo?". E isso, é claro, não seria apontar para um elemento comum.

Há casos em que a experiência nos ensina que uma pessoa não é capaz de executar uma ordem na forma, digamos, "Traga-me x" se ela não viu o que havia em comum entre os diversos objetos para os quais eu apontei como uma explicação de "x". E "ver o que eles têm em comum" consistia, em alguns casos, em apontar para isso, em deixar que o olhar descanse sobre uma mancha colorida depois de um processo de escrutínio e comparação, em dizer para si mesmo "Ah, ele quer dizer vermelho", e talvez, ao mesmo tempo, olhar para todas as manchas vermelhas nos diversos objetos, e assim por diante. – Há casos, por outro lado, nos quais não ocorre nenhum processo comparável a esse “ver o que é comum” intermediário, e em que ainda usamos essa expressão, embora desta vez devamos dizer “Se, depois de mostrar a ele essas coisas, ele me trouxer outro objeto vermelho, então *eu direi* que ele viu o traço comum dos objetos que lhe mostrei”. Executar a ordem é, agora, o *critério* para que ele tenha entendido.

((Tendo iniciado dessa maneira, Wittgenstein retoma o ditado formal.))[33]

3. “Por que você chama de ‘esforço’ todas essas experiências diferentes?” – “Porque elas têm algum elemento em comum.” – “O que é [85] que o esforço físico e o mental têm em comum?” – “Eu não sei, mas obviamente há alguma semelhança.”

Por que então você disse que as experiências tinham algo em comum? Será que essa expressão simplesmente não comparava o presente caso com aqueles casos primários em que dizemos que duas experiências têm algo em comum? (Assim, poderíamos dizer que algumas experiências de alegria e de medo têm a sensação da batida do coração em comum.) Mas, quando você disse que as duas experiências de esforço tinham algo em comum, essas eram apenas palavras diferentes para dizer que elas eram semelhantes: Pois não era explicação alguma dizer que a semelhança consistia na ocorrência de um elemento comum.

Além disso, será que diremos que você teve uma sensação de semelhança quando comparou as duas experiências e que isso fez você usar a mesma palavra para ambas? Caso você diga que

33. Essa rubrica, presente no tiposcrito de base, foi omitida na edição de Rhees. Trata-se do segundo dos dois únicos comentários editoriais incorporados por Ambrose ao seu tiposcrito (o primeiro está indicado em nossa nota que abre a Parte II). Além disso, ele marca o início do terceiro (e último) dos manuscritos usados por Ambrose.

tem um sentimento de semelhança, façamos algumas perguntas a esse respeito:

Será que você poderia dizer que a sensação estava localizada aqui ou ali?

Quando você efetivamente teve essa sensação? Pois aquilo que chamamos de comparar as duas experiências é uma atividade bastante complicada: talvez você chamasse à mente as duas experiências e, em cada caso, imaginar um esforço físico e imaginar um esforço mental fosse, em si mesmo, imaginar um processo e não um estado uniforme através do tempo. Pois pergunte a si mesmo em que momento, enquanto isso tudo acontecia, você teve a sensação de semelhança.

"Mas eu certamente não diria que elas são semelhantes se eu não tivesse nenhuma experiência da sua semelhança." – Mas será que essa experiência é necessariamente algo que você chamaria de sensação? Suponha, por um momento, [86] que ela fosse a experiência da palavra "semelhante" se insinuando a você. Acaso você chamaria isso de uma sensação?

"Mas será que não existe uma sensação de semelhança?" – Creio que existem sensações que poderiam ser chamadas de sensações de semelhança. Mas você nem sempre tem uma sensação desse tipo quando você "percebe semelhanças". Considere algumas das diferentes experiências que você tem ao fazer isso.

a) Há um tipo de experiência que poderíamos chamar de mal ser capaz de distinguir. Você vê, por exemplo, dois comprimentos, duas cores, quase exatamente iguais. Mas se pergunto a mim mesmo "Será que essa experiência consiste em ter uma sensação específica?", eu teria de dizer que ela certamente não é caracterizada por qualquer sensação isolada desse tipo, que uma parte sumamente importante da experiência é aquela de deixar meu olhar oscilar entre os dois objetos, fixando-o intensamente uma hora sobre um deles, outra hora sobre outro, talvez dizendo palavras que expressam dúvida, balançando a cabeça etc. etc. Quase não sobra espaço, poder-se-ia dizer, para uma sensação de semelhança em meio a essas múltiplas experiências.

b) Compare isso ao caso no qual é impossível ter qualquer dificuldade em distinguir os dois objetos. Suponha que eu diga "Eu gostaria que os dois tipos de flores nesse canteiro tivessem cores semelhantes, para evitar um contraste forte". A experiência, aqui, poderia ser uma que podemos descrever como um fácil deslizar do olhar de um para o outro.

c) Eu ouço uma variação sobre um tema e digo "Ainda não vejo o modo como isso é uma variação do tema, mas vejo certa semelhança". O que aconteceu foi que, em certos pontos da [87] variação, em certos pontos de mudança de tonalidade, eu tive uma experiência de "saber onde eu estava no tema". E essa experiência poderia ter consistido, novamente, em imaginar certas figuras do tema, ou em vê-las escritas diante de minha mente ou em efetivamente apontar para elas na partitura etc.

"Mas quando duas cores são semelhantes, a experiência de semelhança deve certamente consistir em perceber a semelhança que *há* entre elas." – Mas será que um verde azulado é ou não é semelhante a um verde amarelado? Em certos casos, diríamos que eles são semelhantes, e, em outros, que eles são bastante dessemelhantes. Acaso seria correto dizer que nos dois casos nós percebemos diferentes relações entre eles? Suponha que eu observasse um processo no qual um verde azulado gradualmente se transformasse em um verde puro, em um verde amarelado, em amarelo e em laranja. Eu digo "Leva pouco tempo do verde azulado para o verde amarelado, porque essas cores são semelhantes". – Mas será que não é necessário que você tenha tido alguma experiência de semelhança para ser capaz de dizer isso? A experiência pode ser a de ver as duas cores e dizer que ambas são verdes. Ou pode ser a de ver uma fita cuja cor muda de uma extremidade até a outra da maneira descrita, e ter uma das experiências que se pode chamar de perceber quão próximos um do outro são verde azulado e verde amarelado, se comparados a verde azulado e laranja.

Usamos a palavra "semelhante" em uma imensa família de casos.

Há algo de notável em dizer que usamos a palavra "esforço" tanto para o esforço mental como para o físico por haver uma semelhança entre eles. Será que você diria que usamos a palavra "azul" tanto para azul-claro como para azul-escuro por haver uma [88] semelhança entre eles? Caso lhe perguntassem "Por que você chama também isso de 'azul'?", você diria "Porque isso também *é* azul".

Alguém poderia sugerir que a explicação é que, nesse caso, você chama de "azul" o que há de *comum* entre as duas cores e que, se você chamasse de "esforço" aquilo que há de comum entre as duas experiências de esforço, teria sido errado dizer "Eu chamei ambas de 'esforço' porque elas tinham certa semelhança", e em vez disso você teria de dizer "Eu usei a palavra 'esforço' em ambos os casos porque há um esforço presente em ambos".

O que deveríamos responder, agora, à pergunta "O que o azul-claro e o azul-escuro têm em comum?"? À primeira vista, a resposta parece óbvia: "Ambos são tonalidades de azul". Mas isso é, na verdade, uma tautologia. Perguntemos então "O que essas cores para as quais estou apontando têm em comum?". (Suponha que uma seja azul-claro, e a outra, azul-escuro.) Na verdade, a resposta a isso deve ser "Eu não sei que jogo você está jogando". E depende desse jogo se devo dizer que elas tinham alguma coisa em comum, e o que devo dizer que elas tinham em comum.

Imagine este jogo: **A** mostra a **B** diferentes manchas de cores e lhe pergunta o que elas têm em comum. **B** deve responder apontando para uma cor primária[34] específica. Assim, se **A** aponta para rosa e laranja, **B** deve apontar para vermelho puro. Se **A** aponta para duas tonalidades de azul-esverdeado, **B** deve apontar para verde puro e azul puro etc. Se nesse jogo **A** mostrasse a **B** um azul-claro e um azul-escuro e perguntasse o que eles têm em comum, não haveria dúvida acerca da resposta. Se ele em seguida apontasse para vermelho puro e verde puro, a resposta seria que elas não têm nada em comum. Mas eu poderia facilmente imaginar circunstâncias nas quais [89] diríamos que elas tinham algo em comum, e não hesitaríamos em dizer o que seria isso: Imagine um uso linguístico (uma cultura) em que houvesse um nome comum para verde e vermelho, por um lado, e um para amarelo e azul, por outro. Suponha, por exemplo, que houvesse duas castas, uma delas a casta patrícia, que usa vestes vermelhas e verdes, e a outra, a plebeia, que usa vestes azuis e amarelas. Tanto amarelo quanto azul sempre seriam referidos como cores plebeias, e verde e vermelho, como cores patrícias. Caso se perguntasse a um homem da nossa tribo o que uma mancha vermelha e uma mancha verde têm em comum, ele não hesitaria em dizer que ambas são patrícias.

Também poderíamos facilmente imaginar uma linguagem (e isso significa, mais uma vez, uma cultura) na qual não existisse nenhuma expressão comum para azul-claro e azul-escuro, na qual a primeira fosse chamada, digamos, de "Cambridge", e a segunda, de "Oxford". Se você pergunta a um homem dessa tribo o que Cambridge e Oxford têm em comum, ele estaria inclinado a dizer: "Nada".

34. No tiposcrito de base, o termo "pura" [*pure*] aparece sobreposto ao termo "primária" [*primary*], ambos datilografados. Seguimos a edição de Rhees.

Compare este com o jogo anterior.[35] Mostram-se a **B** certas imagens, combinações de manchas coloridas. Quando lhe perguntam o que essas imagens têm em comum, ele deve apontar para uma amostra de vermelho, digamos, caso haja uma mancha vermelha em ambas, para verde, caso haja uma mancha verde em ambas etc. Isso mostra a você quão diferentes são as maneiras como se pode usar essa mesma resposta.

Considere uma explicação como: "Com 'azul', quero dizer aquilo que estas duas cores têm em comum". – Ora, acaso não é possível que alguém entenda essa explicação? Por exemplo, quando ordenassem que ele trouxesse outro objeto azul, ele executaria essa ordem satisfatoriamente. Mas talvez ele vá trazer um objeto vermelho e nós estaremos inclinados a dizer: "Ele parece perceber certo tipo [90] de semelhança entre as amostras que lhe exibimos e aquela coisa vermelha".

Nota: Quando pedimos a certas pessoas que cantem uma nota que lhe tocamos ao piano, elas normalmente cantam a quinta dessa nota. Isso faz com que seja fácil imaginar que uma linguagem pudesse ter um só nome para uma certa nota e a sua quinta. Por outro lado, sentiríamos algum embaraço em responder à pergunta: O que uma nota e sua quinta têm em comum? Pois é claro que não é resposta alguma dizer: "Elas têm uma certa afinidade".

Uma de nossas tarefas aqui é apresentar uma imagem da gramática (do uso) da expressão "uma certa".

Dizer que usamos a palavra "azul" como querendo dizer "aquilo que todas essas tonalidades de cor têm em comum" não diz, em si mesmo, nada além de que usamos a palavra "azul" em todos esses casos.

35. No tiposcrito de base, lê-se "Compare esse jogo com)". A referência fica em aberto, provavelmente para ser completada mais tarde. Seguimos a intervenção de Rhees.

E a frase "Ele vê o que todas essas tonalidades têm em comum" pode se referir a todo tipo de fenômenos diferentes, vale dizer, todo tipo de fenômeno é usado como critério para que "ele esteja vendo que . . . .". Ou pode ser que tudo o que acontece é que, quando lhe pedem para trazer outra tonalidade de azul, ele executa nossa ordem satisfatoriamente. Ou então uma mancha de azul puro pode aparecer diante dos olhos de sua mente quando lhe exibimos as diferentes amostras de azul: ou ele pode instintivamente virar a cabeça em direção a alguma outra tonalidade de azul que não lhe havíamos exibido como amostra etc. etc.

Ora, será que devemos dizer que uma tensão mental e uma tensão corporal são "tensões" no mesmo sentido da palavra ou em sentidos diferentes (ou "ligeiramente diferentes") da palavra? – Há casos desse tipo em que não teríamos dúvida acerca da resposta.

4. Considere este caso: Ensinamos a alguém o uso das [91] expressões "mais escuro" e "mais claro". Ele poderia, por exemplo, executar uma ordem como: "Pinte uma mancha com uma cor mais escura do que aquela que estou lhe mostrando". Suponha, agora, que eu lhe dissesse: "Ouça as cinco vogais a, e, i, o, u, e ordene-as da mais clara para a mais escura". Ele pode simplesmente ficar perplexo e não fazer nada, mas pode arranjar (e algumas pessoas farão isso) as vogais em uma certa ordem (na maior parte das vezes, i, e, a, o, u). Pode-se imaginar, agora, que o ato de ordenar as vogais da mais clara para a mais escura pressupusesse que, quando uma vogal fosse emitida, uma certa cor aparecesse diante da mente da pessoa, e que ela então ordenasse essas cores da mais clara para a mais escura e informasse a você a ordem correspondente das vogais. Mas isso, na verdade, não precisa acontecer. Uma pessoa obedecerá à ordem:

"Ordene as vogais da mais clara para a mais escura" sem ver quaisquer cores diante dos olhos de sua mente.

Ora, caso perguntassem a tal pessoa se *u* é "*realmente*" mais escura que *e*, ela quase certamente responderia algo como: "Ela não é realmente mais escura, mas de alguma maneira me dá uma impressão mais escura".

Mas e se lhe perguntássemos: "O que, afinal de contas, fez você usar a expressão 'mais escura' nesse caso?".[36] Mais uma vez, poderíamos estar inclinados a dizer: "Ele precisa ter visto alguma coisa que fosse comum à relação entre duas cores e à relação entre duas vogais". Porém, caso ele não seja capaz de especificar o que seria esse elemento comum, isso nos deixa somente com o fato de que ele estava disposto a usar as expressões "mais escuro", "mais claro" nesses dois casos.

Pois repare na palavra "precisa" em "Ele precisa ter visto alguma coisa . . . .". Quando disse isso, você não queria dizer que, a partir da [92] experiência passada, você conclui que ele provavelmente viu alguma coisa, e é precisamente por essa razão que essa frase não acrescenta nada àquilo que sabemos e, de fato, apenas sugere descrevê-la com palavras diferentes.

Se alguém dissesse: "Eu realmente vejo uma certa semelhança, apenas não consigo descrevê-la", eu diria: "É isso mesmo o que[37] caracteriza sua experiência".

Suponha que você olhe para dois rostos e diga: "Eles são semelhantes, mas eu não sei o que há de semelhante neles". E, supondo que depois de um momento você dissesse: "Agora eu sei; seus olhos têm o mesmo formato", então eu diria: "Agora

36. No tiposcrito de base, a expressão "nesse caso" aparece escrita à mão, com uma marca assinalando o ponto em que deve ser inserida.

37. No tiposcrito de base, aparece, sobrescrita e datilografada, a seguinte variante: "Dizer isso também...". Seguimos a edição de Rhees.

sua experiência da semelhança entre eles é diferente da que era quando você viu a semelhança e não sabia em que ela consistia". Agora, à pergunta "O que fez você usar a expressão 'mais escuro'. . . . ?", a resposta pode ser: "Nada me fez usar a expressão 'mais escuro', – quer dizer, se você está me pedindo uma *razão* pela qual eu a uso. Eu simplesmente a usei e, além disso, eu a usei com a mesma entonação de voz e, talvez, com a mesma expressão facial e os mesmos gestos que, em certos casos, eu estaria inclinado a usar ao aplicar essa expressão a cores". – É mais fácil ver isso quando falamos a respeito de um sofrimento *profundo*,[38] de um som *profundo* e de um poço *profundo*. Algumas pessoas são capazes de distinguir entre os dias gordos e magros da semana. E, quando concebem um dia como gordo, sua experiência consiste em aplicar essa palavra junto, talvez, com um gesto que expressa gordura e certo conforto.

Mas você pode se sentir tentado a dizer: Esse uso dessa palavra e desse gesto não é a experiência primária dessas pessoas. Antes de qualquer outra coisa, elas [93] têm de conceber o dia como gordo, e então expressam essa concepção por meio da palavra ou do gesto.

Mas por que você usa a expressão: "Elas têm de"? Será que você tem conhecimento, nesse caso, de uma experiência que chama de "a concepção etc."? Pois, se não tem, acaso não é exatamente o que se poderia chamar de um preconceito linguístico o que fez você dizer "Ele tinha de ter uma concepção antes etc."?

Pelo contrário, você pode aprender, a partir desse e de outros exemplos, que há casos em que podemos chamar uma experiência específica de "notar, ver, conceber que tal e tal coisa é o caso" antes de expressá-la por meio de palavras ou gestos, e

38. No tiposcrito de base, a expressão "um sofrimento profundo" aparece escrita à mão, com uma marca assinalando o ponto em que deve ser inserida.

que há outros casos em que, se realmente chegamos a falar de uma experiência de conceber, temos de aplicar essa palavra à experiência de usar certas palavras, gestos etc.

Quando a pessoa disse: "*u* não é realmente mais escuro que *e* . . . .", era essencial que sua intenção fosse dizer que a expressão "mais escuro" era usada *em sentidos diferentes* quando se falava de uma cor como mais escura que outra e, por outro lado, de uma vogal como mais escura que outra.

Considere este exemplo: Suponha que houvéssemos ensinado um homem a usar as palavras "verde", "vermelho", "azul" apontando para manchas dessas cores. Ensinamos-lhe a buscar objetos de uma certa cor ao receber a ordem "Traga-me algo vermelho!", a separar objetos de uma pilha segundo suas cores, e coisas assim. Suponha que agora lhe mostramos uma pilha de folhas, algumas das quais são de um marrom levemente avermelhado, outras de um amarelo levemente esverdeado, e que lhe damos a ordem: "Coloque as folhas vermelhas e as folhas verdes em pilhas separadas". É bem provável que, diante disso, ele [94] separe as folhas amarelo-esverdeadas das folhas marrom-avermelhadas. Será que agora deveríamos dizer que, aqui, usamos as palavras "vermelho" e "verde" no mesmo sentido que nos casos anteriores, ou será que as usamos com sentidos diferentes, mas semelhantes? Que razões daríamos para adotar esse último ponto de vista? Poderíamos assinalar que, se pedimos a uma pessoa para pintar uma mancha vermelha, ela certamente não pintaria uma mancha marrom levemente avermelhada, e portanto poderíamos dizer que "vermelho" significa algo diferente nos dois casos. Mas por que eu não deveria dizer que essa palavra tinha somente um significado, mas foi usada, é claro, de acordo com as circunstâncias?

A pergunta é: Será que complementamos nossa afirmação de que a palavra tem dois significados por meio de uma afirmação que diz que, em um caso, ela tinha este, e em outro caso, aquele significado? Como critério para que uma palavra tenha dois significados, podemos usar o fato de que foram dadas duas explicações para uma palavra. Assim, dizemos que a palavra "banco" tem dois significados; pois, em um caso, ela significa este tipo de coisa (apontando, digamos, para um banco de areia em um rio) e, em outro caso, aquele tipo de coisa[39] (apontando para o Banco da Inglaterra). Ora, aquilo para que aponto, aqui, são paradigmas para o uso das palavras. Não poderíamos dizer: "A palavra 'vermelho' tem dois significados porque, em um caso, significa isto (apontando para um vermelho-claro) e, em outro caso, aquilo (apontando para um vermelho-escuro)", caso, note-se bem, apenas uma definição ostensiva para a palavra "vermelho" tivesse sido usada em nosso jogo. Poderíamos, por outro lado, imaginar um jogo de linguagem no qual duas palavras, digamos, "vermelho" e "avermelhado", fossem explicadas por duas definições ostensivas, a primeira mostrando um objeto vermelho-escuro, a segunda, um objeto vermelho-claro. Se são dadas duas explicações[40] como essa, ou somente uma, isso poderia depender das reações naturais das pessoas que usam a [95] linguagem. Poderíamos descobrir que uma pessoa para quem damos a definição ostensiva "Isso se chama 'vermelho'" (apontando para um objeto vermelho) busca qualquer objeto vermelho, de qualquer tonalidade de vermelho que seja, ao receber a ordem: "Traga-me algo vermelho!". Outra pessoa poderia não fazer o mesmo e, em vez disso, trazer objetos so-

39. No tiposcrito de base, o trecho que vai de "apontando" até o final da frase aparece escrito à mão, entre as linhas, com uma marca assinalando o ponto em que deve ser inserido. Seguimos a edição de Rhees.

40. No tiposcrito de base, o termo "explicações" [*explanations*] aparece escrito à mão, por sobre o termo datilografado "definições" [*definitions*], que foi riscado. Seguimos a edição de Rhees.

mente de um certo espectro de tonalidades na vizinhança da tonalidade que lhe foi apontada na explicação. Poderíamos dizer que essa pessoa "não vê o que há em comum entre todas as diferentes tonalidades de vermelho". Mas lembre-se, por favor, de que nosso único critério para isso é o comportamento que descrevemos.

Considere o seguinte caso: Ensinamos a **B** um uso das expressões "mais claro" e "mais escuro". Foram-lhe mostrados objetos de várias cores e ensinou-se a ele que chamamos esta cor de mais escura que aquela, então nós o treinamos a trazer um objeto quando recebe a ordem "Traga algo mais escuro que isto" e a descrever a cor de um objeto dizendo que ele é mais escuro ou mais claro que uma certa amostra etc. etc. Agora lhe pedimos que disponha uma série de objetos, ordenando-os do mais claro para o mais escuro. Ele faz isso arranjando uma fileira de livros, escrevendo uma série de nomes de animais e escrevendo as cinco vogais na ordem u, o, a, e, i. Perguntamos-lhe por que ele escreveu essa última série, e ele diz: "Bem, *o* é mais claro que *u*, e *e* é mais claro que *o*". – Ficaremos espantados com a sua atitude, admitindo, ao mesmo tempo, que há algo no que ele diz. Talvez digamos: "Mas, veja, certamente *e* não é mais claro que *o* do mesmo modo que este livro é mais claro que aquele". – Porém ele pode dar de ombros e dizer: "Eu não sei, mas *e* é mais claro que *o*, não é?". [96]

Podemos estar inclinados a tratar esse caso como um tipo de anormalidade e dizer: "**B** deve ter um sentido diferente, com cuja ajuda ele ordena tanto objetos coloridos quanto vogais". E, se tentássemos tornar (bastante) explícita essa nossa ideia, chegaríamos a isto: As pessoas normais percebem o caráter claro ou escuro de objetos visuais usando um instrumento, e aquilo que se poderia chamar de caráter claro ou escuro de sons (vogais) usando outro, no sentido em que se poderia dizer que registramos raios com certo comprimento de onda com os olhos e raios de outro espectro de onda com nosso sentido para temperatura. Desejamos dizer, por outro lado, que **B** ordena tanto sons quanto cores com base nos dados de apenas um instrumento (órgão sensível) (no sentido em que uma placa fotográfica poderia registrar raios de um espectro que nós só poderíamos cobrir com dois de nossos sentidos).

Essa é, aproximadamente, a imagem por trás de nossa ideia de que **B** precisa ter "entendido" a expressão "mais escuro" de modo diferente do que as pessoas normais. Por outro lado, coloquemos essa imagem ao lado do fato de que, em nosso caso, não há qualquer indício de "um outro sentido". – E, de fato, o uso da palavra "precisa", quando dizemos "**B** precisa ter entendido a expressão de modo diferente", já nos mostra que essa frase (realmente) expressa nossa determinação de olhar para os fenômenos que observamos com base na imagem delineada naquela frase.

"Mas ele certamente usou 'mais claro' em um sentido diferente quando disse que *e* era mais claro que *u*." – O que isso quer dizer? Será que você está fazendo uma distinção entre o sentido em que ele usou a expressão e o uso da expressão? Ou seja, acaso você deseja dizer que, se alguém usa a palavra como ele usa, alguma outra diferença, digamos, em [97] sua mente, precisa acompanhar a diferença no uso? Ou será que tudo o que você pretende dizer é que certamente o uso de "mais claro" era diferente quando ele aplicou essa expressão a vogais?

Ora, será que o fato de que os usos diferem é alguma coisa além do que aquilo que você descreve quando chama a atenção para diferenças específicas?

E se alguém dissesse, apontando para duas manchas que eu havia chamado de vermelhas: "Certamente você está usando a palavra 'vermelho' de duas maneiras diferentes"? – Eu diria:

"Esta é vermelho-claro, e a outra, vermelho-escuro – mas por que eu teria de falar em dois usos diferentes?".[41] –

É certamente fácil assinalar diferenças entre aquela parte do jogo na qual aplicávamos "mais claro" e "mais escuro" a objetos coloridos e aquela parte na qual aplicávamos essas expressões a vogais. Na primeira parte, comparávamos dois objetos colocando-os lado a lado e olhando de um para outro, pintávamos uma tonalidade mais escura ou mais clara do que certa amostra dada; na segunda, não fazíamos comparações a olho, não pintávamos etc. Mas, quando essas diferenças são assinaladas, ainda estamos livres para falar de duas partes do mesmo jogo (como acabamos de fazer) ou de dois jogos diferentes.

"Mas será que eu não percebo que a relação entre um pedaço mais claro e um mais escuro de um pano é diferente da relação entre as vogais *e* e *u*, – assim como, por outro lado, percebo que a relação entre *u* e *e* é a mesma que a relação entre *e* e *i*?" – Em certas circunstâncias, estaremos inclinados a falar, nesses casos, em diferentes relações, e em outras circunstâncias, a falar em uma mesma relação. Poderíamos dizer: "Depende de como [98] as comparamos".

Façamos a pergunta: "Será que devemos dizer que as setas → e ← apontam na mesma direção ou em direções diferentes?". – À primeira vista, você poderia estar inclinado a dizer: "Em direções diferentes, é claro". Mas olhe para a situação desta maneira: Se olho para um espelho e vejo o reflexo do meu rosto, posso tratar isso como um critério para estar vendo minha própria cabeça. Se, por outro lado, vi no espelho a parte de

41. No tiposcrito de base, o escopo das aspas termina logo após "vermelho-escuro". Essas aspas foram riscadas em caneta azul e, ainda em caneta, escritas no ponto em que agora aparecem.

trás de uma cabeça, eu poderia dizer: "O que estou vendo não pode ser minha própria cabeça, mas sim uma cabeça olhando na direção oposta". Ora, isso poderia me levar a dizer que uma seta e o reflexo de uma seta em um espelho têm a mesma direção quando apontam um para o outro, e direções opostas quando a ponta de um aponta para a cauda do outro. Imagine o caso em que se ensinou a um homem o uso ordinário da expressão "o mesmo" nos casos de "a mesma cor", "o mesmo formato", "o mesmo comprimento". Também lhe foi ensinado o uso da expressão "apontar para" em contextos como: "A seta aponta para a árvore". Agora lhe mostramos duas setas voltadas uma para a outra e duas setas uma seguindo a outra, e lhe perguntamos em qual desses dois casos ele aplicaria a frase: "As setas apontam no mesmo sentido". Será que não é fácil imaginar que, se certas aplicações fossem predominantes em sua mente, ele estaria inclinado a dizer que as setas → ← apontam "no mesmo sentido"?

Quando ouvimos a escala diatônica, estamos inclinados a dizer que, depois de cada sete notas, a mesma nota retorna, e, se nos perguntam por que a chamamos de a mesma nota outra vez, poderíamos responder: "Bem, é um dó outra vez". Mas essa não é a explicação que quero, pois eu perguntaria: "O que fez com que você chamasse isso de um dó outra vez?". E a resposta a isso [99] pareceria ser: "Bem, acaso você não ouve que é o mesmo som, só que uma oitava acima?". – Aqui, também, poderíamos imaginar que foi ensinado a um homem o nosso uso da expressão "o mesmo" quando aplicada a cores, comprimentos, direções etc., e que, agora, tocássemos para ele a escala diatônica e lhe perguntássemos se ele diria que ouviu as mesmas notas repetidas vezes a certos intervalos, e poderíamos facilmente imaginar diversas respostas, em particular, por exemplo, esta: que ele ouviu a mesma nota, alternadamente, a cada quatro ou três notas (ele chama a tônica, a dominante e a oitava de o mesmo som).[42]

Se tivéssemos feito esse experimento com duas pessoas **A** e **B**, e **A** tivesse aplicado a expressão "o mesmo som"[43] somente para a oitava, e **B** para a dominante e para a oitava, será que teríamos o direito de dizer que os dois ouvem coisas diferentes quando tocamos para eles a escala diatônica? – Se dizemos que eles ouvem coisas diferentes, devemos ter claro se com isso desejamos afirmar que precisa haver alguma outra diferença entre esses dois casos além daquela observada ou se não desejamos fazer tal afirmação.

5. Todas as questões aqui consideradas se ligam ao seguinte problema: Suponha que você tivesse ensinado alguém a escrever séries de números de acordo com regras que têm a seguinte forma: Sempre escreva um número que seja maior em *n* que o precedente. (Essa regra é abreviada como "Some *n*".) Nesse jogo, os numerais devem ser grupos de traços -, - -, - - - etc. Obviamente, aquilo que chamo de ensinar esse jogo consistiu em dar explicações gerais e produzir exemplos. – Esses exemplos são extraídos, digamos, da faixa entre 1 e 85. Agora damos ao aluno a ordem: "Some 1". Depois de algum tempo, observamos que, depois de passar pelo 100, ele fez aquilo que chamaríamos [100] de somar 2; depois de passar pelo 200,[44] ele faz aquilo que chamaríamos de somar 3. Nós exigimos que ele se explique a esse respeito: "Mas eu não lhe disse para sempre somar 1? Olhe aquilo que você fez antes de

42. Seguimos o tiposcrito de base, em que se lê "*the same tone*". A edição de Rhees traz: "*the same note*" [a mesma nota].

43. Como no parágrafo anterior, seguimos o tiposcrito de base, em que se lê "*the same tone*". A edição de Rhees traz: "*the same note*" [a mesma nota].

44. Tanto o tiposcrito de base como a edição de Rhees trazem, aqui, o número "300". Introduzimos essa correção por ser a única que se adéqua ao exemplo proposto (o trecho final do parágrafo é bastante claro a esse respeito).

chegar a 100!". – Suponha que o aluno dissesse, apontando para os números 102, 104 etc.: "Ora, mas eu não fiz a mesma coisa aqui? Eu achei que era isso o que você queria que eu fizesse". – Você percebe que, aqui, não nos levaria nem um pouco adiante dizer, mais uma vez, "Mas você não percebe que....?", enquanto chamamos sua atenção, mais uma vez, para as regras e os exemplos que lhe havíamos dado. Poderíamos, em tal caso, dizer que essa pessoa naturalmente entende (interpreta) a regra (e os exemplos) que lhe demos como nós entenderíamos a regra (e os exemplos) que nos dizem: "Some 1 até 100, então 2 até 200 etc.".

(Isso seria semelhante ao caso de um homem que não segue naturalmente uma ordem dada por um gesto de apontar, movendo-se na direção do ombro para a mão, mas sim na direção oposta. E, aqui, entender significa o mesmo que reagir.)

"Suponho que o que você diz equivale ao seguinte: que, para seguir corretamente a regra 'Some 1', é necessário um novo insight, uma nova intuição, a cada passo." – Mas o que significa seguir *corretamente* a regra? Como e quando se deve decidir qual é o passo correto a ser dado num ponto específico? – "O passo correto a cada ponto é aquele que está de acordo com o que a regra *quer dizer*, seu significado, sua intenção"[45] – Suponho que a ideia seja

45. No original: "*The correct step at every point is that which is in accordance with the* meaning, *intention, of the rule*". No tiposcrito de base, encontra-se a seguinte variante: "O passo correto a cada ponto é aquele que está de acordo com a regra tal como a *tínhamos em mente*, tal como era nossa intenção" [*The correct step at every point is that which is in accordance with the rule as it was* meant, *intended*]. A variante aparece depois de um sinal de barra dupla (//). Seguimos a edição de Rhees.

Note-se que a tradução de todo esse parágrafo é particularmente sensível, na medida em que ele tematiza o verbo *to mean*. Essa dificuldade já foi discutida tanto no Vocabulário crítico de nossa tradução das *Investigações filosóficas* (op. cit.; no contexto do termo correlato alemão, o verbo *meinen*) como em nossa tradução do *Livro azul* (op. cit.; ver nota aposta à p. [55]). No contexto das *Investigações*, os diferentes usos do verbo *meinen* puderam ser abrangidos por três soluções: "querer dizer", "querer se referir" e "ter em

esta: Quando você deu a regra "Some 1" e quis dizer algo com ela, o que você queria dizer era que ele escrevesse 101 depois do 100, 199 depois do 198, 1041 depois do 1040 e assim por diante. Mas como é que você fez todos esses atos de querer dizer (suponho que haja um número infinito deles) quando lhe deu a regra? Ou será que, assim, apresentamos erroneamente [101] a situação? E acaso você diria que havia apenas um ato de querer dizer, a partir do qual, porém, se seguiam todos aqueles outros, ou qualquer um deles, um depois do outro? Mas será que o ponto não é simplesmente: "o que se segue da regra geral?"? Você poderia dizer: "Eu certamente sabia, quando lhe dei a regra, que o que eu queria dizer era que ele passasse de 100 para 101". Mas aqui você foi desencaminhado pela gramática da palavra "saber". Será que saber isso era algum ato mental a partir do qual você fez a transição, naquele momento, de 100 a 101, ou seja, algum ato semelhante a dizer a si mesmo: "Quero que ele escreva 101 depois de 100"? Nesse caso, pergunte a si mesmo quantos de tais atos você realizou quando lhe deu a regra. Ou será que você quer dizer, com saber, algum tipo de disposição, – mas então apenas a experiência pode nos ensinar para que tendia essa disposição? – "Mas se alguém me tivesse perguntado qual número ele deveria escrever depois de 1568,

→ mente". É importante observar, nesse sentido, que a presente passagem do *Livro marrom* serviu de base para o início do parágrafo 186 das *Investigações*, que em nossa tradução ficou assim:

> "O que você diz, portanto, equivale a dizer que, para seguir corretamente a ordem '+ n', é necessário ter um novo estalo – uma intuição – a cada etapa." – Para segui-la corretamente! Pois como é decidido, em determinado ponto, qual é o passo correto? – "O passo correto é aquele que está de acordo com a ordem – tal como a *tínhamos em mente*."

Para o modo específico como Wittgenstein desenvolve a tematização do verbo *to mean* no presente contexto, porém, pareceu-nos melhor traduzir esse termo-chave por "querer dizer", que permite soluções mais consistentes ao longo do parágrafo.

eu certamente teria respondido '1569'." – Ouso dizer que sim, mas como você pode ter certeza disso? Sua ideia realmente é: de alguma maneira, no misterioso ato de *querer dizer* algo com a regra, você fez as transições sem realmente fazê-las. Você cruzou todas as pontes antes de estar lá. – Essa estranha ideia está conectada a um uso peculiar da expressão "querer dizer". Suponha que aquele nosso homem chegasse até o número 100 e passasse ao 102. Nós então diríamos: "O que eu *quis dizer* era que você escrevesse 101". Ora, o pretérito da expressão "querer dizer" sugere que um ato específico de querer dizer tinha sido realizado quando a regra foi dada, embora, como uma questão de fato, a expressão não aluda a um tal ato. O pretérito poderia ser explicado colocando-se a frase na forma: "Se você tivesse me perguntado antes o que eu queria que você fizesse naquele momento, eu teria dito . . .". Mas que você teria dito isso é uma hipótese. [102]

Para que fique mais claro, pense neste exemplo: Alguém diz "Napoleão foi coroado em 1804". Eu lhe pergunto: "Você estava querendo dizer o homem que venceu a Batalha de Austerlitz?". Ele diz: "Sim, foi isso o que eu quis dizer". – Será que isso quer dizer que quando a pessoa "quis dizer isso" ela pensou, de alguma maneira, em Napoleão vencendo a Batalha de Austerlitz? –

A expressão "O que a regra queria dizer era que ele passasse de 100 para 101" faz parecer que essa regra, da maneira como se quis dizê-la, *antecipou*, como se fossem suas sombras, todas as transições que deveriam ser feitas de acordo com ela. Mas a pressuposição da sombra de uma transição não nos leva nem um pouco adiante, pois não transpõe o abismo entre ela mesma e a transição real.[46] Se as meras palavras da regra não podiam

46. No tiposcrito de base, a expressão "transição real" [*real transition*] aparece sobreposta à expressão "transição ela mesma" [*transition itself*], ambas datilografadas. Seguimos a edição de Rhees.

antecipar uma transição futura, tampouco poderia fazê-lo qualquer ato mental que acompanhe essas palavras.

Encontramos repetidas vezes a curiosa superstição, como poderíamos estar inclinados a chamá-la, de que o ato mental é capaz de cruzar uma ponte antes de termos chegado a ela. Esse problema aparece sempre que tentamos pensar acerca das ideias de pensar, desejar, esperar, acreditar, saber, tentar resolver um problema matemático, indução matemática e assim por diante.

Não é um ato de insight, de intuição, o que nos faz usar a regra da maneira como a usamos em um ponto específico da série. Causaria menos confusões chamá-lo de um ato de decisão, embora também isso seja desencaminhador, pois não é necessário que ocorra nada semelhante a um ato de decisão, mas apenas, possivelmente, um ato de escrever ou falar. E o rótulo que podemos dar ao erro que estamos inclinados a cometer, aqui e em milhares de casos semelhantes, é fornecido pela palavra "fazer" como a usamos na frase "Não é um ato de insight o que nos faz usar a regra como a usamos", pois há essa ideia de que [103] "algo precisa nos fazer" agir como agimos. E isso, novamente, liga-se à confusão entre causa e razão. *Nós não precisamos ter nenhuma razão para seguir a regra da maneira como a seguimos*. A cadeia de razões tem um fim.

Compare, agora, estas frases: "Você certamente está usando a regra 'Some 1' de um modo diferente se, depois de 100, você prossegue para 102, 104 etc." e "Nós certamente estamos usando a expressão 'mais escuro' de um modo diferente se, depois de aplicá-la a manchas coloridas, nós a aplicamos às vogais". – Eu diria: "Isso depende do que você chama de um 'modo diferente'". – Mas eu certamente diria que eu *deveria*[47] chamar a aplicação de "mais claro" e "mais escuro" a vogais de "um outro uso

47. No tiposcrito de base, o termo "deveria" [*should*] aparece sobreposto ao termo "*iria*" [*would*], ambos datilografados. Seguimos a edição de Rhees.

das expressões"; e eu também continuaria a série "Some 1" da maneira 101, 102 etc., mas não – ou não necessariamente – por causa de algum outro ato mental que justifique fazê-lo.

6. Há uma espécie de doença generalizada do pensamento que sempre procura (e encontra) o que se chamaria de um estado mental[48] a partir do qual todos os nossos atos brotam como de um reservatório. Assim, dizemos: "A moda muda porque o gosto das pessoas muda". O gosto é o reservatório mental. Mas, se hoje um alfaiate desenha certo corte de roupa diferente daquele que desenhou um ano atrás, será que aquilo que chamamos de a sua mudança de gosto não pode ter consistido, parcial ou totalmente, em fazer simplesmente isso?

E aqui dizemos: "Mas desenhar um novo molde certamente não é, em si mesmo, mudar de gosto, – e dizer uma palavra não é o mesmo que realmente querer dizê-la, – e dizer que eu acredito não é acreditar; é necessário que haja sentimentos, atos mentais, que acompanhem essas frases e essas palavras". – E a razão que damos para dizer isso é [104] que um homem certamente poderia desenhar um novo molde sem ter mudado de gosto, dizer que acredita em algo sem acreditar etc. Isso, obviamente, é verdade. Mas não se segue daí que o que distingue um caso de ter mudado de gosto de um caso de não ter feito isso não seja, em certas circunstâncias, simplesmente desenhar o que não se havia desenhado antes. Nem se segue daí que, em casos nos quais desenhar um novo molde não é o critério para uma mudança de gosto, o critério precise ser uma mudança em alguma região específica da nossa mente.

48. No tiposcrito de base, encontra-se a seguinte variante: "um estado mental". A variante "o que se chamaria de um estado mental" aparece depois de um sinal de barra dupla (//). Seguimos a edição de Rhees.

Em outros termos, não usamos a palavra "gosto" como o nome de um sentimento. Pensar que o fazemos é representar a prática[49] da nossa linguagem de modo indevidamente simplificado. É dessa maneira, é claro, que as perplexidades filosóficas geralmente surgem; e nosso caso é bastante análogo àquele de pensar que, sempre que fazemos uma afirmação predicativa, afirmamos que o sujeito possui um certo ingrediente (como de fato fazemos no caso "Cerveja é alcoólica").

Ao tratar de nosso problema, é vantajoso considerar, paralelamente ao sentimento ou sentimentos característicos de ter certo gosto, de mudar de gosto, de dizer algo e realmente querer dizê-lo etc. etc., a expressão facial (os gestos ou o tom de voz) característica dos mesmos estados ou eventos. Caso alguém venha a objetar, dizendo que sentimentos e expressões faciais não podem ser comparados, pois os primeiros são experiências e os últimos não são, que considere as experiências musculares, cinestésicas e táteis associadas aos gestos e às expressões faciais.

7. Consideremos então a proposição: "Acreditar em algo não pode consistir em meramente dizer que você acredita, você precisa [105] dizê-lo com uma expressão facial específica, com um gesto e um tom de voz específicos". Ora, não se pode duvidar de que consideramos certas expressões faciais, gestos etc. como característicos da expressão de crença. Falamos de um "tom de convicção". E, no entanto, está claro que esse tom de convicção não está sempre presente quando falamos, corretamente, em convicção. "Exatamente", você poderia dizer, "isso mostra que há algo mais, algo por trás desses gestos etc., que é a verdadei-

49. No tiposcrito de base, a expressão "representar a prática" [*represent the practice*] aparece sobreposta à expressão "imaginar a estrutura" [*imagine the structure*], ambas datilografadas. Seguimos a edição de Rhees.

ra crença, em oposição à mera expressão de crença." – "De maneira alguma", eu diria, "muitos critérios diferentes distinguem, em diferentes circunstâncias, casos de acreditar naquilo que você diz de casos de não acreditar no que você diz." Pode haver casos em que a presença de uma sensação diferente daquelas associadas aos gestos, tom de voz etc. distingue dizer algo e realmente querer dizê-lo de dizer algo sem realmente querer dizê-lo. Algumas vezes, porém, o que distingue esses dois não é nada que acontece enquanto falamos, mas uma variedade de ações e experiências, de diferentes tipos, antes e depois.

Para entender essa família de casos, será útil, mais uma vez, considerar um caso análogo extraído das expressões faciais. Há uma família de expressões faciais amistosas. Suponha que houvéssemos perguntado: "Que elemento é esse que caracteriza um rosto amistoso?". Inicialmente, poderíamos pensar que há certos traços que poderíamos chamar de traços amistosos, cada um dos quais faz o rosto parecer amistoso numa certa medida, e que, quando presentes em grande número, constituem a expressão amistosa. Essa ideia pareceria corroborada por nossa maneira comum de nos expressarmos [106] quando falamos de "olhos amistosos", "boca amistosa" etc. Mas é fácil perceber que os mesmos olhos dos quais dizemos que fazem o rosto parecer amistoso não parecem amistosos, ou até mesmo chegam a parecer hostis, quando acompanhados de certas rugas na testa, de linhas ao redor da boca etc. Por que, então, dizemos que são esses olhos que parecem amistosos? Será que não é errado dizer que eles caracterizam o rosto como amistoso, pois se dizemos que eles o fazem "em certas circunstâncias" (essas circunstâncias sendo os outros elementos do rosto), por que destacamos aquele elemento específico dentre os outros? A resposta é que, na ampla família de rostos amistosos, há o que poderíamos chamar de um ramo principal caracterizado por um certo tipo de olhos, outro, por um certo tipo de boca etc.; embora, na grande família dos rostos hostis, encontremos esses mesmos olhos quando eles não mitigam a hostilidade da expressão. – Há ainda o fato de que, quando percebemos a expressão amistosa de um rosto, nossa atenção, nosso olhar, é atraído para um elemento específico no rosto, os "olhos amistosos" ou a "boca amistosa" etc., e não se detém em outros elementos, embora também esses sejam responsáveis pela expressão amistosa.

"Mas será que não há diferença alguma entre dizer algo e realmente querer dizê-lo e dizer algo sem realmente querer dizê-lo?" – Não é necessário que haja uma diferença enquanto ele o diz, e, caso haja, essa diferença pode ser dos mais diversos tipos, a depender das circunstâncias que cercam a situação. Do fato de que há aquilo que chamamos de uma expressão amistosa e uma expressão hostil do olho não se segue que precise haver uma diferença entre o olho [107] de um rosto amistoso e o olho de um rosto hostil.

Poderíamos nos sentir tentados a dizer: "Não se pode dizer que esse traço faz o rosto parecer amistoso, já que ele pode ser desmentido por outro traço". E isso é semelhante a dizer: "Dizer algo com tom de convicção não pode ser o que caracteriza a convicção, já que ele pode ser desmentido por experiências que o acompanham". Mas nenhuma dessas frases está correta. É verdade que outros traços nesse rosto poderiam eliminar o caráter amistoso desse olho e, ainda assim, é o olho o elemento marcadamente amistoso nesse rosto.

Frases como "Ele disse isso e realmente quis dizê-lo" são as mais propensas a nos desencaminhar. – Compare realmente querer dizer "Eu ficarei encantado em encontrá-lo" com realmente querer dizer "O trem parte às 3h30". Suponha que você tivesse dito a primeira frase para alguém e que depois lhe perguntassem "Você realmente quis dizer isso?", então provavelmente você pensaria nos sentimentos, nas experiências que teve enquanto a disse. E, da mesma maneira, nesse caso você estaria inclinado a dizer: "Será que você não percebeu que eu realmente queria dizer o que disse?". Por outro lado, suponha que, após ter dado a alguém a informação "O trem parte às 3h30", essa pessoa lhe perguntasse, "Você realmente quis dizer isso?", então você poderia se sentir inclinado a responder: "É claro. Por que eu não teria querido dizer o que disse?".

No primeiro caso, estaremos inclinados a falar de um sentimento característico de realmente querer dizer o que dissemos, mas não no segundo. Compare, também, mentir nesses dois casos. No primeiro caso, estaríamos inclinados a dizer que mentir consistia em dizer o que dissemos, mas sem os sentimentos apropriados ou, até mesmo, com os sentimentos opostos. Se mentimos quando demos a informação [108] a respeito do trem, provavelmente teríamos experiências diferentes, enquanto dávamos a informação, daquelas que temos ao dar informações verdadeiras, mas a diferença aqui não consistiria na ausência de um sentimento característico, e sim, talvez, simplesmente na presença de um sentimento de desconforto.

É até mesmo possível que, quando mentimos, tenhamos uma experiência bastante forte daquilo que poderia ser chamado de o traço característico de realmente querer dizer o que dizemos, – e ainda assim, em certas circunstâncias, e talvez nas circunstâncias usuais, nos referimos exatamente a essa experiência quando dizemos "Eu realmente quis dizer o que disse", porque os casos em que algo poderia desmentir essas experiências não são relevantes aqui. Em muitos casos, portanto, estamos inclinados a dizer "Realmente querer dizer o que digo" significa ter tais e tais experiências enquanto o digo.

Se, com "acreditar", queremos nos referir a uma atividade, a um processo que ocorre enquanto dizemos que acreditamos, podemos dizer que acreditar é algo semelhante, ou idêntico, a expressar uma crença.

8. É interessante levar em conta uma objeção a isso: E se eu dissesse "Acredito que vai chover" (realmente querendo dizer o que digo) e alguém quisesse explicar a um francês que não entende português em que é que eu acreditava? Nesse caso, você poderia dizer que, se tudo o que ocorreu quando acreditei naquilo em que acreditei foi que eu disse aquela frase, o francês deveria saber aquilo em que acredito se você lhe disser as palavras exatas que usei, ou se você disser: "*Il croit* 'Vai chover'". Ora, é evidente que isso não lhe dirá aquilo em que acredito e, consequentemente, você poderia dizer que falhamos em lhe comunicar precisamente o que era essencial, meu verdadeiro ato mental de acreditar. – Mas a resposta é que, mesmo se minhas palavras tivessem sido acompanhadas por [109] todo tipo de experiências, e se pudéssemos ter transmitido essas experiências ao francês, ele ainda assim não teria sabido aquilo em que eu acreditava. Pois "saber aquilo em que acredito" simplesmente não quer dizer: sentir o que sinto no exato momento em que o digo; assim como saber qual é minha intenção com este lance em nosso jogo de xadrez não quer dizer saber meu exato estado mental enquanto estou fazendo o lance. Embora, ao mesmo tempo, conhecer esse estado mental pudesse oferecer a você, em certos casos, informações bastante precisas acerca da minha intenção.

Nós diríamos ter contado ao francês aquilo em que eu acreditava caso traduzíssemos minhas palavras para a língua francesa. E *poderia* ser o caso que, com isso, não lhe contássemos nada – nem mesmo indiretamente – acerca do que aconteceu "em mim" quando expressei minha crença. Ao contrário, nós lhe indicamos uma frase que, em sua língua, ocupa uma posição semelhante à que a minha frase ocupa na língua portuguesa. – Mais uma vez, seria possível dizer que, ao menos em certos casos, nós poderíamos lhe ter dito de modo muito mais exato aquilo em que eu acreditava caso ele se sentisse confortável com a língua portuguesa, pois nesse caso ele teria sabido exatamente o que aconteceu dentro de mim quando eu falei.

Usamos as expressões "querer dizer", "acreditar", "ter a intenção" de tal maneira que elas se referem a certos atos, a certos estados mentais, dadas certas circunstâncias; assim como, com a expressão "dar o xeque-mate em alguém", nós nos referimos ao ato de tomar seu rei. Se, por outro lado, alguém que estivesse brincando com peças de xadrez, digamos, uma criança, colocasse algumas delas sobre um tabuleiro e realizasse os movimentos de tomar um rei, não diríamos que essa criança deu xeque-mate em ninguém. – E aqui, também, poderíamos pensar que aquilo que distinguia esse [110] caso do verdadeiro xeque-mate era aquilo que acontecia na mente da criança.

Suponha que eu tivesse feito um lance no xadrez e que alguém me perguntasse "Você tinha a intenção de dar xeque-mate nele?", eu respondo "Eu tinha", e a pessoa agora me pergunta "Como você pode saber que tinha, já que tudo o que você *sabia* era o que acontecia dentro de você quando fez o lance?", eu poderia responder "*Nestas* circunstâncias isso era ter a intenção de dar xeque-mate nele".

9. Aquilo que vale para "querer dizer" vale para "pensar". – Muito frequentemente achamos impossível pensar sem falar em voz baixa para nós mesmos, – e ninguém a quem se pedisse para descrever o que aconteceu nesse caso jamais diria que algo – o pensamento – acompanhou sua fala, caso não fosse

levado a fazer isso pelo par de verbos "falar"::"pensar",[50] e por muitas das nossas frases usuais em que o uso desses verbos se dá de modo paralelo. Considere estes exemplos: "Pense antes de falar!", "Ele fala sem pensar", "O que eu disse não expressou bem meu pensamento", "Ele diz uma coisa e pensa exatamente o oposto", "Eu realmente não quis dizer nenhuma palavra do que eu disse", "A língua francesa usa as palavras na ordem em que as pensamos".

Caso se possa falar, em tal situação, de alguma coisa que acompanha a fala, seria algo como a modulação da voz, as mudanças de timbre, a ênfase e coisas semelhantes, todas as quais se poderiam chamar de meios de expressividade. Alguns deles, como o tom da voz e a ênfase, não seriam chamados por ninguém, por razões óbvias, de acompanhamentos da fala; e ninguém sonharia em chamar de pensamento meios de expressividade como o uso de expressões faciais ou de gestos, dos quais se pode dizer que acompanham a fala.

10. Voltemos ao nosso exemplo do uso de "mais claro" e [111] "mais escuro" para objetos coloridos e as vogais. Uma razão que gostaríamos de dar para dizer que aqui temos dois usos diferentes, e não um, é esta: "Nós não pensamos que as expressões 'mais escuro', 'mais claro' realmente se adéquam à relação entre as vogais, apenas sentimos um parentesco entre a relação dos sons e as cores mais escuras e mais claras". Agora, se você deseja ver que tipo de sentimento é esse, tente imaginar que, sem uma introdução prévia, você pedisse a alguém: "Diga as vogais a, e, i, o, u, ordenando-as da mais clara para a mais escura". Caso eu fizesse isso, certamente o diria

50. Seguimos o tiposcrito de base. A edição de Rhees substitui o sinal "::" pelo sinal "/".

num tom diferente daquele em que diria "Arranje estes livros, ordenando-os do mais claro para o mais escuro", ou seja, eu o diria de maneira hesitante, num tom semelhante ao de "Não sei bem se você me entendeu", talvez sorrindo de maneira zombeteira enquanto o digo. E isso descreve meu *sentimento*, se é que faz alguma coisa.

E isso me leva ao seguinte ponto: Quando alguém me pergunta "Qual a cor daquele livro ali?", e eu digo "Vermelho", e então ele pergunta "O que fez você chamar essa cor de 'vermelho'?", na maioria dos casos eu teria de dizer: "Nada me *faz* chamá-la de vermelho; ou seja, nenhuma *razão*. Eu simplesmente olhei para ela e disse 'É vermelho'". Estamos, então, inclinados a dizer: "Certamente isso não é tudo o que aconteceu; pois eu poderia olhar para uma cor e dizer uma palavra e, ainda assim, não nomear a cor". E, então, estamos inclinados a prosseguir, dizendo: "A palavra 'vermelho', quando a pronunciamos nomeando a cor para a qual olhamos, *nos vem de um modo específico*". Mas, ao mesmo tempo, se nos perguntassem "Você é capaz de descrever o que quer dizer com isso?" – não nos sentiríamos preparados para dar *qualquer* descrição. Suponha que agora perguntássemos: "Você acaso se lembra, de todo modo, que o nome da cor [112] lhe vinha sempre *daquele modo específico* quando nomeava cores em ocasiões anteriores?" – ele teria de admitir que não se lembrava de um modo específico no qual isso sempre acontecia. De fato, poderíamos facilmente fazê-lo ver que nomear uma cor poderia ser acompanhado de todo tipo de experiências diferentes. Compare casos como estes: *a*) Coloco um pedaço de ferro no fogo para aquecê-lo até a temperatura de vermelho vivo. Estou lhe pedindo que fique atento ao ferro e quero que você me diga, de tempos em tempos, qual *temperatura* ele alcançou. Você olha e diz: "Está começando a ficar vermelho vivo". *b*) Estamos num cruzamento e digo: "Fique atento ao farol verde.[51] Quando ele acender, avise-me e vou atravessar correndo". Faça a si mesmo esta pergunta: Se em tal caso você grita "Verde!" e, em outro, "Corra!", será que essas palavras lhe vêm do mesmo modo ou de modos diferentes? Será que se pode dizer qualquer coisa de geral a esse respeito? *c*) Pergunto a você: "Qual a cor do pedaço de pano que você tem na mão?" (e eu não consigo vê-lo). Você pensa: "Como é mesmo que isso se chama? Será que é 'azul da Prússia' ou 'índigo'?".

Ora, é bastante notável que quando dizemos, durante uma conversa filosófica, "O nome de uma cor nos vem de um modo específico", não nos preocupamos em pensar a respeito dos muitos casos e das muitas maneiras diferentes em que tal nome nos vem. – E nosso principal argumento, com efeito, é este: que nomear a cor é diferente de apenas pronunciar uma palavra, em uma ocasião diferente, enquanto olhamos para uma cor. Assim, poderíamos dizer: "Suponha que contássemos alguns objetos dispostos sobre nossa mesa, um objeto azul, um objeto vermelho, um objeto branco e um objeto preto, – olhando sucessivamente para cada um deles, dizemos: 'Um, dois, três, [113] quatro'. Será que não é fácil perceber que algo diferente acontece nesse caso, quando pronunciamos essas palavras, do que aconteceria se tivéssemos de dizer a alguém as cores dos objetos? E será que não poderíamos ter dito, tão justificadamente quanto antes, 'Quando dizemos os numerais, nada acontece além de apenas dizê-los enquanto olhamos para o objeto'?". – Duas respostas, agora, podem ser dadas a isso: Em primeiro lugar, sem dúvida, contar os objetos será acompanhado por uma experiência diferente daquela de nomear suas cores, ao menos na grande maioria dos casos. E é fácil descrever aproximadamente qual será a diferença. Ao contar, conhecemos certo gesto,

51. No tiposcrito de base, a expressão usada é "farol vermelho" [*red light*]. Seguimos a intervenção de Rhees.

por exemplo, ir marcando os números com os dedos ou com acenos da cabeça. Há, por outro lado, uma experiência que se poderia chamar de "concentrar a atenção na cor", obtendo sua plena impressão. E são esses os tipos de coisas de que nos lembramos quando dizemos: "É fácil perceber que algo diferente acontece quando contamos os objetos e quando nomeamos suas cores". Mas não é de modo algum necessário que certas experiências peculiares, características em maior ou menor medida do contar, tenham lugar enquanto estamos contando, nem que o fenômeno peculiar de ficar olhando fixamente para a cor tenha lugar quando olhamos para o objeto e nomeamos sua cor. É verdade que os processos de contar quatro objetos e de nomear suas cores, tomados como um todo, serão diferentes, ao menos na maioria dos casos, e é *isso* o que nos chama a atenção; mas isso não significa, de modo algum, que nós saibamos que algo diferente acontece, toda vez, nesses dois casos, quando pronunciamos, por um lado, um numeral e, por outro, o nome de uma cor. [114]

Quando filosofamos a respeito desse tipo de coisa, nós quase invariavelmente fazemos algo do tipo: Repetimos para nós mesmos uma certa experiência, digamos, ao olhar fixamente para certo objeto e tentar "extrair", por assim dizer, o nome de sua cor. E é bastante natural que, fazendo isso repetidas vezes, estejamos inclinados a dizer: "Alguma coisa peculiar acontece enquanto dizemos a palavra 'azul'". Pois estamos cientes de passar, repetidas vezes, pelo mesmo processo. Mas pergunte a si mesmo: Será que esse também é o processo pelo qual usualmente passamos quando, em várias ocasiões – não quando filosofamos –, nomeamos a cor de um objeto?

11. Também encontramos o problema de que estamos tratando quando pensamos a respeito da volição, da ação deliberada e da ação involuntária. Pense, digamos, nestes exemplos: Eu delibero

se irei ou não levantar certo objeto um tanto pesado, decido fazê-lo, então aplico minha força sobre ele e o levanto. Aqui, você pode dizer, você tem um caso acabado de querer e de ação intencional. Compare esse com um caso como o de estender a um homem um fósforo aceso depois de tê-lo usado para acender o próprio cigarro e perceber que ele deseja acender o seu; ou, ainda, o caso de mover sua mão enquanto escreve uma carta, ou mover sua boca, laringe etc. enquanto fala. – Ora, quando chamei o primeiro exemplo de um caso acabado de querer, usei deliberadamente essa expressão desencaminhadora. Pois essa expressão indica que a pessoa está inclinada, ao pensar a respeito da volição, a ver esse tipo de exemplo como aquele que exibe mais claramente a característica típica do querer. Tomam-se as próprias ideias, e a própria linguagem, a respeito da volição a partir desse tipo de exemplo e se pensa que eles necessariamente se aplicam – mesmo que não de modo tão [115] óbvio – a todos os casos que se podem chamar propriamente de casos de querer. – É o mesmo caso que encontramos muitas e muitas vezes: As formas de expressão de nossa linguagem ordinária se adéquam, do modo mais óbvio, a certas aplicações muito especiais das expressões "querer", "pensar", "querer dizer", "ler" etc. etc. E, desse modo, poderíamos ter chamado o caso em que um homem "primeiro pensa e depois fala" de o caso acabado de pensar, e o caso em que um homem soletra as palavras que está lendo de o caso acabado de ler. Falamos de um "ato de volição" como diferente da ação desejada e, em nosso primeiro exemplo, há muitos atos diferentes que distinguem claramente esse caso daquele em que tudo o que acontece é que a mão e o objeto se levantam: há as preparações – deliberação e decisão –, há o esforço de levantar. Mas onde é que encontramos os análogos a esses processos em nossos demais exemplos e em inúmeros outros que poderíamos ter dado?

Ora, por outro lado, já foi dito que quando um homem, digamos, sai da cama pela manhã, tudo o que acontece pode ser isto: ele delibera "Será que já é hora de me levantar?", tenta se decidir e então, de repente, *ele se dá conta de que está se levantando*. Descrever a situação dessa maneira enfatiza a ausência de um ato de volição. Mas em primeiro lugar: onde é que encontramos o protótipo[52] de tal coisa, isto é, como é que chegamos à ideia de um tal ato? Creio que o protótipo do ato de volição é a experiência de esforço muscular. – Bem, há algo na descrição anterior que nos tenta a nos opor a ela; nós dizemos: "Não é que nós apenas [116] nos 'damos conta', que apenas nos observamos nos levantando da cama, como se observássemos alguma outra pessoa: Não é como, digamos, assistir a certas ações reflexas. Caso, por exemplo, eu me coloque próximo à parede, de lado, com o braço que está perto da parede estendido para baixo, as costas da mão tocando a parede, e se agora, mantendo o braço rígido, eu pressiono as costas da mão com força contra a parede, fazendo tudo isso por meio do músculo deltoide, e se então eu rapidamente me afasto da parede, deixando meu braço penso, relaxado, meu braço começa a se erguer por si só, sem qualquer ação minha; esse é o tipo de caso em que seria adequado dizer: 'Eu me *dou conta* de que meu braço está se erguendo'.".

Ora, aqui novamente está claro que há muitas diferenças notáveis entre os casos de observar meu braço se erguendo nesse experimento ou assistir a uma outra pessoa se levantando da cama e o caso de me dar conta de que eu mesmo estou me levantando da cama. Há nesse caso, por exemplo, uma perfeita ausência daquilo que se poderia chamar de surpresa, e eu também não *olho* para meus próprios movimentos da mesma maneira como poderia olhar para alguém que se vira na cama, por exemplo, dizendo a mim mesmo: "Será que ele vai se levan-

52. No tiposcrito de base, o termo "protótipo" [*prototype*] aparece sobreposto ao termo "paradigma" [*paradigm*], ambos datilografados. Seguimos a edição de Rhees.

tar?". Há uma diferença entre o ato voluntário de se levantar da cama e o erguer-se involuntário do meu braço. Mas não há uma única diferença que seja comum entre os assim chamados atos voluntários e involuntários, a saber, a presença ou ausência de um elemento, o "ato de volição".

A descrição de se levantar em que um homem diz "Eu simplesmente me dou conta de que estou me levantando" sugere que ele deseja dizer que *observa* a si mesmo se levantando. E certamente podemos dizer que uma atitude de observar está ausente nesse caso. Mais uma vez, porém, a atitude de se levantar não é um único estado mental contínuo, ou [117] coisa parecida, no qual estamos durante todo o tempo em que, como diríamos, estamos observando. Pelo contrário, há uma família de grupos de atividades e experiências que chamamos de atitudes de observar. Aproximadamente falando, poderíamos dizer que há elementos observacionais de curiosidade, surpresa e expectativa observadora, e que há, nós diríamos, expressões faciais e gestos de curiosidade, de expectativa observadora e de surpresa; e caso você concorde que há mais de uma expressão facial característica de cada um desses casos, e que esses casos podem ocorrer sem qualquer expressão facial característica, você admitirá que a cada uma dessas três palavras corresponde uma *família* de fenômenos.

12. Se eu tivesse dito "Quando eu lhe disse que o trem partiria às 3h30, acreditando que esse era o caso, nada aconteceu além de eu simplesmente ter pronunciado a frase", e se alguém se opusesse dizendo "Certamente isso não poderia ter sido tudo, já que você poderia 'simplesmente dizer uma frase' sem acreditar nela", – minha resposta seria "Eu não desejava dizer que não havia diferença entre falar acreditando no que você diz e falar sem acreditar no que você diz; mas o par 'acreditar'::'não acreditar' se refere a várias diferenças em diferentes casos (diferenças que

formam uma família), e não a uma única diferença, aquela entre a presença e a ausência de um certo estado mental".

13. Consideremos várias características dos atos voluntários e involuntários. Quando se trata de levantar o objeto pesado, as várias experiências de esforço são, obviamente, bastante características do caso em que se levanta voluntariamente o objeto. Por outro lado, compare esse caso com o de escrever voluntariamente, em que na maioria [118] dos casos ordinários não haverá esforço algum; e mesmo se sentimos que a escrita cansa nossas mãos e tensiona nossos músculos, essa não é a experiência de "puxar" e "empurrar", as quais nós chamaríamos de ações voluntárias típicas. Compare ainda o caso em que você levanta sua mão ao levantar um objeto e aquele em que você levanta sua mão, por exemplo, ao apontar para algum objeto acima de você. Esse certamente será considerado um ato voluntário, embora o elemento de esforço vá estar, de modo muito provável, totalmente ausente; de fato, esse ato de erguer o braço para apontar para um objeto é muito semelhante ao de erguer o olho para olhar o mesmo objeto, e aqui dificilmente conseguimos imaginar um esforço. – Descrevamos agora um ato de erguer involuntariamente seu braço. Há o caso do nosso experimento, o qual era caracterizado pela absoluta ausência de esforço muscular e, também, por nossa atitude observadora em relação ao ato de levantar o braço. Mas acabamos de ver um caso no qual o esforço muscular estava ausente, e há casos nos quais chamaríamos uma ação de voluntária, embora assumamos uma atitude observadora em relação a ela. Em uma grande classe de casos, porém, é a peculiar impossibilidade de assumir uma atitude observadora em relação a certa ação o que a caracteriza como voluntária: Tente, por exemplo, observar sua mão se erguendo quando você a ergue voluntariamente. É óbvio que você a *vê* se erguendo quando faz isso, digamos, no experimento; mas,

de algum modo, você não consegue segui-la da mesma maneira com seu olho. Isso pode ficar mais claro se você comparar dois casos diferentes de seguir linhas sobre um pedaço de papel com seu olho; *A*) algum tipo de linha irregular como esta:

,

B) uma frase escrita. Você descobrirá que em *A*) o olho, por assim dizer, alterna entre avançar e empacar, ao passo que, [119] ao ler uma frase, ele vai deslizando suavemente.

Considere agora um caso no qual nós efetivamente assumimos uma atitude observadora em relação a uma ação voluntária, refiro-me ao caso bastante instrutivo de tentar desenhar um quadrado com suas diagonais, colocando um espelho sobre o papel e conduzindo sua mão com base no que está vendo ao olhar para ela no espelho. E aqui estamos inclinados a dizer que nossas verdadeiras *ações*, aquelas às quais a volição aplica-se *imediatamente*,[53] não são os movimentos da nossa mão, e sim qualquer coisa mais distante, digamos, as ações dos nossos músculos. Estamos inclinados a comparar esse caso com o seguinte: Imagine que tivéssemos uma série de alavancas diante de nós, por meio das quais pudéssemos, valendo-nos de um mecanismo escondido, direcionar um lápis capaz de desenhar sobre uma folha de papel. Poderíamos então ficar em dúvida a respeito de qual alavanca puxar para obter o movimento desejado do lápis; e poderíamos dizer que *nós deliberadamente* puxamos essa alavanca específica, embora não tenhamos deliberadamente produzido o resultado incorreto que, desse modo, produzimos. Mas essa comparação,

53. No tiposcrito de base, encontra-se a seguinte variante: "pelas quais a volição é imediatamente responsável". A variante aparece depois de um sinal de barra dupla (//). Seguimos a edição de Rhees.

embora se ofereça facilmente, é muito desencaminhadora. Pois, no caso das alavancas que víamos diante de nós, havia algo que podíamos chamar de decidir qual delas iríamos puxar antes de puxá-la. Mas será que a nossa volição, por assim dizer, toca sobre um teclado de músculos, escolhendo qual deles usar em seguida? – É característico de algumas ações que chamamos de deliberadas que nós, em algum sentido, "saibamos o que iremos fazer" antes de o fazer. Nesse sentido, dizemos que sabemos para qual objeto iremos apontar, e aquilo que poderíamos chamar de "o ato de saber" poderia consistir em olhar para o objeto antes de apontar para ele ou em descrever sua posição por meio de palavras ou [120] imagens. Poderíamos, agora, descrever nossa ação de desenhar o quadrado usando o espelho dizendo que nossos atos eram deliberados no que diz respeito a seu aspecto motor, mas não no que diz respeito a seu aspecto visual. Isso seria demonstrado, por exemplo, por nossa habilidade de repetir um movimento da mão que havia produzido um resultado incorreto quando nos mandassem fazê-lo. Mas seria obviamente absurdo dizer que essa característica motora do movimento voluntário consistia no fato de que sabíamos de antemão o que iríamos fazer, como se tivéssemos tido uma imagem da sensação cinestésica diante de nossa mente e decidido produzir essa sensação. Lembre-se do experimento da p. 62;[54] se aqui, em vez de apontar à distância para o dedo que você ordena que o sujeito mexa, você toca aquele dedo, o sujeito sempre irá movê-lo sem a menor dificuldade. E aqui é tentador dizer: "É claro que consigo movê-lo agora, pois agora eu sei qual dedo você está pedindo que eu mova". Isso faz parecer como se agora eu tivesse mostrado a você qual músculo contrair

54. Reproduzimos aqui o texto do tiposcrito de base. A edição de Rhees, que não utiliza a paginação original, recorre ao seguinte texto: "Lembre-se do experimento em que o sujeito entrelaça seus dedos".

para produzir o resultado desejado. A expressão "é claro" faz parecer como se, ao tocar seu dedo, eu tivesse lhe dado uma informação que lhe dizia o que fazer. (Como se normalmente, quando você diz a um homem para mover tal e tal dedo, ele conseguisse seguir sua ordem por saber como produzir o movimento.)

(É interessante pensar, aqui, no caso de sugar um líquido por meio de um canudo; caso lhe perguntassem com que parte do corpo você sugou, você estaria inclinado a dizer que com sua boca, embora o trabalho tenha sido feito pelos músculos com os quais você inspira.)

Perguntemos a nós mesmos, agora, o que chamaríamos de "falar [121] involuntariamente". Note em primeiro lugar que, em geral, quando você fala, voluntariamente, você não descreveria o que acontece dizendo que, por um ato de volição, você move sua boca, língua, laringe etc. como meio de produzir certos sons. O que quer que aconteça em sua boca, laringe etc., e quaisquer que sejam as sensações que você tenha nessas partes do corpo enquanto fala, tudo isso pareceriam ser quase fenômenos secundários que acompanham a produção dos sons, e a volição, assim desejamos dizer, opera sobre os próprios sons, sem mecanismo intermediário. Isso mostra quão frouxa é nossa ideia dessa "volição" como agente.

Passemos agora ao falar involuntário. Imagine que você tivesse de descrever um caso como esse, – o que você faria? Evidentemente, há o caso de falar durante o sono; isso é caracterizado pelo fato de que o fazemos sem estar cientes de que o fazemos e sem lembrar que o fizemos.[55] Mas você não chamaria isso, é claro, de um traço característico das ações involuntárias.

55. No tiposcrito de base, aparece, sobrescrita e datilografada, a seguinte variante: "o traço característico, aqui, é que você não sabe nada a respeito disso enquanto está ocorrendo, e depois não se lembra de tê-lo feito". Seguimos a edição de Rhees.

Suponho que um exemplo melhor de falar involuntariamente seria aquele de exclamações involuntárias: "Oh!", "Socorro!" e coisas assim, e tais expressões são semelhantes a berrar de dor. (Isso, aliás, poderia nos levar a pensar acerca de "palavras como expressões de sentimentos".) Alguém poderia dizer: "Esses são, certamente, bons exemplos de fala involuntária, pois nesses casos não apenas não há o ato de volição por meio do qual falamos, mas em muitos casos expressamos essas palavras *contra* nossa vontade". Eu diria: Eu certamente chamaria isso de falar involuntário; e concordo que um ato de volição, preparatório ou acompanhando essas palavras, está ausente, – desde que por "ato de volição" você se refira a certos atos de [122] intenção, premeditação ou esforço. Até aí, porém, em muitos casos de ação voluntária não sinto um esforço, muito do que digo voluntariamente não é premeditado, e não tenho conhecimento de quaisquer atos de intenção que o precedam.

Gritar de dor contra nossa vontade poderia ser comparado a erguer o braço contra nossa vontade quando uma pessoa o força para cima enquanto lutamos contra ela. Mas é importante notar que a vontade – ou, deveríamos dizer, o "desejo" – de não gritar é vencida de um modo diferente daquele em que nossa resistência é vencida pela força do oponente. Quando gritamos contra nossa vontade, somos, por assim dizer, tomados de surpresa; como se alguém forçasse nossas mãos para cima ao pressionar inesperadamente uma arma contra nossas costelas, ordenando: "Mãos ao alto!".

14. Considere agora o seguinte exemplo, que é de grande auxílio em todas essas considerações: Para ver o que acontece quando se entende uma palavra, jogamos este jogo: Você tem uma lista de palavras, essas palavras são, em parte, palavras

de minha língua nativa, em parte, palavras de línguas estrangeiras que me são mais ou menos familiares, em parte, palavras de línguas que me são inteiramente desconhecidas (ou, o que dá no mesmo, palavras sem sentido, inventadas para essa ocasião). Algumas das palavras de minha língua nativa, por sua vez, são palavras de uso ordinário, cotidiano; e algumas delas, como "casa", "mesa", homem", são aquilo que poderíamos chamar de palavras primitivas, uma vez que estão entre as primeiras palavras que uma criança aprende, e algumas delas, por sua vez, palavras da fala de bebês, como "Mamã", "Papá". Há, ainda, termos técnicos mais ou menos comuns, como "carburador", "dínamo", "fusível"; etc. etc. Todas essas palavras são lidas em voz alta para mim, e depois de cada uma tenho de dizer "Sim" ou "Não", a depender de se entendo a palavra ou [123] não. Em seguida, tento me lembrar do que aconteceu em minha mente quando entendi as palavras que entendi e quando não entendi as outras. E aqui, mais uma vez, será útil considerar a expressão facial e o tom de voz específicos com os quais eu digo "Sim" e "Não", paralelamente aos assim chamados eventos mentais. – Ora, pode nos causar surpresa descobrir que, embora esse experimento vá nos mostrar uma grande variedade de experiências características diferentes, ele não nos mostrará nenhuma experiência que estaríamos inclinados a chamar de a experiência de entender. Haverá experiências como estas: Escuto a palavra "árvore" e digo "Sim", com o tom de voz e a sensação de "É claro". Ou ouço "corroboração" – digo a mim mesmo "Vejamos", lembrando-me vagamente de um caso que venha em meu auxílio, e digo "Sim". Ouço "engenhoca", imagino o homem que sempre usou essa palavra, e digo "Sim". Ouço "Mamã", isso me soa engraçado e infantil, – "Sim". Uma palavra estrangeira que muito frequentemente irei traduzir para o português em minha mente antes de responder. Ouço "espintariscópio"[56] e digo a mim mesmo "Deve ser algum tipo de instrumento científico", talvez tentando imaginar seu significado a partir do modo como a palavra é composta, falho, e digo "Não". Em outro caso eu poderia dizer a mim mesmo: "Soa como chinês" – "Não". Etc. Haverá, por outro lado, uma ampla classe de casos em que não estou ciente de nada acontecendo, exceto que ouço a palavra e digo a resposta. E também haverá casos em que me lembro de experiências (sensações, pensamentos), as quais, como eu poderia dizer, não tinham absolutamente nada a ver com a palavra. Assim, entre as experiências que posso descrever, haverá uma classe que eu poderia chamar de experiências típicas de entender e algumas de experiências típicas de [124] não entender. Em oposição a essas, porém, haverá uma ampla classe de casos em que eu teria de dizer: "Eu não tenho conhecimento de absolutamente nenhuma experiência específica, eu simplesmente disse 'Sim' ou 'Não'.".

Ora, se alguém dissesse "Mas certamente algo aconteceu quando você entendeu a palavra 'árvore', a menos que você estivesse completamente distraído quando disse 'Sim'", eu poderia estar inclinado a refletir e dizer a mim mesmo: "Será que não tive uma espécie de sentimento familiar quando me foi dita a palavra 'árvore'?". Até aí, porém, será que sempre tenho esse sentimento a que acabei de me referir quando ouço essa palavra ser usada ou quando eu mesmo a uso, será que me lembro de ter tido esse sentimento, será que lembro até mesmo de um conjunto de, digamos, cinco sensações, uma das quais eu tive em todas as ocasiões em que se pode dizer que entendi a palavra? Além disso, será que aquele "sentimento familiar" a que

56. Instrumento inventado em 1903 por William Crookes para estudar a radioatividade nuclear, atualmente quase em desuso.

me referi não é uma experiência bastante característica da situação específica em que estou no momento, vale dizer, a de filosofar a respeito de "entender"?

Evidentemente, no nosso experimento, dizer "Sim" ou dizer "Não" poderiam ser chamados de experiências características de entender ou não entender, mas e se simplesmente ouvimos uma palavra em uma frase num caso em que minha reação a essa palavra não está de modo algum em questão? – Encontramo-nos aqui em uma dificuldade curiosa: por um lado, parece que não temos nenhuma razão para dizer que, em todos os casos nos quais entendemos uma palavra, certa experiência específica – ou mesmo uma experiência de um conjunto de experiências – está presente. Por outro lado, podemos sentir que é inteiramente errado dizer que, em casos como esse, pode ser que tudo o que acontece é que eu ouço ou digo a palavra. Pois parece que isso equivaleria a dizer que em parte do tempo nós agimos como meros autômatos. E a resposta é que, em certo sentido, é isso o que fazemos, e, em outro sentido, não. [125]

Caso alguém tenha falado comigo exibindo expressões faciais gentis, será que é necessário que, em qualquer breve intervalo que seja, seu rosto tenha apresentado um aspecto tal que, de olhar para ele, em quaisquer outras circunstâncias, eu teria chamado sua expressão de inequivocamente gentil? E, se não é assim, será que isso significa que suas "expressões gentis" eram interrompidas por períodos de inexpressividade? – Nós certamente não diríamos isso nas circunstâncias que estou supondo, e não sentimos que a aparência do rosto, nesse momento, interrompe a expressividade, embora, tomada isoladamente, a chamássemos de inexpressiva.

Do mesmo modo, com a expressão "entender uma palavra", não nos referimos necessariamente àquilo que acontece enquanto a dizemos ou ouvimos, mas ao conjunto das circunstâncias envolvidas no evento de dizê-la. Isso também se aplica ao caso em que dizemos que alguém fala como um autômato ou como um papagaio. Falar com entendimento certamente difere de falar como um autômato, mas isso não significa que, no primeiro caso, o falar esteja acompanhado, todo o tempo, de algo que, no segundo caso, está faltando. Do mesmo modo como, quando dizemos que duas pessoas se movem em círculos diferentes, isso não significa que elas não possam passear por ruas nos mesmos arredores.

Assim também, agir voluntariamente (ou involuntariamente) é, em muitos casos, caracterizado como tal pela grande variedade de circunstâncias em que a ação ocorre, e não por uma experiência que trataríamos como aquilo que é característico da ação voluntária. E, nesse sentido, é verdadeiro dizer que o que aconteceu quando eu me levantei da cama – nos casos em que eu certamente não chamaria essa ação de involuntária – foi que, de repente, eu me dei conta de que estava me levantando. Ou melhor, esse é um [126] caso possível; pois, evidentemente, algo diferente acontece a cada dia.

15. As dificuldades com que estamos às voltas desde o §7[57] estavam todas estreitamente conectadas ao uso da palavra "específico". Estivemos inclinados a dizer que, ao ver objetos familiares, temos um sentimento específico, que a palavra "vermelho" nos veio de um modo específico quando reconhecemos a cor como vermelha, que tivemos uma experiência específica quando agimos voluntariamente.

Ora, o uso da palavra "específico" é propício a produzir certo tipo de ilusão e, falando de modo aproximado, essa ilusão é

57. No tiposcrito de base, lê-se "... desde)". A referência fica em aberto, provavelmente para ser completada mais tarde. Seguimos a intervenção de Rhees.

produzida pelo duplo uso dessa palavra. Por um lado, como podemos dizer, ela é usada como preâmbulo para uma especificação, descrição, comparação; por outro lado, como aquilo que se poderia descrever como uma ênfase. Chamarei o primeiro uso de transitivo, o segundo de intransitivo. Assim, por um lado, eu digo: "Este rosto me causa uma impressão específica que não consigo descrever". A última frase pode significar algo como: "Este rosto me causa uma forte impressão". Esses exemplos talvez se tornem mais marcantes caso substituamos a palavra "específico" por "peculiar". Pois os mesmos comentários se aplicam a "peculiar". Se digo "Este sabão tem um cheiro peculiar: é do tipo que usávamos quando crianças", a palavra "peculiar" pode ser usada como uma mera introdução para a comparação que a segue, como se eu dissesse: "Deixe-me dizer a você com que se parece o cheiro deste sabão: . . . .". Se, por outro lado, digo "Este sabão tem um cheiro *peculiar*!" ou "Ele tem um cheiro muito peculiar", "peculiar" aqui ocupa o lugar de expressões como "extraordinário", "incomum", "marcante".

Poderíamos perguntar: "Acaso você disse que ele tem um cheiro peculiar, por [127] oposição a nenhum cheiro peculiar, ou que ele tinha esse cheiro por oposição a algum outro cheiro, ou você desejava dizer tanto o primeiro como o segundo?". – Ora, o que é que acontecia quando, ao filosofar, eu dizia que a palavra "vermelho" me vinha de um modo específico quando eu descrevia algo que via como vermelho? Será que eu estava descrevendo o modo como a palavra "vermelho" me veio, como que dizendo "Ela sempre me vem mais rapidamente do que a palavra 'dois' quando estou contando objetos coloridos" ou "Ela sempre me vem com um choque" etc.? – Ou acaso eu desejava dizer que "vermelho" me vem de um modo marcante? – Tampouco isso, exatamente. Mas certamente antes o segundo que o primeiro. Para ver isso de modo mais claro, considere um outro exemplo: Você está, de modo evidente, mudando a posição do seu corpo constantemente ao longo do dia; paralise-se em qualquer uma dessas posturas (enquanto escreve, lê, conversa etc. etc.) e diga a si mesmo – da mesma maneira como diz "'Vermelho' me vem de um modo específico . . . ." – "Agora estou em uma postura específica". Você perceberá que pode dizer isso muito naturalmente. Mas será que você não está sempre em uma postura específica? E, é claro, você não queria dizer que apenas naquele momento estava em uma postura especificamente marcante. O que foi que aconteceu? Você se concentrou em suas sensações, olhou fixamente para elas, por assim dizer. E isso é exatamente o que você fez quando disse que "vermelho" lhe veio de um modo específico.

"Mas acaso eu não quis dizer que 'vermelho' me veio de um modo diferente de 'dois'?" – Talvez você tenha querido dizer isso, mas a frase "Eles me vêm de modos diferentes" é, ela própria, propensa a causar confusões. Suponha que eu dissesse "Smith e Jones sempre entram na minha sala de modos diferentes": eu poderia prosseguir e dizer "Smith entra rapidamente, Jones, [128] lentamente", estou especificando os modos. Eu poderia, por outro lado, dizer "Não sei qual é a diferença", dando a entender que estou *tentando* especificar a diferença e talvez mais tarde eu vá dizer: "Agora eu sei qual é a diferença; ela é . . .". – Eu poderia, por outro lado, dizer-lhe que eles vieram de modos diferentes, e você não saberia o que fazer com essa afirmação, e talvez respondesse: "É óbvio que eles vêm de modos diferentes; eles simplesmente *são* diferentes". – Poderíamos descrever nossa dificuldade dizendo que temos a sensação de que poderíamos dar um nome para uma experiência sem, ao mesmo tempo, nos comprometermos com o uso desse nome, e até mesmo sem absolutamente nenhuma intenção de usá-lo. Assim, quando digo que "vermelho" me vem de um modo específico . . . ., tenho a sensação de que agora poderia dar a esse modo um nome, caso ele já não tenha um, digamos, "A". Ao mesmo tempo, porém, absolutamente não estou preparado para dizer que reconheço esse como sendo o modo como "vermelho" sempre me veio em tais ocasiões, e nem mesmo para dizer que há, digamos, quatro modos, A, B, C, D, e que vermelho sempre me vem de um desses modos. Você poderia dizer que os dois modos em que "vermelho" e "dois" me vêm podem ser identificados, digamos, ao se trocar o significado das duas palavras, usando "vermelho" como o segundo número cardinal, "dois" como o nome de uma cor. Assim, caso me perguntassem quantos olhos eu tenho, eu deveria responder "vermelho", e, à questão "Qual é a cor do sangue?", "dois". Mas surge agora a questão acerca da possibilidade que você tem de identificar o "modo como essas palavras vêm" independentemente dos modos como são usadas, – refiro-me aos modos que acabei de descrever. Será que você desejava dizer que, como uma questão de experiência, a palavra, quando usada *dessa* maneira, sempre vem do modo A, mas pode, da próxima vez, vir do modo como "dois" geralmente vem? Você verá, então, que [129] não era nada disso o que você queria dizer.

O que é *específico* no modo como "vermelho" vem é que ele vem enquanto você está filosofando sobre ele, assim como aquilo que é específico a respeito da posição do seu corpo quando você se concentrou nele era a concentração. Temos a impressão de estar prestes a descrever o modo,[58] ao passo que não o estamos realmente contrastando com nenhum outro modo. Estamos enfatizando, e não comparando, mas na maneira como nos expressamos é como se essa ênfase fosse realmente uma

58. No tiposcrito de base, a expressão "descrever o modo" [*describing the way*] aparece sobreposta à expressão "dar uma caracterização do 'modo'" [*giving a characterization of the 'way'*], ambas datilografadas. Seguimos a edição de Rhees.

comparação do objeto consigo mesmo; parece haver uma comparação reflexiva. Permita-me que me expresse deste modo: suponha que eu fale a respeito do modo como **A** entra na sala, posso dizer "Eu notei o modo como **A** entra na sala", e quando me perguntam "Qual é ele?", posso responder "Ele sempre avança com a cabeça na sala antes de entrar". Aqui, estou me referindo a uma característica bem definida, e poderia dizer que **B** tinha o mesmo modo, ou que **A** não o tinha mais. Considere, por outro lado, a afirmação: "Agora tenho observado o modo como **A** se senta e fuma". Eu quero desenhá-lo assim. Nesse caso, não preciso estar pronto a dar nenhuma descrição de um traço específico de sua postura, e minha afirmação pode simplesmente querer dizer: "Eu tenho observado **A** tal como ele se sentou e fumou". – Nesse caso, "o modo" não pode ser separado dele. Se agora eu desejasse desenhá-lo tal como ele se sentou ali, e estivesse contemplando, estudando, sua postura, enquanto o faço, estaria inclinado a dizer e repetir para mim mesmo: "Ele tem um modo específico de se sentar". Mas a resposta à pergunta "Qual modo?" seria "Bem, *este* modo", e talvez se pudesse apresentá-lo desenhando os contornos característicos da sua postura. Por outro lado, minha frase "Ele tem um modo específico..." poderia [130] ter de ser traduzida simplesmente por: "Estou contemplando sua postura". Quando usamos essa formulação, nós retificamos, por assim dizer, nossa expressão; ao passo que, em sua primeira formulação, seu significado parece andar em círculos, vale dizer, a palavra "específico", aqui, parece ser usada de maneira transitiva e, mais especificamente, de maneira reflexiva, isto é, estamos considerando seu uso como um caso especial do uso transitivo. Estamos inclinados a responder à questão "Em qual modo você está pensando?" dizendo "*Neste* modo", em vez de responder: "Eu não me referia a nenhum traço específico; eu estava simplesmente contemplando sua pose".

Minha expressão fez parecer como se eu estivesse indicando algo *a respeito* do seu modo de se sentar ou, no nosso caso anterior, a respeito do modo como a palavra "vermelho" me veio, ao passo que, aqui, o que me faz usar a palavra "específico" é que, por meio da minha atitude em relação ao fenômeno, estou colocando ênfase nele: estou me concentrando nele, ou realçando seus contornos em minha mente, ou o desenhando etc.

Ora, eis uma situação característica em que nos encontramos quando pensamos acerca de problemas filosóficos. Há muitas dificuldades que surgem dessa maneira, vale dizer, que uma palavra tem um uso transitivo e um uso intransitivo, e que consideramos o último como um caso específico do primeiro, explicando a palavra, quando usada intransitivamente, por meio de uma construção reflexiva.

Assim, dizemos "Com 'quilograma', quero dizer o peso de um litro de água", "Com 'A', quero dizer 'B'", em que B é uma explicação de "A".[59] Mas há também o uso intransitivo: "Eu disse que não aguentava mais e realmente queria dizer isso". Aqui, mais uma vez, realmente querer dizer o que você disse poderia ser chamado de "realçar o que você disse", "colocar ênfase no que você disse". Mas usar a expressão "querer dizer" nessa frase faz parecer que [131] tem de fazer sentido perguntar "*O que* você quis dizer?" e responder "Com aquilo que disse, eu realmente quis dizer o que disse"; tratando o caso de "Eu realmente quero dizer o que digo" como um caso especial de "Ao dizer 'A', quero dizer 'B'". Com efeito, usa-se a expressão "Eu realmente quero dizer o que quero dizer" para expressar "Não tenho nenhuma explicação para isso". A pergunta "O que essa frase p quer dizer?", se não está pedindo uma tradução de p em outros símbolos, não tem

59. Seguimos o tiposcrito de base. A edição de Rhees altera a posição das aspas da seguinte maneira: "Com 'A', quero dizer 'B', em que B é uma explicação de A".

mais sentido do que "Qual frase é formada por essa sequência de palavras?".

Suponha que, à questão "O que é um quilograma?", eu respondesse "É o que pesa um litro de água", e alguém perguntasse: "Ora, e quanto pesa um litro de água?". —

Nós frequentemente usamos a forma reflexiva do discurso como um meio para enfatizar algo. E, em todos os casos assim, nossas expressões reflexivas podem ser "retificadas". Desse modo, usamos as expressões "Se não posso, não posso", "Sou o que sou", "Isso é simplesmente isso", e também "É o que é". Esta última expressão quer dizer algo como "Está decidido", mas por que é que nós expressaríamos "Está decidido" dizendo "É o que é"? A resposta pode ser dada dispondo à nossa frente uma série de interpretações que fazem uma transição entre as duas expressões. Assim, em vez de "Está decidido", direi "O assunto está encerrado". E essa expressão, por assim dizer, arquiva o assunto e o coloca em sua prateleira. E arquivá-lo é como desenhar uma linha ao seu redor, como às vezes desenhamos uma linha ao redor do resultado de um cálculo, marcando-o assim como definitivo. Mas isso também faz com que ele ganhe destaque, é um modo de enfatizá-lo. E o que a expressão "É o que é" faz é enfatizar o "É".

Outra expressão aparentada àquelas que acabamos de considerar [132] é esta: "Aqui está; pegue ou largue!".[60] E isso, mais uma vez, é aparentado a um tipo de afirmação introdutória que às vezes fazemos antes de indicar certas alternativas, como quando dizemos: "Ou vai chover ou não vai chover; se chover, ficaremos na minha sala, se não chover . . . . .". A primeira parte dessa frase não é uma informação (assim como "Pegue ou largue"

60. O mais natural, em português, seria usar a expressão idiomática "é pegar ou largar!". Logo na sequência, porém, Wittgenstein se refere a essa mesma frase como uma ordem, daí a necessidade de usar o imperativo.

não é uma ordem). Em vez de "Ou vai chover ou não vai chover", poderíamos ter dito "Considere os dois casos...". Nossa expressão sublinha esses casos, coloca-os diante da sua atenção.

Isso está estreitamente associado ao fato de que, ao descrever um caso como 30),[61] estejamos tentados a usar a frase "Há, *é claro*, um número além do qual ninguém da tribo jamais contou; que esse número seja . . . .". Retificada, essa frase diz: "Que o número além do qual ninguém dessa tribo jamais contou seja . . . .". A razão pela qual tendemos a preferir a primeira expressão à expressão retificada é que ela direciona nossa atenção mais intensamente ao limite superior do domínio de numerais usados por nossa tribo em sua prática efetiva.

16. Consideremos agora um caso muito instrutivo daquele uso da palavra "específico" no qual ela não aponta para uma comparação,[62] ainda que aparente muito fortemente fazê-lo, – o caso em que contemplamos a expressão de um rosto desenhado primitivamente, desta maneira:

Deixe que esse rosto produza uma impressão em você. Então você pode se sentir inclinado a dizer: "Eu certamente não vejo meros traços. Vejo um rosto com uma expressão *específica*". Mas você não quer dizer que ele tem uma expressão notável, nem o diz como introdução para uma descrição da expressão, embora [133] pudéssemos dar tal descrição e dizer, por exemplo, "Parece um homem de negócios arrogante, com ar estupidamente superior, o qual se

61. No tiposcrito de base, lê-se "30) // ou 31) (?) //", que indica hesitação na referência. Seguimos a intervenção de Rhees.

62. No tiposcrito de base, encontra-se a seguinte variante: "no qual ela não indica que eu estou fazendo uma comparação". A variante aparece depois de um sinal de barra dupla (//). Seguimos a edição de Rhees.

imagina um Don Juan, embora seja gordo". Ao dizer isso, porém, estaríamos querendo dar apenas uma descrição aproximada da expressão. "Palavras não conseguem descrevê-la exatamente", dizemos algumas vezes. Ainda assim, sentimos que aquilo que chamamos de expressão do rosto é algo que pode ser destacado do desenho do rosto. É como se pudéssemos dizer: "Esse rosto tem uma expressão específica: a saber, esta" (apontando para algo). Porém, caso eu tivesse de apontar para alguma coisa neste lugar, teria de ser o desenho[63] para o qual estou olhando. (Estamos, por assim dizer, sob uma ilusão de ótica que, por algum tipo de reflexo, nos faz pensar que há dois objetos onde há apenas um.[64] A ilusão é favorecida pelo fato de que usamos o verbo "ter", dizendo "O rosto *tem* uma expressão específica". As coisas parecem diferentes quando, em vez disso, dizemos: "Esse *é* um rosto específico". Queremos dizer que aquilo que uma coisa *é* está intimamente ligado a ela; aquilo que ela tem pode ser separado dela.)

"Este rosto tem uma expressão específica." – Estou inclinado a dizer isso quando estou tentando deixar que ele produza sua plena impressão sobre mim.

O que está acontecendo aqui é um ato, por assim dizer, de digerir a expressão, se apropriar dela, e a frase "se apropriar da expressão desse rosto" sugere que estamos nos apropriando de uma coisa que está *no* rosto e que é diferente dele. Parece que estamos procurando por algo, mas não fazemos isso no sentido de procurar por um modelo da expressão fora do rosto que estamos vendo, e sim no sentido de sondar a coisa com nossa atenção. É

63. No tiposcrito de base, o termo "desenho" [*drawing*] aparece sobreposto ao termo "rosto" [*face*], ambos datilografados. Seguimos a edição de Rhees.

64. No tiposcrito de base, no trecho que vai até o final deste parágrafo, há duas frases entre parênteses. O primeiro parêntese fecha-se aqui; o segundo abrange a última frase do parágrafo. Seguimos a intervenção de Rhees, que, por afinidade temática, tratou toda essa passagem como uma única consideração parentética.

[134] como se, ao deixar que o rosto produza uma impressão sobre mim, existisse uma cópia de sua expressão, como se a cópia fosse o protótipo da expressão e como se ver a expressão do rosto fosse encontrar o protótipo ao qual ela correspondesse – é como se, em nossa mente, houvesse um molde e a imagem que vemos caísse nesse molde, ajustando-se a ele. Na verdade, porém, deixamos que a imagem afunde em nossa mente e faça um molde ali.

Quando dizemos "Este é um *rosto*, e não meros riscos", estamos, é claro, distinguindo um desenho como

de outro como

.

E é verdade: Se você perguntar a qualquer pessoa: "O que é isso?" (apontando para o primeiro desenho), ela certamente dirá: "É um rosto", e ela será capaz de responder imediatamente a perguntas como "É um rosto masculino ou feminino?", "Sorridente ou triste?" etc. Se, por outro lado, você lhe perguntar: "O que é isso?" (apontando para o segundo desenho), ela muito provavelmente dirá "Isso não é absolutamente nada" ou "São apenas traços". Pense agora em procurar um homem em uma charada visual; ali, frequentemente acontece de que aquilo que, à primeira vista, parecem ser "meros traços" mais tarde aparece como um rosto. Em tais casos, dizemos: "Agora eu o vejo como um rosto". Deve estar bastante claro para você que isso não quer dizer que o reconhecemos como o rosto de um amigo ou que estamos sob a ilusão de ver um rosto "verdadeiro": antes, esse "vê-lo *como um rosto*" precisa ser comparado com ver este desenho

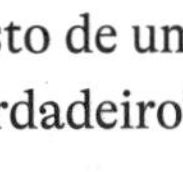

seja como um cubo, seja como uma figura plana consistindo de um quadrado e dois losangos; ou com ver isto

"como um quadrado com diagonais" ou "como uma suástica", isto é, como um caso limite disto

;

ou, ainda, com ver estes quatro pontos .... como dois pares de pontos lado a lado, [135] ou como dois pares intercalados, ou como um par dentro de outro etc.

O caso de "ver

como uma suástica" é de especial interesse porque essa expressão poderia querer dizer que estamos, de alguma maneira, sob a ilusão de ótica de que o quadrado não está totalmente fechado, de que há pequenas aberturas que distinguem a suástica de nosso desenho. Por outro lado, é bastante claro que não era isso o que queríamos dizer com "ver nosso desenho como uma suástica". Nós o vimos de uma maneira que sugeria a descrição: "Eu o vejo como uma suástica". Alguém poderia sugerir que deveríamos ter dito: "Eu o vejo como uma suástica fechada"; – mas qual a diferença, então, entre uma suástica fechada e um quadrado com diagonais? Acho que, nesse caso, é fácil reconhecer "o que acontece quando vemos nossa figura como uma suástica". Acredito que o que acontece é que acompanhamos com os olhos o contorno da figura de um modo específico, a saber, começando no centro, seguindo com os olhos ao longo de um raio, depois ao longo de um lado adjacente a ele, começando outra vez no centro, tomando o próximo raio e o próximo lado, talvez no sentido horário de rotação etc. Mas essa *explicação* do fenômeno de ver a figura como uma suástica não é de interesse fundamental para nós. Ela tem interesse para nós apenas na medida em que nos ajuda a ver que a expressão "ver a figura como uma suástica" não queria dizer ver *isto* como *aquilo*,[65] ver uma coisa como alguma outra coisa, nos casos em que, essencialmente, *dois* objetos visuais entraram nesse processo. – Do mesmo modo, ver a primeira figura como um cubo não queria dizer "tomá-la por um cubo". (Pois poderíamos nunca ter visto um cubo e, ainda assim, ter essa experiência de "vê-la como um cubo".)

E, dessa maneira, "ver traços como um rosto" não envolve [136] uma comparação entre um grupo de traços e um rosto humano verdadeiro; e, por outro lado, essa forma de expressão sugere muito fortemente que estamos aludindo a uma comparação.

Considere também este exemplo: Olhe para W uma vez "como um dábliu maiúsculo"[66] e, outra vez, como um M maiúsculo de cabeça para baixo. Observe em que consiste fazer uma coisa e fazer a outra.

Distinguimos ver um desenho como um rosto e vê-lo como alguma outra coisa ou como "meros traços". E também distinguimos entre dar uma olhada superficial em um desenho (vendo-o como um rosto) e deixar o rosto produzir sua plena impressão em nós. Mas seria estranho dizer: "Estou deixando o rosto produzir uma impressão *específica* em mim" (exceto nos casos em que se pode dizer que você pode deixar o mesmo rosto

65. Seguimos o tiposcrito de base, em que se lê "*did not mean seeing* this <u>as</u> that". A edição de Rhees traz um erro de transcrição: "*did not mean seeing* this <u>or</u> that" [não queria dizer ver *isto* ou *aquilo*].

66. Seguimos o tiposcrito de base, em que as aspas estão presentes. A edição de Rhees as eliminou.

produzir diferentes impressões em você). E, ao deixar o rosto produzir sua impressão em mim e ao contemplar sua "impressão específica", não se comparam, uma à outra, duas coisas com a multiplicidade de um rosto; há apenas *uma* que está carregada de ênfase. Ao absorver sua expressão, eu não encontro um protótipo dessa expressão na minha mente; em vez disso, eu forjo um sinete, por assim dizer, tomando por base a impressão.

E isso também descreve o que acontece quando, em 15),[67] dizemos a nós mesmos: "A palavra 'vermelho' nos vem de um modo específico...". A resposta poderia ser: "Entendi, você está repetindo para si mesmo alguma experiência e, reiteradamente, olhando para ela".

17. Podemos lançar alguma luz sobre todas essas considerações se compararmos o que acontece quando nos lembramos do rosto de alguém que adentra nossa sala, quando o reconhecemos como sendo o sr. Tal e Tal, – quando comparamos o que realmente acontece em tais casos com a representação que algumas vezes estamos inclinados a fazer dos eventos. [137] Pois aqui estamos frequentemente obcecados com uma concepção primitiva, a saber, que estamos comparando o homem que vemos com uma memória imagética em nossa mente, e então descobrimos que os dois estão de acordo. Isto é, estamos representando "reconhecer alguém" como um processo de identificação por meio de uma imagem (do mesmo modo como um criminoso é identificado por sua foto). Não preciso dizer que, na maioria dos casos em que reconhecemos alguém, não ocorre nenhuma comparação entre essa pessoa e uma imagem mental. Obviamente, o que

67. No tiposcrito de base, lê-se "... em)". A referência fica em aberto, provavelmente para ser completada mais tarde. Seguimos a intervenção de Rhees.

nos tenta a dar essa descrição é o fato de que existem memórias imagéticas. Muito frequentemente, por exemplo, uma imagem desse tipo aparece diante de nossa mente imediatamente *depois* que reconhecemos alguém. Eu o vejo tal como ele estava quando nos vimos pela última vez, dez anos atrás.

Aqui, irei mais uma vez descrever o *tipo* de coisa que acontece em sua mente, ou seja onde for, quando você reconhece uma pessoa entrando em sua sala por meio daquilo que você poderia *dizer* quando a reconhece. Ora, poderia ser simplesmente: "Olá!". E assim podemos dizer que um dos tipos de evento que acontece quando reconhecemos uma coisa que vemos consiste em dizer-lhe "Olá!" em palavras, gestos, expressões faciais etc. – E assim, também, podemos pensar que, quando olhamos para o nosso desenho e o vemos como um rosto, nós o comparamos com algum paradigma, e o primeiro concorda com o segundo, ou se encaixa em um molde que já está pronto para ele em nossa mente. Mas nenhum molde ou comparação como essa entra em nossa experiência, há apenas essa forma, e nenhuma outra com a qual compará-la e para a qual exclamar, por assim dizer, "É claro!". Do mesmo modo que, quando montamos um quebra-cabeça, um pequeno espaço permanece não preenchido em algum lugar e, então, vejo uma peça que obviamente se encaixa ali, e a coloco no lugar dizendo a mim mesmo "É claro!". Mas, aqui, dizemos "É claro!" *porque* a peça se encaixa no molde, [138] ao passo que, no nosso caso de ver o desenho como um rosto, temos a mesma atitude sem *nenhuma* razão para isso.

A mesma estranha ilusão sob a qual nos vemos quando parecemos buscar aquele algo que um rosto expressa – quando, na realidade, estamos nos rendendo às características diante de nós, – essa mesma ilusão nos possui de modo ainda mais forte se, repetindo uma melodia para nós mesmos e deixando que ela produza sua plena impressão em nós, dizemos "Essa melodia diz *algo*", e é como se eu tivesse de encontrar *o que* ela diz. E, ainda assim, eu sei que ela não diz coisa alguma que eu pudesse expressar em palavras ou imagens. E se, reconhecendo isso, eu me resigno a dizer "Ela simplesmente expressa um pensamento musical", isso não quereria dizer nada além de: "Ela expressa ela própria". – "Mas, certamente, quando você a toca, você não a toca *de qualquer maneira*, você a toca desse modo específico, fazendo um *crescendo* aqui, um *diminuendo* ali, uma cesura neste ponto etc." – Exatamente, e isso é tudo o que posso dizer a esse respeito, ou talvez seja tudo o que posso dizer a esse respeito. Pois, em certos casos, eu posso justificar, explicar a expressividade específica com a qual eu a toco, por meio de uma comparação, como quando digo "A esta altura do tema há, por assim dizer, um dois-pontos" ou "Isso é, por assim dizer, a resposta para o que veio antes" etc. (Isso, aliás, mostra com que se parecem uma "justificativa" e uma "explicação" em estética.) É verdade que posso ouvir uma melodia que me foi tocada e dizer "Não é assim que ela deve ser tocada, mas assim"; e eu a assobio em um andamento diferente. Aqui, estamos inclinados a perguntar: "Com que se parece saber o andamento em que uma peça musical deveria ser tocada?". E a ideia que se insinua é que *precisa* haver um paradigma em algum lugar de nossa mente, e que nós [139] ajustamos o andamento para nos adequarmos ao paradigma. Na maioria dos casos, porém, se alguém me perguntasse "Como você acha que essa melodia deveria ser tocada?", em resposta, eu simplesmente a assobiarei de um modo específico, e nada terá se apresentado à minha mente a não ser a melodia *efetivamente assobiada* (e não uma imagem *disso*).

Isso não quer dizer que entender subitamente um tema musical não possa consistir em encontrar uma forma de expressão verbal que eu concebo como sendo o contraponto verbal do tema. E, do mesmo modo, posso dizer "Agora entendo a expressão deste rosto", e o que aconteceu quando o entendimento me veio foi que eu encontrei a palavra que parecia resumi-la.

Considere também esta expressão: "Diga a si mesmo que isso é uma *valsa* e você irá tocá-la corretamente".

O que chamamos de "entender uma frase" tem, em muitos casos, uma semelhança muito maior com entender um tema musical do que poderíamos estar inclinados a pensar. Mas eu não quero dizer que entender um tema musical é mais parecido com a imagem que tendemos a fazer para nós mesmos de entender uma frase; o que quero dizer, na verdade, é que essa imagem está errada, e que entender uma frase é muito mais parecido com o que realmente acontece quando entendemos uma melodia do que parece à primeira vista. Pois entender uma frase, "nós dizemos",[68] aponta para uma realidade fora da frase.[69] Ao passo que, poderíamos dizer, "Entender uma frase significa apropriar-se de seu conteúdo; e o conteúdo da frase está *na* frase".

18. Podemos agora retornar às ideias de "reconhecer" e "familiaridade" e, com efeito, àquele exemplo de reconhecimento e familiaridade que deu início a nossas reflexões acerca do uso desses termos e de uma multiplicidade de termos associados a eles. Refiro-me ao [140] exemplo de ler, digamos, uma frase escrita numa língua bem conhecida. – Eu leio uma frase desse tipo para ver com que se parece a experiência de ler, o que "realmente acontece" quando lemos, e obtenho uma experiência específica que tomo como sendo a experiência de ler. E, assim

68. No tiposcrito de base, a expressão "diz-se" [*one says*], sem as aspas, aparece sobreposta à expressão "nós dizemos" [*we say*], entre aspas, ambas datilografadas. Seguimos a edição de Rhees, mas apenas parcialmente, uma vez que este omite as aspas presentes no original.

69. No tiposcrito de base, o termo "linguagem" [*language*] aparece sobreposto ao termo "frase" [*sentence*], ambos datilografados. Seguimos a edição de Rhees.

parece, ela não consiste simplesmente em ver e pronunciar as palavras, mas, além disso, em uma experiência de caráter íntimo, como eu gostaria de dizer. (Estou, por assim dizer, em relações íntimas com a expressão "eu leio".)

Ao ler, estou inclinado a dizer que as palavras faladas me vêm de um modo específico; e as próprias palavras escritas que estou lendo não me parecem ser um tipo qualquer de rabisco. Ao mesmo tempo, sou incapaz de indicar, ou de apreender, o "modo específico". O fenômeno de ver e falar as palavras parece envolvido por uma atmosfera específica. Mas eu não reconheço essa atmosfera como uma atmosfera que sempre caracterizou a situação de ler. Na verdade, eu percebo isso quando leio uma linha, tentando ver com que se parece a leitura.

Ao perceber essa atmosfera, estou na situação de um homem trabalhando em seu quarto, lendo, escrevendo, falando etc., e que subitamente concentra sua atenção em um ruído suave e uniforme, como os que quase sempre podemos ouvir, especialmente em uma cidade (o ruído indistinto resultante dos muitos ruídos da rua, os sons do vento, da chuva, das oficinas etc.). Poderíamos imaginar que esse homem pudesse pensar que um ruído específico fosse um elemento comum a todas as experiências que ele teve nesse [141] quarto. Chamaríamos sua atenção, então, para o fato de que, na maior parte do tempo, ele não tinha notado qualquer ruído ocorrendo do lado de fora e, em segundo lugar, para o fato de que o ruído que ele podia ouvir não era sempre o mesmo (às vezes havia vento, às vezes não etc.).

Ora, acabamos de usar uma expressão desencaminhadora quando dissemos que, para além das experiências de ver e falar ao ler, havia uma outra experiência etc. Isso equivale a dizer que uma outra experiência é acrescentada a certas experiências. – Tome agora a experiência de ver um rosto triste, digamos, em um desenho – podemos dizer que ver o desenho como um rosto triste não é "simplesmente" vê-lo como um complexo qualquer de riscos (pense em uma charada visual). Mas a palavra "simplesmente", aqui, parece sugerir que, ao ver o desenho como um rosto, alguma experiência é acrescentada à experiência de vê-lo como meros riscos; como se eu tivesse de dizer que ver o desenho como um rosto consistisse em duas experiências, em dois elementos.

Você deveria perceber, agora, a diferença entre os vários casos em que dizemos que uma experiência consiste em diversos elementos,[70] ou que é uma experiência *composta*. Poderíamos dizer ao médico: "Eu não tenho uma única dor; tenho duas: dor de dente e dor de cabeça". E poderíamos expressar isso dizendo: "Minha experiência de dor não é simples, mas composta, tenho dor de dente e dor de cabeça". Compare esse caso com aquele em que digo: "Eu tenho dores em meu estômago e também uma sensação geral de enjoo". Aqui, não separo as experiências constituintes apontando para duas localidades da dor. Considere, ainda, esta afirmação: "Quando bebo chá adoçado, minha experiência gustativa é um composto do gosto de açúcar e do gosto de chá". Ou também: "Se ouço [142] o acorde de dó maior, minha experiência é composta de ouvir dó, mi e sol". E, por outro lado: "Ouço um piano sendo tocado e algum ruído na rua". Um exemplo bastante instrutivo é este: em uma canção, palavras são cantadas em certas notas. Em que sentido a experiência de ouvir a vogal *a* cantada na nota dó é composta? Pergunte a si mesmo em cada um desses casos: Com que se parece isolar as experiências constituintes da experiência composta?

Ora, embora a expressão segundo a qual ver um desenho como um rosto não é meramente ver riscos pareça indicar al-

70. No tiposcrito de base, o termo "experiências" [*experiences*] aparece sobreposto ao termo "elementos" [*elements*], ambos datilografados. Seguimos a edição de Rhees.

gum tipo de adição de experiências, nós certamente não diríamos que, quando vemos o desenho como um rosto, temos também a experiência de vê-lo como meros riscos e alguma outra experiência *além dessa*. E isso se torna ainda mais claro quando imaginamos que alguém tenha dito que ver o desenho

como um cubo consistia em vê-lo como uma figura plana e, somado a isso, ter uma experiência de profundidade.

Ora, quando senti que, embora certa experiência constante persistisse enquanto estava lendo, eu não conseguia, em certo sentido, capturar essa experiência, minha dificuldade surgiu por comparar erroneamente esse caso com um caso no qual se pode dizer que uma parte da minha experiência é o acompanhamento de outra. Assim, sentimo-nos às vezes tentados a perguntar: "Se sinto esse zumbido constante que persiste enquanto estou lendo, *onde* ele está?". Desejo fazer um gesto de apontar, e não há nada para o que apontar. E a palavra "capturar" expressa a mesma analogia desencaminhadora.

Em vez de fazer a pergunta "Onde está essa experiência constante que parece persistir durante toda a minha leitura?", deveríamos perguntar: "Ao dizer 'Uma atmosfera específica [143] envolve as palavras que estou lendo', com que estou contrastando esse caso?".

Tentarei elucidar isso por meio de um caso análogo: Estamos inclinados a ficar perplexos com a aparência tridimensional do desenho

de um modo que se expressa pela pergunta: "Em que consiste vê-lo tridimensionalmente?". E o que essa pergunta realmente está perguntando é: "O que é acrescentado a simplesmente ver o desenho quando o vemos tridimensionalmente?". E, no entanto, que resposta podemos esperar a essa pergunta? É a forma dessa pergunta o que produz a perplexidade. Como diz Hertz: "Aber offenbar irrt die Frage in Bezug auf die Antwort, welche sie erwartet" (p. 9, "Einleitung", *Die Prinzipien der Mechanik*).[71] A própria pergunta mantém a mente pressionando-se contra uma parede nua, impedindo assim que ela jamais encontre a saída. Para mostrar a um homem como escapar, você precisa, em primeiríssimo lugar, libertá-lo da influência desencaminhadora da pergunta.

Olhe para uma palavra escrita, digamos, "ler", – "Ela não é um simples rabisco, é 'ler'", eu gostaria de dizer, "ela tem uma fisionomia bem definida". Mas o que é que estou realmente dizendo a seu respeito? O que é essa afirmação, quando apresentada claramente? "A palavra cai", sentimo-nos tentados a explicar, "em um molde da minha mente, *desde há muito* preparado para ela." Mas como eu não percebo os dois, a palavra e um molde, a metáfora da palavra se encaixando em um molde não pode aludir a uma experiência de comparar a forma oca e a forma sólida antes que elas se encaixem uma na outra, mas sim a uma experiência de ver a forma sólida acentuada por um fundo específico.

i) 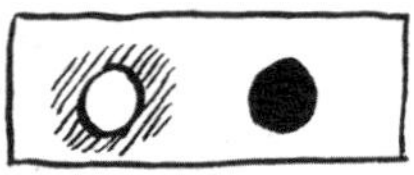 , *ii)*  .

[144] *i)* seria a imagem da forma oca e da forma sólida antes de elas se encaixarem. Aqui, vemos dois círculos e podemos com-

71. Em alemão no original: "Mas, evidentemente, a pergunta equivoca-se em relação à resposta que está esperando" (p. 9, "Introdução", *Os princípios da mecânica*). Heinrich Rudolf Hertz (1857-1894), físico alemão, teve seus *Princípios* publicados postumamente em 1894.

pará-los. *ii*) é a imagem da sólida na oca. Há apenas um círculo, e aquilo que chamamos de molde apenas o acentua ou, como dissemos algumas vezes, o enfatiza.

Sinto-me tentado a dizer: "Isto não é simplesmente um rabisco, mas é *este* rosto específico". – Mas não posso dizer "Eu vejo *isto* como *este* rosto", devo dizer "Eu vejo isto como *um* rosto". Sinto, porém, que desejo dizer: "Eu não vejo isto como *um* rosto, eu o vejo como *este* rosto!". Mas na segunda metade dessa frase, a palavra "rosto" é redundante, e deveria ter sido formulada assim: "Eu não vejo isto como um rosto, eu o vejo como *isto*".

Suponha que eu dissesse "Eu vejo este rabisco como *isto*" e, enquanto digo "este rabisco", olho para ele como um mero rabisco, e, enquanto digo "como *isto*", vejo o rosto, – isso equivaleria a dizer algo como "Aquilo que, em um momento, aparece para mim como isto, em outro, aparece para mim como aquilo", e aqui o "isto" e o "aquilo" seriam acompanhados pelos dois modos diferentes de ver. – Mas precisamos perguntar a nós mesmos em qual jogo essa frase, juntamente com os processos que a acompanham, deve ser usada. Por exemplo, para quem estou dizendo isso? Suponha que a resposta seja: "Estou dizendo isso para mim mesmo". Mas isso não basta. Aqui, estamos correndo o grave risco de acreditar que sabemos o que fazer com uma frase caso ela se pareça, em maior ou menor grau, com uma das frases comuns de nossa linguagem. Mas aqui, para que não sejamos iludidos, temos de perguntar a nós mesmos: Qual é o uso, digamos, das palavras "isto" e "aquilo"? – ou melhor, Quais são os diferentes usos que fazemos delas? Aquilo que chamamos de o significado dessas palavras não é [145] nada que elas tenham nelas mesmas, ou que esteja atado a elas independentemente do uso que fazemos delas. Assim, em um uso da palavra "isto", ela é acompanhada de um gesto que aponta para algo: Dizemos "Estou vendo o quadrado com as diagonais como isto", apontando para uma suástica. E, referindo-me ao quadrado com diagonais, eu poderia ter dito: “Aquilo que, em um momento, aparece para mim como isto

,

em outro, aparece para mim como aquilo

”.

E esse certamente não é o uso que fizemos da frase no caso anterior. – Poderíamos pensar que toda a diferença entre os dois casos é que, no primeiro, as imagens são mentais e, no segundo, desenhos reais. Deveríamos nos perguntar, aqui, em que sentido podemos chamar imagens mentais, propriamente, de imagens, pois, de certos modos, elas são comparáveis a imagens desenhadas ou pintadas, e de outros, não. Por exemplo, um dos pontos essenciais no uso de uma imagem “material” reside no fato de que dizemos que ela permanece a mesma, não apenas porque ela nos parece ser a mesma, não apenas porque lembramos que antes ela tinha a mesma aparência que tem agora. Com efeito, em algumas circunstâncias, diremos que a imagem não se alterou, embora pareça ter se alterado; e dizemos que ela não se alterou porque foi mantida de uma certa maneira, certas influências foram mantidas afastadas. Portanto, a frase “A imagem não se alterou” é usada de um modo diferente quando falamos, por um lado, de uma imagem material e, por outro, de uma imagem mental. Do mesmo modo, a afirmação “Os cliques sucedem-se a intervalos iguais” tem uma gramática se os cliques são os cliques de um pêndulo e o critério de sua regularidade resulta de medições que fizemos com nossos aparelhos, e outra gramática se os cliques são cliques que [146] imaginamos. Eu poderia, por exemplo, fazer a pergunta: Quando disse a mim mesmo "Aquilo que, em um momento, aparece para mim como isto, em outro, ...", será que reconheci os dois aspectos, isto e aquilo, como os mesmos que percebi em ocasiões anteriores? Ou será que eles eram novos para mim, e eu tentei me recordar deles com vistas a ocasiões futuras? Ou será que tudo o que eu queria dizer era: "Eu consigo alterar o aspecto dessa figura"?

19. O perigo da ilusão em que nos vemos se torna muito mais claro se propomos a nós mesmos dar nomes aos aspectos "isto" e "aquilo", digamos, A e B. Pois nos sentimos muito fortemente tentados a imaginar que dar um nome consiste em correlacionar, de um modo peculiar e bastante misterioso, um som (ou outro sinal) a algo. O modo como fazemos uso dessa correlação peculiar parece ser, então, um problema quase secundário. (Poderíamos quase imaginar que a nomeação foi feita por um ato sacramental peculiar e que isso produziu certa relação mágica entre o nome e a coisa.)

Mas olhemos para um exemplo; considere este jogo de linguagem: **A** manda **B** a diversas casas de sua cidade para recolher, de diversas pessoas, mercadorias de diversos tipos. **A** dá a **B** diversas listas. No topo de cada lista ele coloca um rabisco, e **B** é treinado a ir àquela casa sobre cuja porta ele encontra o mesmo rabisco, esse é o nome da casa. Na primeira coluna de cada lista, ele encontra, então, um ou mais rabiscos que lhe ensinaram a ler em voz alta. Quando entra na casa, ele pronuncia essas palavras, e cada habitante da casa foi treinado a correr em sua direção quando um desses sons é pronunciado, esses sons são os nomes das pessoas. Ele então se dirige a cada uma delas, uma por vez, e mostra a cada uma dois [147] rabiscos consecutivos que, na lista, estão postos ao lado de seu nome. As pessoas daquela cidade foram treinadas a associar o primeiro desses dois rabiscos a certo tipo específico de objeto, digamos, maçãs. O segundo é um rabisco pertencente a uma série de rabiscos que cada homem carrega consigo em um pedaço de papel. A pessoa a quem **B** se dirigiu pega, digamos, cinco maçãs. O primeiro rabisco era o nome genérico do objeto requisitado, o segundo, o nome do seu número.

Qual é, agora, a relação entre um nome e o objeto nomeado, digamos, a casa e seu nome? Suponho que poderíamos dar qualquer uma de duas respostas. A primeira é que a relação consiste em que certos riscos foram pintados sobre a porta da casa. A segunda resposta a que me referi é que a relação que nos ocupa é estabelecida não apenas por meio do ato de pintar esses riscos sobre a porta, mas por meio do papel específico que eles desempenham na prática de nossa linguagem, no modo como acabamos de esboçar. – Mais uma vez a relação entre o nome de uma pessoa e a pessoa, aqui,[72] consiste no fato de que a pessoa foi treinada a correr na direção de alguém que pronuncia o nome; ou, mais uma vez, poderíamos dizer que ela consiste nisso e na totalidade do uso do nome no jogo de linguagem.

Examine esse jogo de linguagem e veja se você consegue encontrar a relação misteriosa entre o objeto e seu nome. – A relação entre nome e objeto, podemos dizer, consiste no fato de que um rabisco é escrito sobre um objeto (ou alguma outra relação muito trivial desse tipo), e isso é tudo. Mas não ficamos satisfeitos com isso, pois sentimos que um rabisco escrito sobre um objeto não tem, por si próprio, qualquer importância para nós, e não nos interessa de forma alguma. E isso é verdade; toda a im-

72. No tiposcrito de base, lê-se "a relação entre o nome de uma pessoa e a pessoa em)". A referência fica em aberto, provavelmente para ser completada mais tarde. Seguimos a intervenção de Rhees. Note-se, contudo, a estranheza de supor que Wittgenstein deixaria uma referência em aberto caso ela dissesse respeito ao próprio trecho em discussão. Remetemos o leitor, alternativamente, ao jogo 6) da Parte I (pp. [8-9]).

portância reside no uso específico [148] que fazemos do rabisco escrito sobre o objeto e, em certo sentido, nós simplificamos as coisas dizendo que o nome tem uma relação peculiar com seu objeto, uma relação diferente daquela, digamos, de estar escrito sobre o objeto, ou de ser falado por uma pessoa que está apontando para o objeto com seu dedo. Uma filosofia primitiva condensa a totalidade do uso do nome na ideia de uma relação, a qual se torna, assim, uma relação misteriosa. (Compare as ideias de atividades mentais, desejar, acreditar, pensar etc., as quais, pela mesma razão, trazem consigo algo de misterioso e inexplicável.)

Poderíamos agora usar a frase "A relação entre nome e objeto não consiste meramente nesse tipo de conexão trivial, 'puramente externa'", querendo dizer com ela que aquilo que chamamos de relação entre nome e objeto é caracterizado pela totalidade do uso do nome, mas então é evidente que não existe uma única relação entre nome e objeto, mas tantas relações quantos são os usos de sons ou rabiscos que chamamos de nomes.

Portanto, podemos dizer que, se nomear algo deve ser mais do que simplesmente emitir um som enquanto se aponta para algo, é necessário que haja, de uma maneira ou de outra, o conhecimento de como, no caso específico, o som ou o garrancho deve ser usado.

Bem, quando propusemos dar nomes aos aspectos de um desenho, demos a impressão de que, ao ver o desenho de dois modos diferentes e a cada vez dizer alguma coisa, havíamos feito mais do que simplesmente executar essa ação desinteressante; ao passo que, agora, vemos que é o uso do "nome" e, com efeito, o detalhe desse uso, o que dá ao ato de nomear seu significado peculiar. [149]

Essa não é, portanto, uma questão pouco importante, mas uma questão sobre a essência do tema; "Será que 'A' e 'B' devem me lembrar desses aspectos; será que posso executar uma ordem como 'Veja este desenho segundo o aspecto A'; será que há, de algum modo, imagens desses aspectos correlacionadas aos nomes 'A' e 'B' (como

e

);

será que 'A' e 'B' são usados na comunicação com outras pessoas, e qual é exatamente o jogo jogado com eles?".

Quando digo "Eu não vejo meros traços (um mero rabisco), mas um rosto (ou palavra) com essa fisionomia específica", não desejo afirmar qualquer característica geral do que vejo, mas sim que vejo aquela fisionomia específica que efetivamente vejo. E é evidente que, aqui, minha expressão está se movendo em um círculo. Mas isso se passa porque, em realidade, a fisionomia específica que vi deveria ter entrado em minha proposição. – Quando percebo que "Ao ler uma frase, uma experiência peculiar ocorre durante todo o período", de fato tenho de ler durante um intervalo relativamente longo para obter a impressão peculiar que nos faz dizer isso.[73]

Eu poderia então ter dito "Eu percebo que a mesma experiência ocorre o tempo todo", mas eu desejava dizer: "Eu não noto simplesmente que é a mesma experiência do início ao fim, noto uma experiência específica". Olhando para uma parede uniformemente colorida, eu poderia dizer: "Eu não vejo simplesmente que ela tem a mesma cor em toda parte, o que vejo é uma cor específica". Mas, ao dizer isso, estou fazendo uma con-

73. No tiposcrito de base, encontra-se a seguinte variante: "impressão peculiar enunciada desse modo". A variante aparece antes de um sinal de barra dupla (//). Seguimos a edição de Rhees.

fusão quanto à função de uma frase. – Parece que você deseja especificar a cor que vê, mas não dizendo alguma coisa a seu respeito nem comparando-a com uma amostra, – e sim apontando para ela; usando-a ao mesmo tempo como a amostra e como aquilo com o que [150] a amostra é comparada.

Considere este exemplo: Você me manda escrever umas poucas linhas e, enquanto estou fazendo isso, pergunta: "Você sente alguma coisa em sua mão enquanto escreve?".[74] Eu digo: "Sim, tenho uma sensação peculiar". – Será que não posso dizer a mim mesmo, enquanto escrevo: "Tenho *esta* sensação"? É claro que posso dizer isso, e enquanto estou dizendo "esta sensação", concentro-me na sensação. – Mas o que é que faço com essa frase? Qual seu uso para mim? Parece que estou apontando para mim mesmo aquilo que estou sentindo, – como se o ato de me concentrar fosse um ato "interior" de apontar, um ato do qual ninguém mais, a não ser eu mesmo, está ciente, embora isso seja pouco importante. Mas eu não aponto para a sensação ao prestar atenção nela. Na verdade, prestar atenção na sensação significa produzi-la ou modificá-la. (Por outro lado, observar uma cadeira não significa produzir ou modificar a cadeira.)

Nossa frase "Eu tenho *esta* sensação enquanto estou escrevendo" é do mesmo tipo que a frase "Eu vejo isto". Não me refiro à frase quando usada para informar alguém de que estou olhando para um objeto para o qual estou apontando, nem quando usada, como antes,[75] para transmitir a alguém que

74. No tiposcrito de base, encontra-se a seguinte variante: "Você percebe uma sensação em sua mão...?". A variante aparece depois de um sinal de barra dupla (//). Seguimos a edição de Rhees.

75. No tiposcrito de base, lê-se "como em)". A referência fica em aberto, provavelmente para ser completada mais tarde. Seguimos a intervenção de Rhees. Tal como está, porém, essa referência é demasiado vaga. Remetemos o leitor, alternativamente, à seção 16 da Parte II (pp. [132-6]).

estou vendo certo desenho do modo A, e não do modo B. Refiro-me à frase "Eu vejo isto" tal como às vezes a contemplamos quando estamos remoendo certos problemas filosóficos. Nessas ocasiões, ao olhar fixamente para algum objeto, estamos, por assim dizer, nos agarrando a uma impressão visual específica, e sentimos que é muitíssimo natural dizer a nós mesmos "Eu vejo isto", embora não conheçamos nenhum outro uso que possamos fazer dessa frase.

20. "Certamente faz sentido dizer o que eu vejo, e de que melhor maneira [151] eu poderia fazer isso do que deixando aquilo que estou vendo falar por si mesmo!"

Mas as palavras "eu vejo", na nossa frase, são redundantes. Eu não desejo dizer a mim mesmo que sou *eu* que vejo isso, nem que eu *vejo* isso. Ou, como eu poderia colocar, é impossível que eu não visse *isto*. Isso vem a dar no mesmo que dizer que não consigo apontar para mim mesmo, por meio de uma mão visual, aquilo que estou vendo; pois essa mão não aponta para aquilo que vejo, ela é parte do que vejo.

É como se a frase estivesse isolando a cor específica que eu vi; como se ela apresentasse essa cor para mim.

É como se a cor que vejo fosse sua própria descrição.

Pois o ato de apontar com meu dedo não foi efetivo. (E o ato de olhar não é o ato de apontar, ele não indica, para mim, uma direção, o que significaria contrastar uma direção com outras direções.)

Aquilo que vejo, ou sinto, entra na minha frase do mesmo modo que uma amostra; mas nenhum uso é feito dessa amostra; as palavras da minha frase parecem não importar, elas servem apenas para apresentar a amostra para mim.

Eu não falo realmente *a respeito* daquilo que vejo, mas *para* aquilo que vejo.

Estou, com efeito, passando pelos atos de prestar atenção que poderiam acompanhar o uso de uma amostra. E é isso o que dá a impressão de que eu estava fazendo uso de uma amostra. Esse erro é aparentado àquele de acreditar que uma definição ostensiva diz algo a respeito do objeto para o qual ela dirige nossa atenção.

Quando eu disse "Estou fazendo uma confusão quanto à função de uma frase", era porque, com auxílio dela, eu parecia estar apontando, para mim mesmo, que cor é essa que vejo, ao passo que eu estava simplesmente contemplando a [152] amostra de uma cor. Parecia-me que a amostra era a descrição de sua própria cor.

21. Suponha que eu dissesse a alguém: "Observe a iluminação específica desta sala". – Em certas circunstâncias, o sentido dessa ordem será bastante claro, por exemplo, se as paredes da sala estivessem vermelhas à luz do pôr do sol. Mas suponha que, em certo outro momento em que não há nada de notável a respeito da iluminação, eu dissesse "Observe a iluminação específica desta sala": – Bem, acaso não há uma iluminação específica? Qual é, então, a dificuldade em observá-la? Mas a pessoa a quem dissemos que observasse a iluminação quando não havia nada de notável a seu respeito provavelmente daria uma olhada na sala e diria: "Bem, o que tem ela?". Agora eu poderia prosseguir e dizer "É exatamente a mesma iluminação de ontem nessa mesma hora", ou "É exatamente essa luz ligeiramente opaca que você vê nesta fotografia da sala".

No primeiro caso, quando a sala estava iluminada por um vermelho notável, você poderia ter apontado a peculiaridade que se esperava que você observasse, sem que se tivesse dito explicitamente qual era essa peculiaridade. Para fazer isso, você poderia, por exemplo, ter usado uma amostra daquela cor específica. Nesse caso, estaremos inclinados a dizer que uma peculiaridade foi acrescentada à aparência normal da sala.

No segundo caso, quando a sala estava iluminada de modo ordinário e não havia nada de notável a respeito da sua aparência, você não sabia exatamente o que fazer quando lhe pediram que observasse a iluminação da sala. Tudo o que você podia fazer era dar uma olhada ao redor, esperando que se dissesse alguma outra coisa que desse à primeira ordem seu pleno sentido. [153]

Mas acaso a sala não estava, em ambos os casos, iluminada de um modo específico? Bem, posta dessa maneira, essa pergunta é sem sentido, assim como a resposta "Ela estava...". A ordem "Observe a iluminação específica desta sala" não implica qualquer afirmação a respeito da aparência desta sala. Ela parecia dizer: "Esta sala tem uma iluminação específica, a qual eu não preciso nomear; observe!". A iluminação mencionada, assim parece, é dada por uma amostra, e você tem de fazer uso da amostra; do mesmo modo que você faria ao copiar a tonalidade exata de uma amostra de cor em uma paleta. Ao passo que a ordem é semelhante a esta: "Apanhe esta amostra!".

Imagine-se dizendo: "Há uma iluminação específica que tenho de observar". Nesse caso, você poderia se imaginar olhando atentamente ao seu redor, mas em vão, ou seja, sem ver a iluminação.

Alguém poderia ter lhe dado uma amostra, por exemplo, um pedaço de pano colorido, e lhe perguntado: "Observe a cor deste retalho". – E podemos traçar uma distinção entre observar o formato da amostra, vale dizer, prestar atenção nele, e prestar atenção na sua cor. Mas prestar atenção na cor não pode ser descrito como olhar para uma coisa que está conectada à amostra, e sim como olhar para a amostra de um modo específico.

Quando obedecemos à ordem "Observe a cor . . . .", o que fazemos é abrir nossos olhos para a cor. "Observe a cor . . . ." não significa "Veja a cor que você vê". A ordem "Olhe para tal e tal" é do tipo "Volte sua cabeça nesta direção"; o que você verá quando fizer isso não entra nessa ordem. Ao prestar atenção, olhar, você produz a impressão; você não pode olhar para a impressão. [154]

Suponha que, à nossa ordem, alguém respondesse: "Está bem, agora estou observando a iluminação específica que esta sala tem", – isso soaria como se a pessoa pudesse apontar, para nós, que iluminação era essa.[76] Quer dizer, pode parecer que a ordem disse a você para fazer algo com essa iluminação específica, em oposição a outra (como "Pinte essa iluminação, não aquela"). Ao passo que você obedece à ordem captando a *iluminação*, em oposição a dimensões, formatos etc.

(Compare "Apanhe a cor desta amostra" com "Apanhe este lápis", ou seja, aqui está ele, pegue-o.)

Retorno à nossa frase: "Este rosto tem uma expressão específica". Também nesse caso eu não comparei nem contrastei minha impressão com nada, não fiz uso da amostra diante de mim. A frase foi a manifestação de um estado de atenção.

O que tem de ser explicado é isto: Por que falamos com nossa impressão? – Você lê, coloca a si mesmo em um estado de atenção[77] e diz: "Algo peculiar está acontecendo, sem dúvida". Você está inclinado a prosseguir: "Há qualquer coisa aqui que não oferece resistência"; mas você sente que essa é apenas uma descrição inadequada, e tudo o que a experiência pode fazer é ficar de pé por si própria. "Algo peculiar está acontecendo, sem dúvida" é como dizer "Eu tive uma experiência". Mas você

76. No tiposcrito de base, encontra-se a seguinte variante: "... apontar, para nós, a iluminação específica". A variante aparece antes de um sinal de barra dupla (//). Seguimos a edição de Rhees.

77. No tiposcrito de base, a expressão "estado específico de atenção" [*particular state of attention*] aparece sobreposta à expressão "estado de atenção" [*state of attention*], ambas datilografadas. Seguimos a edição de Rhees.

não deseja fazer uma afirmação geral, independente da experiência específica que teve, e sim uma afirmação na qual essa experiência entra.

Você está sob uma impressão. Isso faz você dizer "Estou sob uma impressão *específica*", e essa frase parece dizer, ao menos para você mesmo, sob que impressão você está. Como se você estivesse se referindo a uma imagem pronta[78] em sua mente e dissesse: [155] "É com isso que se parece minha impressão".[79] Ao passo que você apenas apontou para sua impressão. Em nosso caso (p. [149]),[80] dizer "Eu noto a cor específica dessa parede" é como desenhar, digamos, um retângulo preto demarcando uma pequena mancha na parede e, com isso, designando aquela mancha como uma amostra para usos posteriores.

Quando você leu, por assim dizer prestando muita atenção ao que aconteceu na leitura, você parecia estar observando a leitura como sob lentes de aumento e parecia ver o processo de ler. (Mas o caso é mais parecido com o de observar algo através de um vidro colorido.) Você pensa ter notado o processo de ler, o modo específico como sinais são traduzidos[81] em palavras faladas.

78. No tiposcrito de base, a expressão "em prontidão" [*in readiness*] aparece sobreposta ao termo "pronta" [*ready*], ambas datilografadas. Seguimos a edição de Rhees.

79. No tiposcrito de base, encontra-se a seguinte variante: "É isso aí". A variante aparece antes de um sinal de barra dupla (//). Seguimos a edição de Rhees.

80. No tiposcrito de base, lê-se "em nosso caso)". A referência fica em aberto, provavelmente para ser completada mais tarde. Seguimos a intervenção de Rhees, modificando-a, porém, para adotar a paginação do tiposcrito.

81. No tiposcrito de base, a expressão "passam a" [*pass over into*] aparece sobreposta à expressão "são traduzidos em" [*are translated into*], ambas datilografadas. Seguimos a edição de Rhees.

22. Eu li uma linha com uma atenção peculiar; a leitura me causou uma impressão, e isso me faz dizer que observei algo além do mero ato de ver os sinais escritos e de falar as palavras. Também expressei isso dizendo que notei uma atmosfera específica ao redor dos atos de ver e de falar. O modo como uma metáfora, do tipo da que foi incorporada nessa última frase, pode vir a se insinuar a mim pode ser visto mais claramente olhando para este exemplo: Se você ouviu frases ditas em um tom uniforme, você pode se sentir tentado a dizer que as palavras estavam todas envoltas em uma atmosfera específica. Mas acaso não estaríamos usando um modo peculiar de representação se disséssemos que falar a frase em um tom uniforme era acrescentar algo ao mero ato de dizê-la? Acaso não poderíamos até mesmo conceber falar em um tom uniforme como o resultado de *retirar* da frase a sua entonação? Circunstâncias diferentes nos fariam adotar diferentes [156] modos de representação. Se, por exemplo, certas palavras tivessem de ser lidas em um tom uniforme, sendo isso indicado, em um pentagrama, por uma nota que se mantém constante sob as palavras escritas, essa notação sugeriria muito fortemente a ideia de que algo foi acrescido ao mero ato de falar a frase.

A leitura de uma frase me causou uma impressão, e eu digo que a frase me mostrou algo, que eu notei algo nela. Isso me fez pensar no seguinte exemplo: Um amigo e eu, certa vez, olhamos para alguns canteiros de amores-perfeitos. Cada canteiro exibia um tipo diferente. Cada um deles causou-nos uma impressão. Falando a seu respeito, meu amigo disse: "Que variedade de padrões de cor, e cada um diz algo". E isso era exatamente o que eu mesmo desejava dizer.

Compare uma afirmação desse tipo com esta: "Cada um desses homens diz algo". —

Se alguém houvesse perguntado o que disse um padrão de cor de amor-perfeito, a resposta correta pareceria ser que ele disse ele próprio. Por isso é que poderíamos ter usado uma forma de expressão intransitiva, digamos: "Cada um desses padrões de cor causa uma impressão".

Já foi dito algumas vezes que aquilo que a música nos transmite são sentimentos de alegria, melancolia, triunfo etc. etc., e o que nos repugna nesse modo de falar é que ele parece dizer que a música é um instrumento para produzir em nós sequências de sentimentos. E alguém poderia concluir disso que qualquer outro meio de produzir tais sentimentos poderia nos servir, em vez da música. – Diante desse modo de falar, sentimo-nos tentados a responder: "A música transmite *ela própria* para nós!".

Algo semelhante acontece com expressões como "Cada um desses [157] padrões de cor causa uma impressão". Sentimos que desejamos nos resguardar contra a ideia de que um padrão de cor é um meio de produzir em nós certa impressão – o padrão de cor sendo uma droga e nós interessados meramente no efeito que essa droga produz. – Desejamos evitar qualquer forma de expressão que pareça se referir a um efeito produzido por um objeto em um sujeito. (Aqui estamos à beira do problema acerca do idealismo e do realismo,[82] e do problema acerca de se as afirmações da estética são subjetivas ou objetivas.) Dizer "Eu vejo isso, e isso me causa uma impressão" é propício a fazer parecer que a impressão era algum tipo de sensação que acompanha o ato de ver e que a frase dizia algo como "Eu vejo isso, e sinto uma pressão".

Eu poderia ter usado a expressão: "Cada um desses padrões de cor tem significado"; – eu não disse "tem significado" porque isso teria provocado a pergunta "Qual significado?", a qual

82. No tiposcrito de base, a expressão "e do realismo" aparece escrita à mão, com uma marca assinalando o ponto em que deve ser inserida.

é sem sentido no caso que estamos considerando. Estamos distinguindo entre padrões desprovidos de significado e padrões que têm significado; mas não há, em nosso jogo, uma expressão como: "Este padrão tem o significado tal e tal". Nem mesmo a expressão "aqueles dois padrões têm significados diferentes", a menos que isso deva dizer: "Estes são dois padrões diferentes e ambos têm significado".

É fácil entender, porém, por que estaríamos inclinados a usar a forma de expressão transitiva. Pois vejamos que uso fazemos de uma expressão como "Este rosto diz algo", ou seja, quais são as situações em que usamos essa expressão, quais frases a precederiam ou a seguiriam (de que tipo de conversa ela faz parte). Nós talvez déssemos prosseguimento a tal [158] observação dizendo "Olhe para a linha dessas sobrancelhas" ou "Os olhos *escuros* e o rosto *pálido*!"; essas expressões chamariam a atenção para certos traços. A esse mesmo respeito, usaríamos comparações, como por exemplo "O nariz é como um bico", – mas também expressões como "Todo esse rosto expressa confusão", e aqui usamos "expressar" de modo transitivo.

23. Podemos agora levar em consideração frases que, como se poderia dizer, oferecem uma análise da impressão que obtemos, digamos, de um rosto. Tome uma frase como: "A impressão específica desse rosto se deve a seus olhos pequenos e a sua testa estreita". Aqui, as palavras "a impressão específica" podem fazer as vezes de certa especificação, por exemplo, "a expressão estúpida". Ou, por outro lado, elas podem significar "o que torna essa expressão notável" (ou seja, uma expressão extraordinária); ou "o que notabiliza esse rosto, para nós" (ou seja, "o que chama nossa atenção"). Ou, ainda, nossa frase pode significar: "Se você muda minimamente *esses* traços, a expressão mudará completamente (ao passo que você pode

mudar outros traços sem mudar tanto assim a expressão)". A forma dessa afirmação, porém, não precisa nos levar a pensar, incorretamente, que há, em cada caso, uma afirmação suplementar da forma: "Inicialmente, a expressão era *essa*; depois da mudança, é *esta*". Podemos dizer, é claro, "Smith franziu o cenho e sua expressão mudou dessa para esta", apontando, digamos, para dois desenhos de seu rosto. – (Compare essa afirmação com estas duas: "Ele disse essas palavras" e "Suas palavras disseram algo".)

Quando, tentando ver em que ler consistia, eu li uma frase escrita, deixei sua leitura causar uma impressão em mim e disse que [159] tive uma impressão específica, alguém poderia ter me perguntado se minha impressão não foi devido àquela caligrafia específica,[83] ou algo assim. Isso equivaleria a me perguntar se minha impressão não seria diferente caso a escrita fosse diferente ou, digamos, se cada palavra da frase estivesse escrita em uma caligrafia diferente. Nesse sentido, poderíamos também perguntar se aquela impressão não foi devido, afinal de contas, ao *sentido* da frase específica que eu li. Alguém poderia sugerir: Leia uma frase diferente (ou a mesma frase em uma caligrafia diferente) e veja se você ainda diria que teve a mesma impressão. E a resposta poderia ser: "Sim, a impressão que tive foi devido, de fato, à caligrafia". – Mas isso *não* teria como consequência que, quando eu inicialmente disse que a frase me causou uma impressão específica, eu havia contrastado uma impressão com a outra, ou que minha afirmação não houvesse sido do tipo "Esta frase tem *sua*

83. No tiposcrito de base, encontra-se a seguinte variante: "... se não era a caligrafia, digamos, o que havia causado em mim a impressão específica". A variante aparece depois de um sinal de barra dupla (//). Seguimos a edição de Rhees.

própria personalidade".[84] Isso ficará mais claro ao considerarmos o seguinte exemplo: Suponha que tenhamos três rostos desenhados lado a lado:

a) , b) , c) .[85]

Eles deveriam ser absolutamente idênticos, a não ser por um risco adicional em b) e dois pontos em c). Eu contemplo o primeiro, dizendo a mim mesmo: "Este rosto tem uma expressão peculiar". Então me mostram o segundo e, quando me perguntam se ele tem a mesma expressão, eu respondo "Sim". Então o terceiro me é mostrado e eu digo: "Ele tem uma expressão diferente". Pode-se dizer que, nas minhas duas respostas, eu distingui o rosto e sua expressão: pois b) é diferente de a), e ainda assim eu digo que eles têm a mesma expressão, ao passo que a diferença entre c) e a) corresponde a uma [160] diferença de expressão; e isso pode nos fazer pensar que, também na minha primeira manifestação, eu distingui entre o rosto e sua expressão.

24. Retornemos agora à ideia de um sentimento de familiaridade que surge quando vejo objetos familiares. Ao refletir a respeito da questão de se há ou não tal sentimento, temos a tendência de ficar olhando para algum objeto e dizer: "Acaso eu não tenho um sentimento específico quando olho para meu velho casaco e meu velho chapéu?". Mas, a isso, agora respondemos: Com qual sentimento você compara este, ou a qual sentimento você o opõe? Será que você diria que seu velho casaco lhe dá o

84. No tiposcrito de base, o destaque foi adicionado posteriormente, à caneta. Além disso, o termo "personalidade" [*character*] aparece sobreposto ao termo "expressão" [*expression*], ambos datilografados. Seguimos a edição de Rhees.

85. Reproduzimos aqui os desenhos originais do TS 310 de Von Wright. A edição de Rhees traz as seguintes versões estilizadas: a) , b) , c) .

mesmo sentimento que seu velho amigo **A**, cuja aparência você também conhece muito bem, ou diria que *sempre* que acontece de você olhar para o seu casaco você obtém aquele sentimento, digamos, de intimidade e calor?

"Mas será que não há algo como um sentimento de familiaridade?" – Eu diria que há uma grande quantidade de experiências diferentes, algumas delas sentimentos, as quais poderíamos chamar de "experiências (sentimentos) de familiaridade".

Diferentes experiências de familiaridade: *a*) Uma pessoa entra na minha sala, eu não a vejo há muito tempo, e não a estou esperando. Eu olho para ela, digo ou sinto "Ah, é você".[86] – Por que, ao dar esse exemplo, eu disse que não via esse homem havia muito tempo? Acaso eu não havia me proposto a descrever *experiências de* familiaridade? E, qualquer que fosse a experiência a que aludi, será que eu não poderia tê-la tido mesmo se houvesse visto o homem meia hora antes? Quero dizer, eu apresentei as circunstâncias em que reconheci o homem como um meio para o fim de descrever a situação exata do reconhecimento. Alguém poderia objetar a esse modo de descrever a *experiência* dizendo que ele introduziu coisas irrelevantes e que, de [161] fato, não era, de modo algum, uma *descrição* do sentimento. Ao dizer isso, toma-se como protótipo de uma descrição, digamos, a descrição de uma mesa, a qual lhe diz exatamente o formato, as dimensões, o material do qual ela é feita, e sua cor. Tal descrição, poder-se-ia dizer, monta a mesa a partir de seus pedaços. Por outro lado, há um tipo diferente de descrição de uma mesa, tal como você poderia encontrar em um romance, por exemplo, "Era uma mesinha raquítica, decorada em estilo mouro, do tipo que serve às necessi-

86. No tiposcrito de base, abre-se aqui, depois do travessão, um parêntese que só será fechado ao fim deste longo parágrafo. Seguimos a intervenção de Rhees, que omite os parênteses.

dades de um fumante". Tal descrição poderia ser chamada de uma descrição indireta; mas, se seu propósito é o de trazer à mente, num relance, uma imagem vívida da mesa, ela poderia cumpri-lo de modo incomparavelmente melhor do que uma descrição "direta" detalhada. – Se agora eu tivesse de dar a descrição de um sentimento de familiaridade ou reconhecimento, – o que você espera que eu faça? Será que consigo montar o sentimento a partir de seus pedaços? Em certo sentido, é claro que eu conseguiria, apresentando a você vários estágios diferentes e o modo como meus sentimentos mudaram. Você pode encontrar tais descrições detalhadas em alguns dos grandes romances. Se agora você pensa em descrições de peças de mobiliário tais como você poderia encontrar em um romance, você percebe que pode opor esse tipo de descrição a outro tipo, que usa de desenhos e medidas tais como as que daríamos a um marceneiro. Estamos inclinados a chamar de descrição direta e completa apenas esse último tipo (embora esse modo de nos expressarmos mostre que nos esquecemos de que há certos propósitos que a descrição "real" não cumpre). Essas considerações deveriam alertá-lo a não pensar que há uma única descrição real e direta, digamos, do sentimento de reconhecimento, por oposição [162] à descrição indireta que dei.

b) O mesmo que *a*), mas o rosto não me é imediatamente familiar. Depois de um instante, o reconhecimento "desponta em mim". Eu digo "Ah, é você", mas com uma entonação totalmente distinta daquela de *a*). (Considere o tom da voz, a modulação, os gestos, como partes *essenciais* de nossa experiência, e não como acompanhamentos inessenciais, ou como meros instrumentos de comunicação. (Compare com as pp. [104-5].)) *c*) Há uma experiência dirigida a pessoas ou coisas que vemos todo dia quando sentimos, repentinamente, que elas são "velhas conhecidas" ou "bons e velhos amigos"; também poderíamos descrever esse sentimento como sendo de calor humano ou de nos sentirmos à vontade em sua presença. *d*) Minha sala, com todos os seus objetos, me é completamente familiar. Quando entro nela pela manhã, será que cumprimento as cadeiras familiares, as mesas familiares etc. com um sentimento de "Ah, olá!"? ou tenho um sentimento do tipo descrito em *c*)? Acaso, porém, o modo como caminho pela sala, retiro algo de uma gaveta, sento-me etc. não é diferente do meu comportamento em uma sala que não conheço? E por que então eu não deveria dizer que tive experiências de familiaridade sempre que vivi em meio a esses objetos familiares? *e*) Será que não é uma experiência de familiaridade quando, ao ouvir a pergunta "Quem é esse homem?", respondo imediatamente (ou após alguma reflexão): "É fulano de tal"? Compare essa experiência a *f*), a experiência de olhar a palavra escrita "sentimento" e dizer "Essa é a caligrafia de **A**" e, por outro lado, *g*) a experiência de ler a palavra, que também é uma experiência de familiaridade.

Alguém poderia objetar a *e*) dizendo que a experiência de dizer o nome do homem não era a experiência de familiaridade, que ele tinha de ser familiar a nós para que pudéssemos saber seu nome, [163] e que nós tínhamos de *saber seu nome* para que pudéssemos dizê-lo. Ou, poderíamos dizer, "Dizer seu nome não é suficiente, pois é claro que poderíamos dizer o nome sem saber que era seu nome". E essa observação é certamente verdadeira, desde que percebamos que ela não implica que saber o nome é um processo que acompanha ou precede dizer o nome.

25. Considere este exemplo: Qual é a diferença entre uma imagem mnemônica, uma imagem que vem junto com uma expectativa e, digamos, uma imagem que nos vem quando sonhamos acordados? Você pode se sentir inclinado a responder: "Há uma diferença intrínseca entre as imagens". – Será que você notou essa diferença ou apenas diz que havia tal diferença porque acha que precisa haver uma?

"Mas é claro que reconheço uma imagem mnemônica como uma imagem mnemônica, uma imagem num sonho acordado como uma imagem num sonho acordado etc." – Lembre-se de que às vezes você tem dúvidas a respeito de se realmente viu certo evento acontecer ou se o sonhou, ou se apenas ouviu falar dele e o imaginou vivamente. Mas, independentemente disso, o que é que você quer dizer com "reconhecer uma imagem como uma imagem mnemônica"? Eu concordo que (ao menos na maioria dos casos), enquanto uma imagem está diante do olho da sua mente, você não está em um estado de dúvida a respeito de se ela é uma imagem mnemônica etc. Além disso, caso lhe perguntassem se sua imagem era uma imagem mnemônica, você responderia (na maioria dos casos) à pergunta sem hesitar. E se agora eu lhe perguntasse: "*Quando* você sabe de que tipo é essa imagem?"? Acaso você chama saber de que tipo é essa imagem não estar em um estado de dúvida, não fazer perguntas a esse respeito? Será que a introspecção faz você ver um estado ou uma atividade mental que você chamaria de saber que a imagem era uma imagem mnemônica, e que tem lugar enquanto a imagem está diante [164] da sua mente? – Além disso, se você responde à pergunta a respeito de que tipo de imagem você tinha, será que você o faz, por assim dizer, olhando para a imagem e descobrindo nela uma certa característica (como se lhe tivessem perguntado por quem um retrato foi pintado, e então você olhasse para ele, reconhecesse o estilo e dissesse que era um Rembrandt)?

É fácil, por outro lado, indicar experiências características de lembrar, esperar etc. que acompanham as imagens e, além disso, diferenças em seus arredores imediatos ou mais remotos. Assim, nós certamente *dizemos* coisas diferentes nos diferentes casos, por exemplo, "Eu me lembro dele entrando em minha sala", "Eu espero que ele entre em minha sala", "Eu o imagino entrando em minha sala". – "Mas é claro que essa não pode ser toda a diferença!" Não é toda ela: Há três jogos diferentes jogados com as três palavras ao redor dessas afirmações.

Quando nos desafiam a respeito de se *entendemos* a palavra "lembrar" etc., será que realmente há, para além de uma mera diferença verbal, uma diferença entre os casos, com nossos pensamentos se movendo nos arredores imediatos da imagem que tínhamos ou da expressão que usamos?[87] Eu tenho uma imagem de estar jantando com T. no *Hall.*[88] Caso me perguntem se essa é uma imagem mnemônica, eu digo "É claro", e meus pensamentos começam a se mover por caminhos que partem dessa imagem. Eu me lembro de quem se sentou ao nosso lado, sobre o que conversamos, o que pensei a esse respeito, o que aconteceu a T. mais tarde etc. etc.

Imagine dois jogos diferentes, ambos jogados com peças de xadrez sobre um tabuleiro de xadrez. A posição inicial dos dois é a mesma. Um dos jogos sempre é jogado com peças vermelhas e verdes, o outro, com peças pretas e brancas. Duas pessoas estão começando a jogar, o tabuleiro está entre elas, com as peças

87. No tiposcrito de base, lê-se: "*When challenged, do we* understand *the word 'remember', etc., is there really a difference between the cases besides the mere verbal one, our thoughts moving in the immediate surroundings of the image we had or the expression we used*". A edição de Rhees altera significativamente a pontuação da passagem, bem como a conjugação de um dos seus verbos (sublinhado abaixo), apresentando o seguinte texto: "*When challenged: do we* understand *the word 'remember', etc.? is there really a difference between the cases besides the mere verbal one? our thoughts* move *in the immediate surroundings of the image we had or the expression we used*". Preferimos manter nossa edição mais próxima do tiposcrito de base, apenas incluindo o ponto de interrogação ao fim do longo período. A tradução da versão de Rhees seria: "Quando nos desafiam: será que *entendemos* a palavra 'lembrar' etc.? será que realmente há, para além de uma mera diferença verbal, uma diferença entre os casos? nossos pensamentos se movem nos arredores imediatos da imagem que tínhamos ou da expressão que usamos".

88. Provável referência ao *Dining Hall* [refeitório] do Trinity College, em Cambridge.

vermelhas e verdes [165] posicionadas. Alguém lhes pergunta: "Vocês sabem que jogo pretendem jogar?". Um jogador responde: "É claro; estamos jogando o nº 2". "Qual é agora a diferença entre jogar o nº 2 e o nº 1?" – "Bem, há sobre o tabuleiro peças vermelhas e verdes, e não pretas e brancas, além do mais dizemos que estamos jogando o nº 2." – "Mas essa não poderia ser a única diferença; será que você não *entende* o que significa 'nº 2', e a qual jogo remetem as peças vermelhas e verdes?" Aqui estamos inclinados a dizer "Certamente que entendo", e para provar isso a nós mesmos realmente começamos a mover as peças de acordo com as regras do jogo nº 2. Isso é o que eu chamaria mover-se nos arredores imediatos de nossa posição inicial.

Mas será que também não há um sentimento peculiar de passado, que é característico das imagens como imagens mnemônicas? Certamente há experiências que eu estaria inclinado a chamar de sentimentos de passado, embora nem sempre um desses sentimentos esteja presente quando me lembro de algo. – Para obter clareza a respeito da natureza desses sentimentos, é muito útil, mais uma vez, lembrar-se de que há gestos de passado e entonações de passado que podemos considerar como representando as experiências de passado. (Aristóteles.)[89]

Irei examinar um caso específico, o de um sentimento que descreverei, de modo aproximado, dizendo que se trata do sentimento de "há muito, muito tempo". Essas palavras e o tom no qual elas são ditas são um gesto de passado. Mas irei especificar ainda mais a experiência a que quero me referir dizendo que ela é a experiência que corresponde a uma certa melodia (*Davidsbündlertänze* – "*Wie aus weiter Ferne*").[90] Estou imaginando essa

89. A referência a Aristóteles é omitida na edição de Rhees.

90. Referência à 17ª peça das "Danças da liga dos companheiros de David", de Robert Schumann (op. 6), que traz a indicação de andamento "*Wie aus der*

melodia tocada com [166] a expressão correta e assim gravada, digamos, para um gramofone. Essa é a expressão mais elaborada e exata que posso imaginar de um sentimento de passado.[91]

Ora, será que eu deveria dizer que ouvir essa melodia tocada com essa expressão é, em si mesmo, aquela experiência específica de passado, ou eu deveria dizer que ouvir a melodia causa o surgimento do sentimento de passado e que esse sentimento acompanha a melodia? Ou seja, será que consigo separar o que chamo de essa experiência de passado da experiência de ouvir a melodia? Ou será que consigo separar uma experiência de passado expressa por um gesto da experiência de fazer esse gesto? Será que consigo descobrir algo, o sentimento essencial de passado, que persiste depois que abstraímos todas aquelas experiências que poderíamos chamar de experiências de expressar o sentimento?

Estou inclinado a sugerir que você ponha a expressão de nossa experiência no lugar da experiência. "Mas as duas não são o mesmo." Isso é certamente verdadeiro, ao menos no sentido em que é verdadeiro dizer que um trem ferroviário e um acidente ferroviário não são a mesma coisa. E, ainda assim, há uma justificativa para falar como se a expressão "o gesto 'há muito, muito tempo'" e a expressão "o sentimento 'há muito, muito tempo'" tivessem o mesmo significado. Assim, eu poderia apresentar as regras do xadrez da seguinte maneira: Eu tenho, à minha frente,

→ *Ferne* (*Come da lontano*)", cuja tradução seria "Como se vindo de longe". A menção de Wittgenstein, provavelmente feita de memória, tem a seguinte tradução: "Como se vindo de muito longe". Note-se, ainda, que a edição de Rhees reproduz o erro do tiposcrito original e grafa "Davids Bündler Tänzer", erro parcialmente corrigido por Wittgenstein no manuscrito de Ambrose (em que se lê a forma ainda incorreta "Davidsbündler Tänze").

91. No tiposcrito de base, encontra-se a seguinte variante: "de um gesto exato de passado". A variante aparece depois de um sinal de barra dupla (//). Seguimos a edição de Rhees.

um tabuleiro de xadrez com um conjunto de peças de xadrez sobre ele. Eu apresento regras para mover essas peças de xadrez específicas (essas peças de madeira específicas) sobre este tabuleiro específico. Será que essas regras podem ser as regras do jogo de xadrez? Elas podem ser convertidas nas regras do xadrez por meio do uso de um único [167] operador, como a palavra "qualquer". Ou ainda, as regras para o meu conjunto específico podem ficar como estão e podem ser convertidas nas regras do jogo de xadrez mudando-se nossa perspectiva em relação a elas.

Há a ideia de que o sentimento de passado, digamos, é algo amorfo em um lugar, a mente, e que esse algo é a causa ou o efeito daquilo que chamamos de expressão do sentimento. A expressão do sentimento, então, é um modo indireto de transmitir o sentimento. E frequentemente tem-se falado de uma transmissão direta do sentimento que tornaria desnecessário o *medium* externo de comunicação.

Imagine que eu lhe diga para preparar certa cor e que eu a descreva dizendo que se trata da cor que você obtém quando deixa ácido sulfúrico reagir com cobre. Essa poderia ser chamada de uma maneira indireta de comunicar a cor que eu tinha em mente. É concebível que, sob certas circunstâncias, a reação de ácido sulfúrico com cobre não produza a cor que eu desejava que você preparasse, e que, ao ver a cor que você obteve, eu tivesse de dizer "Não, não é essa", e tivesse de dar a você uma amostra.

Ora, será que podemos dizer que a comunicação dos sentimentos por meio de gestos é indireta nesse sentido? Será que faz sentido falar de uma comunicação direta, por oposição a essa comunicação indireta? Será que faz sentido dizer: "Não posso sentir a dor de dente dele, mas se eu pudesse, eu saberia como ele está se sentindo"?

Se falo a respeito de comunicar um sentimento a outra pessoa, será que não preciso, para entender o que estou dizendo, saber o que chamarei de critério para ter sucesso nessa comunicação?

Estamos inclinados a dizer que, quando comunicamos um sentimento [168] a alguém, algo que nunca podemos saber acontece na outra ponta. Tudo o que podemos receber dele é, mais uma vez, uma expressão. Isso é estreitamente análogo a dizer que nunca podemos saber, no experimento de Fizeau, quando o raio de luz alcança o espelho.[92]

92. Hippolyte Fizeau (1819-1896) foi um físico francês que se notabilizou por suas medições da velocidade da luz. No célebre experimento referido por Wittgenstein, realizado em 1851, um raio de luz se divide em dois no ponto A. Os dois raios resultantes — podemos chamá-los de R1 e R2 — fazem percursos diferentes, mas de mesmo comprimento. O raio R1, que passa por uma corrente de água fluindo na direção contrária à de seu movimento, vai até o espelho B1 e é refletido até o ponto C. O raio R2, que passa por uma corrente de água fluindo na mesma direção que a de seu movimento, vai até o espelho B2 e é refletido, também, até o ponto C. O objetivo era verificar se, apesar de o comprimento dos caminhos serem iguais, eles chegariam ou não ao ponto C no mesmo instante, por causa de diferenças de velocidade induzidas pelo movimento da água. O resultado negativo do experimento — os dois raios chegam juntos ao ponto C — foi uma das motivações para a Teoria da Relatividade, de Albert Einstein (1879-1955).

Wittgenstein traça uma comparação entre dizer que "nunca podemos saber [o que] acontece na outra ponta [com a outra pessoa]" e dizer que "nunca podemos saber, no experimento de Fizeau, quando o raio de luz alcança o espelho". Apesar da alegação de uma "analogia estreita" entre os dois casos, não está claro qual seria essa analogia. Para o leitor interessado em refletir a esse respeito, indicamos alguns aspectos acerca de como o experimento de Fizeau passou a ser compreendido a partir da Teoria da Relatividade, cuja primeira versão foi publicada em 1905: 1) Há um sentido bastante rigoroso em que *é possível* saber quando os raios alcançam os respectivos espelhos. Mais precisamente, *dado um referencial qualquer*, há medições que podem ser feitas e que determinam o momento em que isso ocorre. Essas determinações, porém, variam de acordo com o referencial adotado; 2) Inversamente, não faz sentido falar, em termos absolutos (ou seja, independentemente de um referencial específico), do momento em que os raios atingem o espelho. Em particular, não faz sentido perguntar, em termos *absolutos*, se eles alcançam os respectivos espelhos ao mesmo tempo (na Teoria da Relatividade, a noção de simultaneidade passa a ser relativa a um referencial de medição); 3) Não é relevante, para o experimento, determinar em que momento os raios foram refletidos nos dois diferentes espelhos (situados em lugares diferentes). O que é relevante é apenas a sincronia (ou não) da chegada de ambos ao ponto C.

"Comunicação da experiência pessoal"

1. **B** olha para um semáforo e relata a **A** qual cor é mostrada, gritando-lhe, alternadamente, as palavras "vermelho" "verde" "amarelo". Em seu treinamento, fizeram **B** observar as luzes enquanto o instrutor dizia "vermelho" quando ele via vermelho, "verde" quando ele via verde etc. (Essa última frase opõe o fato de o instrutor dizer "vermelho" quando ele via vermelho a, digamos, dizer "*rouge*" ou "muuu" quando ele via vermelho. A frase, portanto, não dizia que o instrutor contava ao aluno o que via por oposição a contar-lhe uma mentira – algo diferente.) A condição para **B** aprender o jogo era, evidentemente, que ele reagisse da "maneira desejada". Ou seja, caso **B** não reagisse dizendo as palavras, ou reagisse dizendo-as "aleatoriamente", o jogo não teria funcionado. Estou pressupondo que **B**, depois de algum treinamento, dissesse em todos os casos a palavra que o professor desejava que ele dissesse (a palavra que o próprio professor teria dito). Não seria esse um caso de comunicação da experiência pessoal?

2. Como nº 1. Depois que **B** passou pelo treinamento, fazemos com que ele olhe para o semáforo através de vários tipos de *me-*

dia. Sempre que olha através de um *medium* específico, ele diz "vermelho", quando olha sem o *medium*, diz "verde", e vice-versa. Outros *media* produzem outras alterações regulares desse tipo em suas reações, mas não em uma pessoa normal. Surge a pergunta: "Caso ele olhe através de tal e tal *medium*, será que ele vê o que nós vemos ou vê algo diferente?". Responde-se à pergunta fazendo-se com que ele olhe através do *medium* e deixando que ele nos conte o que vê.

3. Ensinou-se **B** a descrever a cor exibida pelo semáforo apontando-se para algum objeto colorido próximo a ele, um objeto vermelho quando o semáforo está vermelho etc.

B olha para o semáforo e diz "vermelho". **A** vê que o semáforo exibe a cor que ele chamaria de verde[1] e pede que **B** aponte para uma amostra, para lhe indicar qual é a cor. **B** aponta para um objeto vermelho. Quando lhe mostram vários objetos coloridos, contudo, **B** reage normalmente, ou seja, ele chama de vermelho o que **A** chama de vermelho etc. **A** diz agora: "Que estranho, **B** vê a luz verde no semáforo como vermelha, e a luz vermelha como verde".[2] Em casos assim, perguntaremos: "Por

1. No manuscrito, a expressão "o semáforo está verde" aparece sobreposta à expressão "o semáforo exibe a cor que ele chamaria de verde". Nenhuma das duas foi riscada.

2. A expressão "ver algo como algo" – em alemão: "*etwas als etwas sehen*"; em inglês: "*to see something as something*" – é uma das mais importantes, e recorrentes, na obra madura de Wittgenstein. Por esse motivo, é importante notar que, nesta passagem, assim como em outras passagens semelhantes deste Apêndice, o texto original traz uma formulação diferente, mais direta: "*B sees a green traffic light red and a red traffic light green*". Infelizmente, em casos como esse, não encontramos em português um recurso que permitisse traduzir formulações desse tipo, de maneira clara e natural, sem recorrer à expressão "ver como". (Em outros casos, porém, como na seção 30, em que Wittgenstein imagina óculos que nos fazem "ver verde", foi possível evitar a confusão.) O leitor fica advertido, porém, de que não se trata, em inglês, da mesma expressão que normalmente é traduzida assim. Observamos ainda

que, neste caso, ele vê uma cor diferente do que nós?". Talvez venhamos a descobrir que certas condições atmosféricas sempre coincidem com esse *fenômeno*.[3] Possivelmente, porém, o fenômeno ocorrerá em certos casos estranhos, em que não encontraremos uma explicação.

4. Imagine, por outro lado, que **B** tivesse chamado uma luz verde de vermelha, como em 3, mas quando lhe pedissem para apontar a cor em uma amostra, ele apontasse para o verde. Nós lhe diríamos, então, que não chamamos essa cor de "vermelho", mas de "verde", e ele poderia corrigir a si mesmo. Nesse caso, nós diríamos: "Ele disse 'vermelho' e queria dizer 'verde'". Ou: "Ele viu a mesma cor que nós vimos, apenas a chamou de modo diferente".

5. Mas poderíamos imaginar que, quando lhe dissessem "nós não chamamos essa cor de 'vermelho', mas de 'verde'", ele se recusasse a mudar seu uso, digamos, nos casos em que as cores fossem luminosas. Também aqui poderíamos dizer: "**B** vê aquilo que vemos, mas se recusa, em tais e tais casos, a usar os nomes[4] que usamos".

6. Suponha que **B** e **A** olhassem para as brasas em uma lareira e **B** falasse do brilho verde das brasas. Então, caso não houvesse por ali quaisquer outras amostras de "verde" e "vermelho", **A** poderia dizer: "Eu não consigo descobrir se **B** vê aquilo que

→ que, embora o tema de "ver algo como algo" já esteja prefigurado no *Livro marrom*, por exemplo nas seções 16 a 20 da Parte II, ele só se tornará um foco central das preocupações do autor a partir do final da redação das *Investigações filosóficas*, em 1946.

3. No manuscrito, há uma linha ondulada escrita a lápis sob o termo "fenômeno", interpretada aqui como destaque.

4. No manuscrito, o termo "nomes" [*names*], com a caligrafia de Wittgenstein, aparece sobreposto ao termo "designações" [*appelations*], com a caligrafia de Skinner. Nenhum dos dois foi riscado.

vejo e simplesmente o chama de modo diferente, ou se ele realmente vê as brasas como verdes". Se um teste específico tivesse sido feito, **A** poderia dizer a uma terceira pessoa: "Eu vou lhe mostrar como **B** vê o fogo", e, para fazer isso, **A** poderia pintar uma imagem da lareira com brasas verdes.

7. Agora um caso em que poderíamos dizer: "Ele disse verde lá onde vimos verde, e vermelho lá onde vimos vermelho, mas o tempo todo ele viu vermelho lá onde vimos verde, e vice-versa". Como é que poderíamos ter descoberto tal estado de coisas?[5] Nós o treinamos a descrever cores em uma sala iluminada por certa luz artificial específica. Mais tarde, porém, após deixar essa sala, ele chama de verde aquilo que chamaríamos de vermelho, e vice-versa. Nós o corrigimos e ele muda suas designações, e nos conta que uma folha que lhe mostramos naquela sala tinha a cor que agora uma rosa tem. Estaríamos inclinados a dizer, nesse caso: "aquela luz artificial teve um efeito estranho sobre ele, ele viu objetos vermelhos como verdes, e objetos verdes como vermelhos; mas nós só descobrimos isso quando saímos ao ar livre com ele".

8. — "Nunca saberemos se ele quis dizer isso ou aquilo." Suponha que uma pessoa, a qual houvesse sido treinada juntamente com **B** naquela luz artificial, morresse antes de jamais ter usado a linguagem à luz do dia; poderíamos dizer: Talvez também essa pessoa reagisse como **B** quando conduzida à luz do dia, mas nunca saberemos.

Talvez (α) disséssemos que essa questão seria decidida se ele se levantasse do túmulo e nós então fizéssemos o experimento

5. No manuscrito, lê-se a seguinte variante, que aparece na sequência do texto separada por um sinal de barra dupla (//): "Como é que poderíamos imaginar ter descoberto tal estado de coisas?".

com ele; ou se seu fantasma nos aparecesse em uma sessão espírita e nos dissesse ter tido uma experiência específica. — Talvez (β) nós não aceitemos qualquer evidência. Mas e se nós não tivéssemos aceitado a evidência no nº 7 e tivéssemos dito: "Não podemos estar seguros de que ele seja o mesmo homem que foi treinado na sala", ou, por outro lado, "Ele é o mesmo homem, mas não podemos saber se ele *teria* se comportado dessa maneira no momento em que foi treinado".

9. Introduzimos uma nova notação para expressões deste tipo: "Se P acontece, então, nas circunstâncias C, (como regra) Q acontece. P não aconteceu nessa ocasião (as circunstâncias, em todo o resto, sendo C) e Q não aconteceu". Em vez disso, dizemos: "Se P tivesse acontecido, Q teria acontecido" ou "A não ser por P, Q teria acontecido". Por exemplo, em vez de "Se a pólvora está seca, então nessas circunstâncias uma faísca dessa magnitude basta para explodi-la. Ela não estava seca nessa ocasião e (nas mesmas circunstâncias) não explodiu", dizemos: "Se a pólvora estivesse seca nessa ocasião, ela teria explodido". O propósito dessa notação reside, certamente, em que ela diminui a diferença entre a expressão que diz que a catástrofe não aconteceu e a expressão que diz que ela aconteceu. Poderíamos dizer que a nova notação pinta uma imagem bastante viva da catástrofe e não enfatiza o fato de que, nessa ocasião, ela não aconteceu. Isso poderia ser mostrado de maneira ainda mais clara caso, em nossa linguagem, realmente utilizássemos imagens pintadas. A segunda notação será particularmente adequada, por exemplo, se desejamos causar um choque em uma pessoa, fazendo-a imaginar de maneira vívida aquilo que teria acontecido, dando pouca ênfase para o fato de que não aconteceu.

10. Alguém poderia nos dizer: "Mas será que você está seguro de que a segunda frase quer dizer exatamente o mesmo que a

primeira frase, e não apenas algo semelhante, ou algo em acréscimo àquilo que a primeira quer dizer?". (Moore.)[6]

Eu diria: Estou falando do caso em que ela quer dizer exatamente isso, – e esse parece-me ser um caso importante (e você me concede isso ao dizer o que disse). Mas obviamente não estou dizendo que essas notações não são usadas também de outra maneira, e se fossem, eu teria de discutir esses outros casos separadamente. – (Baixar o tom de voz durante um discurso às vezes serve para dispensar momentaneamente a atenção do ouvinte; em outros casos, serve para chamar a atenção para aquilo que está sendo dito. Ou, ainda, baixar o tom de voz pode servir para despertar a expectativa do ouvinte para aquilo que será dito.)

Deve estar claro que nossos exemplos simples não são exercícios preliminares para a análise (final) do verdadeiro significado da expressão tal e tal. (Nicod.)[7] Mas esses exemplos afetam justamente essa "análise". (O ponto de vista criticado nesta observação é o seguinte: que a análise de casos simplificados gradualmente conduz à análise dos casos reais da mesma maneira como o estudo das leis de um corpo em queda no vácuo conduz ao estudo do movimento de um corpo em queda no ar.)

11. Dizemos "Não podemos saber se essa faísca teria sido suficiente para iniciar a combustão daquela mistura" e oferecemos,

6. George Edward Moore (1873-1958) foi um dos mais notáveis filósofos ingleses da geração que antecedeu à de Wittgenstein. O contato entre os dois foi intenso, o que se manifesta em importantes publicações. São dignas de menção as *Notas ditadas a G. E. Moore na Noruega* (1914) e as anotações tomadas por Moore ao longo de sua frequente participação nas aulas de Wittgenstein no início dos anos 1930. Vale lembrar, ainda, que são dois textos de Moore os principais pontos de partida das reflexões wittgensteinianas publicadas no *Sobre a certeza*.

7. Jean Nicod (1893-1924) foi um lógico e filósofo suíço conhecido por suas contribuições à lógica formal, à geometria e à análise do espaço sensorial. Particularmente nesse último campo, suas ideias influenciaram Wittgenstein.

como razão, o fato de que não podemos reproduzir a mistura exata se não tivermos precisamente os mesmos ingredientes, ou se não tivermos uma balança para pesá-los exatamente etc. etc. Mas suponha que as circunstâncias pudessem ser reproduzidas e alguém dissesse: "Não podemos saber se essa faísca teria iniciado a combustão da mistura", e oferecêssemos, como razão, o fato de que não podemos saber se, nessas circunstâncias, ela *então* teria explodido. Essa resposta poderia pôr nossa cabeça em parafuso. Sentiríamos que a pessoa não estava jogando, do modo como jogamos, o mesmo jogo com aquela expressão. Nós diríamos: "Isso não faz sentido". E isso quer dizer que nós estamos desorientados quanto a saber qual raciocínio, quais ações, se é que há alguma, acompanham essa sua afirmação. Inclinamo-nos a acreditar que a pessoa inventou uma frase análoga às frases usadas por nós em certos jogos de linguagem, sem notar que ela privou sua frase de seu *propósito*.

Em que caso dizemos que uma frase tem um propósito? Isso equivale a perguntar "em que caso chamamos algo de um jogo de linguagem?". Eu posso apenas responder: Olhe para a família de jogos de linguagem. Isso lhe mostrará que tipos de relações, de semelhanças, existem entre seus membros.

Será que nós demonstramos que não faz sentido dizer (nº 8) "Nós nunca saberemos _ _ _ _ _ _", quando não aceitamos qualquer evidência que decidiria a questão? Nós diríamos: Nessas circunstâncias, a frase perde seu propósito, que era o de ser usada em um jogo no qual algo era aceito como evidência. Mas dizer isso não quer dizer que não pode haver algum outro propósito em dizê-lo.

12. **B** é treinado para descrever a imagem residual com que fica após ter olhado, digamos, para um ponto vermelho brilhante. Ele é treinado fazendo-se com que olhe para aquele ponto e, em

seguida, feche os olhos. Então nós lhe perguntamos: "O que você está vendo?". Antes, essa pergunta lhe era feita apenas se ele estivesse olhando para objetos físicos e tivesse de descrevê-los. Ele então reage dizendo, por exemplo: "Agora estou vendo um círculo verde".[8] (Se ele não reage dizendo o que vê de olhos fechados, o jogo simplesmente não funciona.) Há, ou parece haver, uma grave objeção a essa descrição do treinamento. Pois e se eu tivesse tido de descrever meu próprio treinamento, e não o de **B**? Será que, nesse caso, eu teria dito "Eu fechei meus olhos e reagi à pergunta 'o que você está vendo?' dizendo 'estou vendo um círculo verde'", – e não: "Eu fechei meus olhos, vi um círculo verde e disse isso"?

A ideia é que eu vi um círculo verde e disse isso, por oposição a simplesmente dizer isso sem ver um círculo verde. Isso nos conduz a uma objeção fundamental em relação a dizer que os exemplos 1, 3, 12 são casos de comunicação da experiência pessoal, vale dizer: esses exemplos não nos oferecem nada além da aparência exterior de uma tal comunicação,[9] mas nós deixamos de lado o elemento essencial que os tornaria exemplos de comunicação da experiência pessoal, isto é, nós não dissemos que havia uma experiência pessoal por trás das manifestações do sujeito. Essas manifestações podem perfeitamente bem ter sido feitas sem (a) ter havido uma experiência pessoal, ou (b) sem se referir a quais experiências pessoais houve. Parece, portanto, que ao dizer que aqueles exemplos nos mostraram casos simples,

8. Com "imagem residual" [*after-image*], Wittgenstein se refere ao fenômeno em que, após fecharmos os olhos, continuamos vendo uma imagem "baseada" naquela que antes víamos de olhos abertos. Vale observar que, como questão de fato, após olhar para um círculo vermelho, tendemos a ver um círculo verde como sua imagem residual (funciona aqui um princípio de cores complementares).

9. No manuscrito, lê-se a seguinte variante, que aparece na sequência do texto separada por um sinal de barra dupla (//): "esses exemplos são exemplos somente da aparência exterior de uma tal comunicação".

primitivos, de comunicação da experiência pessoal, eu lhe havia transmitido apenas a casca vazia da castanha, e não a castanha verdadeira. Estamos inclinados a comparar nossa afirmação de que os n°s 1, 3, 12 exemplificavam casos primitivos de comunicação da experiência pessoal com a afirmação de que, quando um conjunto de roupas masculinas e um par de botas estão em uma sala, isso é um caso simples de um homem estando em uma sala.

Ora, será que não é possível que **B** tenha reagido de modo satisfatório no jogo nº 1 e que, mesmo assim, possamos mais tarde dizer que ele reagiu desse modo sem realmente ver o semáforo? Certamente há tais casos. Imaginemos um deles.

13. **B** reage de modo satisfatório no jogo nº 1, aquele jogado com o semáforo, mas em todos os outros casos reage como um cego. (a) Ao jogar o jogo nº 1, ele reage igualmente bem com os olhos fechados ou abertos. (b) Ele só consegue jogar o nº 1 com os olhos abertos.

Será que agora somos forçados a dizer que, em tais casos, ele apenas reage às luzes do semáforo sem realmente vê-las? Será que não poderíamos dizer que, por uma razão que nos é desconhecida, ele apenas vê as luzes do semáforo e nada além disso, e que no caso (a) ele, de maneira absolutamente extraordinária, chega mesmo a ver as luzes do semáforo através de suas pálpebras (ou com os olhos vendados)? – Mas a isso, por sua vez, você objeta dizendo: "É óbvio que podemos apenas fazer conjecturas a respeito de se outro alguém, pessoalmente, está realmente vendo ou não, mas sabemos diretamente se nós mesmos estamos vendo ou não". E nós argumentamos: "Certamente você não nega que nós algumas vezes podemos – e realmente fazemos isso – dizer que estamos vendo tal e tal quando, de fato, não estamos vendo isso. Por que então **B**, ao jogar o jogo nº 1, não poderia fazer exatamente isso? E, além do mais, – quando me perguntam 'O que você está vendo', eu não observo meu próprio comportamento e concluo com base nele que estou vendo, digamos, um círculo verde". – Mas o que significa dizer que nós sabemos "se nós mesmos estamos ou não vendo", ou que nós sabemos se estamos ou não vendo um círculo verde? Acaso não podemos imaginar um caso em que diríamos "Ele disse que viu uma mancha verde, mas havia esquecido o significado da palavra verde" ou "Ele disse que viu algo, mas havia esquecido o que significava 'ver'"? – Mas, a isso, você responderá: "Ele pode ter esquecido como se chama a cor que está vendo, mas ainda assim ele sabe o que está vendo". – Acredito que você deseja dizer: "Ele está vendo o que está vendo", e isso não significa nada. (Possivelmente você dirá: "Mesmo que ele possa ter esquecido o nome da cor, ele será capaz de nos contar qual cor está vendo por outros meios, digamos, apontando para uma amostra da cor". – Mas será que não poderíamos dizer que, nesse caso, ele poderia ter esquecido o que significa a expressão "a mesma cor"?)

Como é que eu sei que estou vendo uma mancha verde? – Será que não posso dizer: "Ora, simplesmente por a estar vendo"? Essa resposta pode surgir de uma confusão entre ver e olhar. Estamos pensando no uso de uma frase como "Só de olhar ao redor, eu sei que ninguém está na sala". Ou podemos dizer: "Só de vê-lo, eu o reconheci" (por oposição a reconhecê-lo ao ouvir sua voz). Se dizer "Só de vê-la, eu sei que isso é uma mancha verde" deve ter algum sentido, é necessário que contrastemos ver que a mancha é verde com descobrir isso de alguma outra maneira. Mas isso não é o que desejávamos *fazer*, pois falávamos da "mancha verde" como de uma aparência visual verde.

Como é que sabemos que aquilo que vemos é, digamos, uma mancha verde? Será que não é ao dizer para nós mesmos, ou em voz alta, que é uma mancha verde? – "Mas certamente dissemos que ela era verde somente porque sabíamos que ela era verde!"

– Mas com o que se parece saber que a cor que estou vendo é verde? será que esse é um processo que acompanha constantemente o ato de ver? será que ele "*precisa*" acompanhar o ato de ver? e de que maneira ele difere do ato de ver? Saber, eu suponho, é algo semelhante a *ser capaz* de dizer o que é que estamos vendo.

Examine, então, quais são seus critérios para dizer que você é capaz de dizer o que está vendo. Um critério desse tipo, para dizer em voz alta o que você está vendo, provavelmente é dizer para si mesmo o que está vendo. Não é absurdo dizer que o critério para você estar vendo a cor verde, tanto para você mesmo como para os outros, pode ser que, nessa ocasião, você reaja com a palavra "verde" (que a palavra "verde" lhe venha).

"Mas por que eu não poderia ter jogado o jogo nº 1 e ter me lembrado, mais tarde, de não ter visto nada enquanto o jogava, e de apenas ter dito as palavras?" — Certamente pode haver casos nos quais eu, em alguma ocasião, tenha dito "Estou vendo tal e tal", e nos quais, mais tarde, lembro-me claramente de não ter visto nada enquanto dizia isso, ou me lembro de ter visto algo diferente, ou de que aquilo que disse não tinha qualquer conexão com o que eu havia visto. Por que então eu não poderia me lembrar desse tipo de coisa em relação a quando joguei o jogo nº 1?

Há algo de curioso a respeito do uso da palavra "lembrar". Por um lado, ela parece se referir a um evento presente e, por outro, a um evento passado. Estamos inclinados a dizer: Eu estou vendo *agora* o que aconteceu no passado. Isso, obviamente, é uma metáfora e, em muitos casos, uma metáfora bastante desencaminhadora. Não entremos agora na questão a respeito do que acontece "em nossas mentes" quando nos lembramos de que algo aconteceu. Pode haver imagens, palavras, tensões e toda espécie de coisas. Para nossos propósitos, seria suficiente supor que o que acontece é que as palavras "Eu me lembro de tal e tal" vêm à nossa mente. Fomos ensinados a usar essas palavras em vários jogos de linguagem.

14. Talvez o mais importante entre eles seja aquele em que há maneiras de checar aquilo de que nos lembramos. Há, porém, usos da palavra "lembrar" em que não está disponível nenhuma "maneira de checar aquilo de que nos lembramos".

15. Dessa maneira, dizemos, pela manhã, que nos lembramos de ter tido tal e tal sonho durante a noite. E já se levantou a questão de se o sonho que alguém conta efetivamente ocorreu enquanto ele dormia ou se, na verdade, aconteceu enquanto "nos lembramos dele". A resposta é que, enquanto não admitirmos nenhum critério para decidir em que momento o sonho aconteceu, podemos dizer o que quisermos. "Mas certamente isso não pode ser apenas uma questão de palavras, há algo mais aí." – Sim, há! A criança, por exemplo, a quem se ensinou o uso da expressão "eu me lembro", ou o uso do tempo pretérito dos verbos, ao acordar, espontaneamente nos conta um sonho com as seguintes palavras: "Eu *estava* em tal e tal lugar ontem à noite". Nós então lhe ensinamos a dizer "Eu sonhei que estava _ _ _ _", preservando assim o tempo pretérito que a criança havia usado espontaneamente.

Podemos agora dizer: "O fato de que a criança usou espontaneamente o pretérito mostra que havia algo 'pretérito' em relação a seu sonho. Pois não se tratava de um lapso de fala quando ela disse 'Eu estava . . . .', pois ela *persistiu* no uso do pretérito". – E acaso não é suficiente dizer que a criança persistiu no uso do pretérito? será que esse não poderia ter sido "o fenômeno de notar o caráter pretérito de seu sonho"?

É certamente digno de nota que, ao contar um sonho, estejamos inclinados a usar o pretérito juntamente com todo o conjunto de imagens, gestos, inflexões de voz etc. associado ao uso do pretérito em casos do tipo do nº 14. Se você pergunta: "Mas *por que* a criança se inclina a usar o pretérito?", eu responderia: eu não conheço as *causas* pelas quais ela faz isso; e por que é que ela deveria ter uma *razão* para se expressar da maneira que faz?

Podemos agora imaginar que aceitamos um critério empírico para o momento em que o sonho "efetivamente ocorreu".

16. Imagine um caso em que pudéssemos observar os cérebros das pessoas enquanto elas estivessem pensando (falando, escrevendo, observando fenômenos ao seu redor), e em que observássemos o cérebro de uma pessoa enquanto ela estivesse dormindo, e então deduzíssemos, a partir da observação, que a pessoa estava tendo certos pensamentos, imagens etc., e descobríssemos que, ao acordar, ela nos conta um sonho que concorda com aquilo que havíamos inferido. Nesse caso, poderíamos dizer que o momento em que um sonho ocorre é o momento em que aqueles processos têm lugar em seu cérebro. Essa é uma afirmação a respeito do uso da expressão "momento em que o sonho ocorre". (Compare essa afirmação com outras como "Experimentos mostraram que sonhos longos podem ocorrer em poucos segundos".)

17. Considere agora uma afirmação como esta: Um homem diz: "Eu me lembro claramente de ter tido esse sonho antes de nascer". – Será que deveríamos lhe responder que isso é impossível, que ele não pode se lembrar disso, que não há tal coisa como lembrar-se disso? — Isso pareceria como se estivéssemos negando que ele pudesse ter *dito* que se lembrava de... . Mas podemos estar perplexos e não saber "o que fazer com sua afirmação", "como lidar com sua afirmação".

18. Suponha, por exemplo, que idosos acima de 90 anos tivessem a tendência de dizer que se lembram de certos eventos de sua primeira infância. Suponha que, ao checar esse tipo de afirmação, descobríssemos quase invariavelmente que elas estão completamente erradas.[10] Estou pressupondo, por outro lado, que elas não tenham, de nenhum outro modo, as características de uma mentira. É provável que, em tal caso, déssemos a essas manifestações um nome especial, digamos, "pseudomemórias senis". Talvez nós as explicássemos, de uma maneira freudiana, como manifestações de *desejos* etc. Quero dizer, em tal caso poderíamos não estar inclinados a fazer qualquer conexão que seja entre essas manifestações senis e o passado. – Se afirmações com a forma "Eu me lembro de ter sonhado tal e tal antes de nascer" normalmente ocorressem em meio às afirmações senis que já descrevemos, provavelmente nós as consideraríamos como fenômenos interessantes da idade avançada, e nesse caso não conceberíamos o ato de se lembrar como "*olhar para trás*" em direção ao passado.

19. Em outras circunstâncias, porém, nossa atitude poderia ser bem diferente, caso tivéssemos descoberto, por exemplo, que em certa idade as pessoas têm a tendência de se lembrar de eventos da sua infância, e que em um grande número de casos essas memórias estão de acordo com outros registros. Em tal caso, estaríamos inclinados a tratar essas manifestações de memória como documentos para a história de vida da pessoa.

20. E é bem possível imaginar que olhássemos no passado da pessoa, digamos, no desenvolvimento do embrião, em busca do

10. No manuscrito, lê-se a seguinte variante, que aparece na sequência do texto separada por um sinal de barra dupla (//): "... descobríssemos que não havia qualquer verdade nelas, que elas eram completamente fictícias".

fundamento daquela memória de um sonho que a pessoa disse ter sonhado antes de vir ao mundo.

Teremos, porém, dificuldade em dizer que uma pessoa se lembra de eventos de uma infância muito distante, isso para não mencionar de um período anterior ao seu nascimento. Diríamos que é impossível, para alguém, lembrar-se do que aconteceu ao seu redor logo após seu parto, pois sua consciência naquele momento não era suficientemente desenvolvida para perceber o ambiente. Num estágio posterior – diríamos –, quando a criança começa a notar o que acontece ao seu redor, ela é capaz de coletar memórias, especialmente quando já pode falar. Pois, ao falar (pensar), ela apreende, por assim dizer, seu ambiente, recebe uma impressão desse ambiente em sua alma. – Isso nos mostra como, por um lado, estamos inclinados a limitar o uso da palavra "lembrar", mas também como, por outro lado, certos fatos poderiam nos fazer estender esse uso.

21. Considere agora o caso de alguém que diz se lembrar de ter visto uma luz azul quando, durante seu aprendizado do uso da palavra "vermelho", jogava o jogo nº 1 e disse "vermelho". – Será que diríamos que agora precisamos saber aquilo que ele realmente tinha visto naquela ocasião, embora naquele momento ele não fosse capaz de nos dizer isso? Podemos nos sentir tentados a dizer isso, a imaginar que agora, finalmente, nós temos um meio de olhar para dentro da sua mente, tal como ela era naquele momento. Sua mente estava, por assim dizer, fechada, impenetrável para nós, naquele momento, mas agora ele pôde abri-la por meio da fala,[11] deixando-nos olhar para dentro dela. A fala, aqui, aparece como *a* janela através da qual olhamos

11. No manuscrito, a expressão "ele pôde abri-la por meio da fala" aparece sobreposta à expressão "ele pôde abri-la por ter aprendido a falar".

para dentro da mente da outra pessoa. Essa imagem pode ser extremamente desencaminhadora.

Ora, quando se ensina a uma pessoa o uso dos nomes das cores ("vermelho", "azul" etc.), estamos fazendo usos de certos fenômenos como critérios para dizer que ela está vendo aquilo que estamos vendo, que ela está vendo algo diferente daquilo que estamos vendo, ou que ela não está vendo nada. E, evidentemente, nosso critério não é aquilo que ela diz, ao menos não da mesma maneira que, num estágio posterior, aquilo que ela diz é tomado como o critério para aquilo que ela está vendo. Pois quando, por exemplo, ela aprende a jogar o jogo nº 1, e no momento do seu treino ela diz a palavra "verde" quando queremos que ela diga "vermelho", nós não consideramos a palavra verde que ela diz como uma descrição do que ela viu.

22. Agora imagine isto: – Assim que chega a aprender o suficiente da linguagem para expressar tal coisa, ele nos conta que viu azul quando, ao jogar o jogo nº 1, tinha dito "vermelho". – Isso soa como se, agora, nós realmente devêssemos estar convencidos de que ele tinha visto azul.

"22" nos lembra, de modo enganoso, este caso: "Assim que chegou a aprender o suficiente da linguagem de seus anfitriões, o estrangeiro lhes contou que...". – A ideia associada à descrição do caso 22 é a de que, durante todo o tempo, a pessoa se lembrava, talvez tivesse tentado expressar sua memória, mas não tivesse encontrado um meio de dar vazão a isso. Assim que esse meio lhe foi dado, ela nos contou o que sabia.

(Da mesma maneira, Agostinho diz que, quando ainda não tinha aprendido a falar, tentou comunicar os desejos que estavam dentro dele às pessoas fora dele por meio de sinais produzidos por sua voz e pelos movimentos de seus membros, sinais semelhantes a esses desejos. [_ _ _ *et voluntates meas valebam ostendere eis, per quos implerentur, et non poteram quia illae intus er[r]ant, foris autem illi nec ullo suo sensu valebant introire in animam meam. Itaque jactabam et membra et voces, signa similia voluntatibus meis, ...*])[12]

23. Consideremos agora um caso em que a criança se lembra de ter visto isso ou aquilo antes de jamais ter aprendido a dizer que se lembra. E imaginemos o seguinte: a criança não se lembra imaginando, mas desenhando e pintando "o que aconteceu". Tão logo se tornou forte o suficiente para segurar um lápis, mas antes de jamais ter aprendido a falar, ela espontaneamente começou a desenhar imagens que poderiam ser facilmente reconhecidas como cenas da sua vida no dia anterior. (Mais tarde, quando ensinamos a criança a falar, conectamos a palavra "lembrar" a esse fenômeno espontâneo de desenhar.)

24. Suponha agora que a criança, fazendo assim o que estaríamos inclinados a chamar de desenhar e pintar suas memórias, persistentemente pintasse objetos vermelhos de verde e objetos verdes de vermelho. (Uma rosa que tinha visto no dia anterior, ela pinta com pétalas verdes e folhas vermelhas.) Ora, que expressão mais direta e inequívoca de memória poderíamos desejar? Nenhuma linguagem que ela depois venha a aprender pode expressar o que ela lembra com mais verdade do que seu desenhar espontâneo e livre de influências. Poderíamos dizer "Se algum dia viermos a saber o que ela realmente viu, será olhando para esses desenhos". Nenhuma memória, pode-

12. "... e queria manifestar minhas vontades àqueles que poderiam satisfazê-las, e não conseguia, porque aquelas estavam dentro, e estes, fora, e não podiam penetrar na minha alma com nenhum de seus sentidos. Então me lançava em gestos e sons, sinais que imitavam minhas vontades..." (*Confissões* I, VI, 8. Trad. de Lorenzo Mammì. São Paulo: Penguin-Companhia, 2017).

ríamos dizer, pode ser expressada mais claramente. E, ainda assim, será que o caso que descrevemos é um caso claro do qual diríamos: "A criança vê vermelho onde vemos verde, e vice-versa; ela claramente se lembra de ter visto a rosa verde e as folhas vermelhas"? Será que não estaríamos igualmente prontos a dizer que a memória-desenho da criança está nos pregando um estranho truque? Creio que sentimos uma clara relutância em dizer que o fenômeno que acabamos de descrever mostra que a criança vê vermelho sempre que vemos verde, e vice-versa. E a razão é esta: Em certas circunstâncias, efetivamente usamos a expressão "uma pessoa vê vermelho onde vemos verde", – mas a gramática dessa expressão é caracterizada pelo fato de que[13] não a usamos na seguinte conexão: "ela vê vermelho *sempre* que vemos verde, e vice-versa". Ou, como estamos inclinados a expressar de modo desencaminhador: "Se ela sempre visse verde em todas as ocasiões em que vemos vermelho, e vice-versa, não conseguiríamos descobrir isso". O uso normal da expressão "Ela vê verde onde vemos vermelho" é assim: O critério que utilizamos para dizer que alguém está usando "vermelho" com o mesmo significado que nós é, como regra, que essa pessoa chame de "vermelhos" aqueles objetos que nós chamamos de "vermelhos", e vice-versa. Caso, então, em ocasiões específicas, ela diga que algo é vermelho quando diríamos que é verde, dizemos que ela está vendo diferente de nós. Preste atenção ao modo como, em tal caso, nós nos comportaríamos: procuraríamos por uma causa para esse desacordo e, se descobríssemos uma "explicação satisfatória", certamente estaríamos inclinados a dizer que ela viu verde onde vimos vermelho.

13. No manuscrito, a expressão "seu uso é caracterizado pelo fato de que" aparece sobreposta à expressão "a gramática dessa expressão é caracterizada pelo fato de que".

Encontrar uma explicação satisfatória seria algo deste tipo: encontrar uma substância em seus olhos que, como mostram os experimentos, quando injetada nos olhos, imediatamente faz os objetos vermelhos parecerem verdes; ou descobrir que ela está olhando através de lentes coloridas.

Além disso, está claro que, mesmo antes de ter encontrado tal causa, estaríamos inclinados, em certas circunstâncias, a dizer que a pessoa viu uma cor diferente daquela que nós vimos. Se ela chamasse de verdes todos os objetos que chamamos de vermelhos, e vice-versa, diríamos que, com "verde", ela *quer dizer* aquilo que nós queremos dizer com "vermelho", e vice-versa. Assim, também é claro que não podemos dar qualquer regra estrita que indique em quantos casos precisamos concordar a respeito da cor dos objetos para que sejamos capazes de dizer que queremos nos referir à mesma cor quando dizemos "vermelho".

25. Considere este caso: Alguém diz: "É estranho, hoje estou vendo como azuis todos os objetos vermelhos, e vice-versa". Nós respondemos: "As coisas devem estar parecendo estranhas para você!". Ele diz: "Sim, elas estão! O céu 'azul' parece quente e as brasas brilhantes parecem frias". Creio que, nessas circunstâncias e em circunstâncias semelhantes, estaríamos inclinados a dizer que ele viu como vermelho aquilo que vimos como azul. E, mais uma vez, diríamos que sabemos que, com as palavras "azul" e "vermelho", ele quer dizer aquilo que nós queremos dizer, pois ele sempre as usou como nós as usamos.

26. Por outro lado: Alguém nos conta, hoje, que ontem estava vendo como azuis todas as coisas vermelhas, e vice-versa. Nós lhe dizemos: "Mas você estava falando de modo absolutamente normal ontem, você falava do céu azul e do crepúsculo vermelho". Ele responde: "Isso é porque eu também estava trocando

os nomes". Nós: "Mas isso não era muito estranho?". Ele: "Não, tudo parecia perfeitamente ordinário".[14] – Será que, nesse caso, nós diríamos que, já que se lembrava disso, ele obviamente[15] tinha visto o céu como vermelho etc.? Será que não diríamos, pelo contrário, que não sabemos *o que* dizer em tais circunstâncias?

27. Volte ao caso 24, – e suponha, agora, que a criança não apenas desenha cenas de ontem, mas também de anteontem. Desse modo, às vezes ela desenha a mesma cena duas vezes, – o dia seguinte e, mais uma vez, o dia depois desse. E observamos que, como em 24, no dia seguinte ela pinta de vermelho os objetos verdes e de verde os objetos vermelhos, mas no dia posterior ela muda, e pinta de verde os objetos verdes etc. – Pergunte a si mesmo o que você diria que a criança tinha visto originalmente; será que ela tinha visto a grama verde ou vermelha?

28. Suponha que alguém habitualmente desenhe esboços de objetos e pessoas ao seu redor. Observamos certas peculiaridades de suas representações. Por exemplo, ele desenha pessoas com cabeças muito pequenas e pernas muito longas, e coisas assim. – Em que tipos de caso nós diríamos "Ele vê as coisas de modo diferente do que vemos", e, por outro lado: "Ele simplesmente as pinta de modo diferente"?

Olhemos novamente, agora, para o exemplo 22. Tínhamos a sensação de que, caso ele tivesse nos dito o que tinha visto assim que fosse capaz de fazê-lo, isso bastaria para que nós (agora) tivéssemos um critério direto para saber o que ele realmente ti-

14. No manuscrito, o termo "ordinário" [*ordinary*] aparece sobreposto ao termo "natural" [*natural*].

15. O termo "obviamente" é uma inserção posterior, feita com a caligrafia de Wittgenstein.

nha visto. Mas os exemplos seguintes pretendiam mostrar que apenas em circunstâncias muito especiais[16] nós consideramos o fenômeno da memória como certo sinal do que aconteceu "nele".

Mas aqui podemos ser acusados de não ter tratado esses casos de modo justo, pois falamos como se não fizesse sentido dizer que ele tinha visto verde quando não havia qualquer critério para que decidíssemos se ele realmente tinha feito isso, e era como se tivéssemos esquecido que, afinal de contas, ele tinha ou não tinha visto verde e sabia se tinha ou não tinha visto verde naquele momento.

Se dizemos: "Naquele momento ele sabia o que tinha visto", isso é como dizer que o que ele tinha visto estava registrado *lá atrás*, com a ressalva, somente, de que o registro poderia ter se perdido,[17] o que é irrelevante. Mas deixe-me perguntar: com que se parece saber que estou vendo vermelho? Quero dizer: olhe para algo vermelho, "saiba que isso é vermelho" e veja o que você está fazendo. – Será que você não poderia chamar isso de "imprimir algo em sua mente"? Com isso, porém, você quer dizer dois tipos de coisa diferentes, (a) registrar o que você está vendo ao dizer para si mesmo o que está vendo, pintar o que está vendo etc. etc., (b) olhar fixamente, concentrar sua atenção, e coisas assim. É evidente que (a) e (b) estão relacionados. Poderíamos chamar ambos de "imprimir em si mesmo o que você está vendo", do mesmo modo que poderíamos chamar de imprimir um sinete na cera tanto fazer uma impressão do sinete como, por outro lado, pressionar o sinete sobre a cera, quer com isso o sinete fique ou não registrado. Ora, é desencami-

16. No manuscrito, o termo "especiais" [*special*] aparece sobreposto ao termo "específicas" [*particular*].

17. No manuscrito, lê-se a seguinte variante, que aparece na sequência do texto separada por um sinal de barra dupla (//): "embora mais tarde o registro possa ter sido perdido".

nhador usar a expressão "saber o que estamos vendo" no sentido de olhar fixamente, de olhar com força e coisas assim, pois em nosso uso da expressão "**A** sabe o que **B** está vendo" ela está estritamente conectada a um modo de comunicar que *aquilo* que **B** está vendo, **B** está vendo. Em nosso jogo, há um suplemento para a frase "Eu sei o que ele está vendo", a saber, "Ele está vendo tal e tal".

Ora, por que estamos inclinados a dizer: "Ele certamente sabe o que está vendo"? Poderíamos responder: "Ele certamente não pode estar em dúvida a respeito de qual é sua impressão visual, pois está tendo essa impressão. Ele pode, por exemplo, estar em dúvida a respeito de como chamar a cor que está vendo, – mas isso é irrelevante, – mas não pode estar em dúvida a respeito da cor ela mesma – simplesmente porque a está vendo".[18] Aqui, porém, estamos misturando ter uma impressão de cor com ter uma amostra da cor. É perfeitamente correto dizer "Eu sei que cor ele está vendo, a saber, esta (apontando para uma amostra), embora eu não saiba como você *chama* essa cor". "Saber que cor **A** está vendo" pode ser traduzido como "Ser capaz de comunicar que cor **A** está vendo". E se dizemos que **A** certamente sabe que cor está vendo, embora possa não saber o nome da cor, nós mais ou menos pressupomos que ele poderia pintar ou apontar para uma amostra da cor, caso não possa nomeá-la. E aqui é necessário lembrar do nosso uso do verbo "poder". Pergunte a si mesmo: Será que você está falando de um processo da mente, de um estado consciente da mente, que persiste enquanto a pessoa pode? – "Ele sabe que cor está vendo porque a está vendo" é como dizer "Ele está vendo a cor, então a está vendo". Compare com isto: "Ele sabe de que cor é a

18. No manuscrito original, as aspas não são fechadas. Inseri-las neste ponto, e não ao fim do período anterior, é uma decisão dos tradutores.

flor porque a está vendo" – por oposição, digamos, a saber a cor porque alguém que a está vendo lhe contou. A confusão que nos incomoda está relacionada àquela ideia de "impressão visual", a saber, que ela é uma imagem que carregamos por aí conosco. As expressões "impressão visual" e "imagem de um objeto físico" andam em paralelo em parte de seus usos; mas onde suas gramáticas diferem, esse paralelismo tende a nos iludir.

Mas será que não é verdade que, se estou vendo uma cor, dadas certas circunstâncias exteriores, eu posso comunicar que cor é essa que estou vendo, se não pela fala, então apontando-a ou pintando-a? – Vejamos o que quer dizer "comunicar apontando etc.". Suponha que eu esteja vendo verde e, ao mesmo tempo, aponte para um objeto verde. Será que isso é ou não comunicar qual cor estou vendo? Depende das circunstâncias; isto é, depende de se estou jogando um jogo que chamaríamos de "comunicar uma impressão de cor". Quando, logo atrás, eu disse "Dadas certas circunstâncias exteriores", eu quis dizer: dado o fato de que posso erguer minha mão para apontar, de que há amostras de cor por perto e coisas assim. Mas será verdade que, dadas essas circunstâncias, eu posso jogar um jogo de linguagem de "comunicar impressões visuais"?[19]

"Mas será que você diria, então, que um homem pode estar vendo uma mancha vermelha, digamos, e não saber o que está vendo?" – Você não está querendo dizer, é claro, que a expressão "ver uma mancha vermelha e não saber que a vê" deve ser usada na forma "estou vendo uma mancha vermelha, mas não

19. Na página em branco oposta ao presente texto, Wittgenstein escreveu, entre aspas, o termo "rocar" [*castling*], ligando-o, por meio de setas, à última frase deste parágrafo e à linha em branco imediatamente abaixo dele. O termo refere-se a um movimento no xadrez que se caracteriza por só poder ser realizado em certas circunstâncias, as quais, porém, não estão visíveis apenas pela posição das peças no tabuleiro, pois também levam em conta o histórico pregresso de movimentos.

sei que a estou vendo". Mas, por outro lado, podemos estar inclinados a usar a expressão "Eu vi uma mancha vermelha, mas não sabia que a estava vendo". (Ouvimos um relógio bater e tomamos consciência disso apenas mais tarde.) A expressão "Ele está vendo uma mancha vermelha e não sabe que a está vendo" pode ser usada por nós caso tenhamos adotado certos critérios para dizer que ele está vendo tal e tal, embora ele não o comunique para nós, e caso nós usemos a expressão "Ele sabe o que está vendo" de um modo análogo àquele em que usamos a expressão "**A** sabe o que **B** está vendo". Em certas circunstâncias, podemos então dizer que a criança já vê, mas não sabe o que está vendo, querendo dizer que ela não é capaz de jogar um jogo de "comunicar a impressão visual".

"Mas certamente não precisamos informar uma pessoa de que ela tem tal e tal imagem visual; porém, para que nós saibamos, ela precisa nos informar. Portanto, ela sabe sem ser informada, e nós não." – Está completamente errado dizer que nós não precisamos informá-la de que ela tem tal e tal impressão visual. Lembre-se do jogo nº 1: não *havia* nesse jogo (isto é, no modo efetivo como ele era jogado) algo como **A** dizendo a **B** qual cor **B** está vendo; mas não porque "essa informação não era necessária"; tal operação[20] simplesmente não ocorria no jogo e, por outro lado, nós extraímos nossa ideia de "informar o que *x* está vendo" desse tipo de jogo. Portanto, poderíamos[21] dizer que *não faz sentido* dizer "*x* informa *y* de que *y* tem tal e tal impressão visual" e, analogamente, podemos dizer que não faz sentido dizer "*x* sabe qual impressão visual tem".

20. No manuscrito, o termo "operação" [*operation*] aparece sobreposto ao termo "processo" [*process*].

21. No manuscrito, o termo "poderíamos" [*might*] aparece sobreposto ao termo "deveríamos" [*ought*].

Dizer "Eu posso dizer qual cor estou vendo sem que me contem" soa como "Eu posso dispensar o auxílio de alguém que me conte"; – como se, de modo análogo ao jogo nº 1, tivéssemos considerado um jogo em que **B** conta a **A** o que **A** está vendo. (Por outro lado, poderíamos imaginar o jogo nº 1 sendo jogado com a seguinte variação: **A** tem de propor nomes de cores a **B**, **B** seria incapaz de dizer vermelho, mas capaz de acenar com a cabeça quando a palavra "vermelho" lhe fosse sugerida por **A**.)

"Você fala como se não pudéssemos ver uma mancha vermelha a menos que possamos *dizer* que a vemos. Como se ver alguma coisa fosse dizer que a estamos vendo." – "Ver alguma coisa" obviamente não quer dizer o mesmo que "dizer que estamos vendo alguma coisa". Mas os significados dessas expressões estão relacionados de modo mais estreito do que pode parecer. – Dizemos: um cego não vê coisa alguma. Mas não apenas *nós* dizemos isso, como ele também diz que não vê. Eu não estou querendo dizer "ele concorda conosco que ele não vê" ou "ele não contesta tal coisa", mas sim que também ele descreve o estado de coisas dessa maneira, já que aprendeu a mesma linguagem que nós. Ora, quem é que nós chamamos de cegos, qual é nosso critério para a cegueira? – Um certo tipo de comportamento. E se a pessoa se comporta dessa maneira específica, nós não apenas a chamamos de cega, como lhe ensinamos a chamar-se a si mesma de cega. E, *nesse* sentido, seu comportamento também determina o significado de "cegueira" para *ela*.

29. Mas agora você dirá: "Certamente a cegueira não é um comportamento; é evidente que um homem pode se comportar como um cego e não ser cego. Portanto, 'cegueira' quer dizer algo diferente; seu comportamento apenas o ajuda a entender o que nós queremos dizer com 'cegueira', a entender qual significado nós realmente desejamos lhe transmitir. As circunstân-

cias exteriores são aquilo que tanto ele como nós conhecemos. Sempre que ele se comporta de certo modo, nós dizemos que ele não vê nada, e ele percebe que uma certa experiência privada dele sempre coincide com esses casos. E, assim, ele conclui[22] que nós queremos nos referir a essa sua experiência dizendo que ele não vê nada".

A ideia é a de que nós ensinamos a uma pessoa o significado de expressões relacionadas a experiências pessoais *indiretamente*. Nós poderíamos imaginar tal maneira indireta de ensinar do seguinte modo:

30. Eu ensino a uma criança os nomes das cores e o jogo, digamos, de trazer objetos de certa cor quando se grita o "nome da cor". Não ensino a ela esses nomes, porém, apontando para amostras que eu e ela estamos vendo. Em vez disso, tenho vários óculos e, caso olhe através deles, cada um me faz ver uma folha branca de papel de uma cor diferente. Esses óculos também se distinguem por sua "aparência exterior": o par de óculos que me faz ver verde tem lentes redondas, outro tem lentes elípticas etc. Ensino agora a criança do seguinte modo: quando a vejo colocar os óculos redondos, pronuncio a palavra "verde"; se ela coloca os óculos elípticos, digo "amarelo", e assim por diante. Esse jogo poderia se chamar "ensinar à criança o significado dos nomes das cores de um modo indireto", porque nesse caso se poderia dizer que eu levei a criança a correlacionar a palavra "verde" a algo que eu mesmo não estava vendo, mas que esperava que a criança visse caso olhasse através das lentes redondas. E essa maneira é indireta por oposição à maneira direta de apontar para um objeto verde etc.

22. No manuscrito, o termo "conclui" [*concludes*] aparece sobreposto ao termo "sabe" [*knows*].

(A ideia de que transmitimos os significados de expressões de experiência pessoal indiretamente está associada à ideia de "ler a mente" e à ideia "de que a comunicação dos nossos pensamentos seria mais perfeita se não tivéssemos de comunicá-los através do *medium* da linguagem".[23])

A objeção nº 29 deveria ter como consequência que nós, às vezes corretamente, às vezes erroneamente, ensinamos uma pessoa a dizer que é cega. Pois e se, durante todo o tempo, ela estivesse vendo mas, no entanto, se comportasse exatamente como um cego? Ou será que deveríamos dizer: "A natureza não pregaria uma tal peça em nós"?

Podemos ver, aqui, que não entendemos claramente o verdadeiro uso das expressões "Estar vendo algo" ou "Não estar vendo nada".

E aquilo que tende tão fortemente a nos enganar[24] quando consideramos esse uso é *isto*: Dizemos "Certamente podemos ver algo sem jamais dizer ou mostrar que o fazemos e, por outro lado, podemos dizer que vemos tal e tal sem vê-lo; portanto, ver é *um* processo e expressar que vemos é outro processo, e tudo o que um tem a ver com o outro é que eles às vezes coincidem; eles têm a mesma relação que 'ser vermelho' e 'ser doce'; às vezes o que é vermelho é doce, – etc.". Ora, isso obviamente não é completamente verdadeiro, e não é completamente falso. Parece que nós, de alguma maneira, olhamos para o uso dessas palavras de modo enviesado. É evidente que, em nossa lingua-

23. No manuscrito, leem-se as seguintes variantes, que aparecem na sequência do texto separadas por um sinal de barra dupla (//): "... se eles não tivessem de passar através do *medium* da linguagem" e "... se pudéssemos comunicá-los diretamente, em vez de comunicá-los através do *medium* da linguagem".

24. No manuscrito, o trecho "tende tão fortemente a nos enganar", com a caligrafia de Wittgenstein, aparece sobreposto ao trecho "nos engana tão completamente", com a caligrafia de Skinner. Nenhum dos dois foi riscado.

gem, usamos as palavras "ver vermelho" de tal maneira que podemos dizer "**A** está vendo vermelho, mas não está mostrando isso", e, por outro lado, é fácil ver que não teríamos nenhum uso para essas palavras se sua aplicação fosse completamente desvinculada dos critérios para o comportamento da pessoa; isso equivale a dizer que é essencial, para o jogo de linguagem que é jogado com essas palavras, que as pessoas que o jogam se comportem da maneira específica que chamamos de "expressar (mostrar) o que estão vendo", e também que, algumas vezes, e em certas circunstâncias, elas possam esconder, parcial ou inteiramente, que estão vendo algo, ou o que é que estão vendo.

31. Considere o seguinte caso. Estamos em um laboratório pesando diversos corpos, digamos, pedaços de metal, e estudando o comportamento desses corpos, o qual, assim descobrimos, depende do seu peso. Como regra, o peso de um tal corpo permanece constante, ou seja, se o pesamos a qualquer momento durante ou depois do experimento, obtemos o mesmo resultado. – Às vezes, o peso de um tal corpo muda; pesá-lo em diferentes momentos gera diferentes resultados. Procuramos, então, pela causa dessa mudança e descobrimos, digamos, que parte do corpo foi removida, evaporou, e coisas assim. Em casos relativamente raros, o peso de um corpo muda e não conseguimos explicar de modo algum a mudança, mas mesmo assim não dizemos que, aqui, a pesagem perdeu seu propósito, "pois agora o corpo não tem, na verdade, um peso único". Em vez disso, dizemos que o corpo de algum modo mudou, seja em sua composição ou em seu tamanho, mas que, até agora, não detectamos a mudança. –

Usamos a expressão "o peso de um corpo" com a ideia de algo inerente ao corpo, algo que só poderia ser diminuído destruindo-se, removendo-se, parte do corpo. Nossa ideia é: mesmo corpo – mesmo peso. O peso, para nós, *pertence* ao corpo. E se o merceeiro pesa o pedaço de queijo que nos vende, ele simplesmente descobre, como estaríamos inclinados a dizer, *o que* ele nos está vendendo.

Uma pessoa que não soubesse nada a respeito da pesagem e suas consequências normais, isto é, a respeito do comportamento normal dos corpos que pesamos, poderia achar estranho que o merceeiro ou nós estivéssemos interessados em saber o que acontece quando colocamos um pedaço de queijo sobre um prato suspenso de tal e tal modo. Ela poderia dizer: "Eu achava que vocês estivessem interessados apenas em comer o queijo, não em fazer um experimento com ele". Mas não olhamos para a pesagem dessa maneira, para nós não se trata de descobrir de que maneira um aparelho complicado reage a um corpo, mas de descobrir *o que é esse corpo*.

32. Suponha, porém, que aquilo que foi descrito como a regra, no caso 31, se tornasse a exceção. A maioria dos corpos muda seus pesos de modo inexplicável. Poderíamos imaginar que um corpo geralmente tivesse cinco pesos; ou seja, quando o colocamos sobre a balança, em diferentes momentos, a balança mostra um de cinco valores, mas nunca chegamos a observar qualquer regularidade que pudesse nos fazer expressar essa mudança na forma de uma lei que nos auxiliasse a prever qual será o valor na próxima vez que pesarmos o corpo. Será que, nessas circunstâncias, ainda estaríamos inclinados a dizer que o corpo mudou, mas que ainda não descobrimos a mudança? Se, *como regra*, eu não visse absolutamente nenhuma regularidade nesses eventos, eu não estaria inclinado a dizer que havia uma regularidade que ainda não descobrimos. Eu rejeitaria a imagem da regularidade, a qual eu dificilmente teria ocasião de aplicar, como vã. Podemos dizer que o ponto de vista que eu assumo em relação a um caso específico depende dos casos que o circundam; depende de se, e em que

medida, o fenômeno é a regra ou a exceção. A imagem, a forma de expressão, a gramática que estamos inclinados a usar, o jogo de linguagem que estamos inclinados a jogar dependem daquilo que *usualmente* acontece.

Mas será que a expressão "ver vermelho" não significa para mim uma certa experiência privada ou um fato no reino da experiência primária, – a qual, com certeza, é absolutamente diferente de dizer certas palavras? – Como uma pessoa sabe que tem a experiência visual vermelha, ou seja, como ela associa a palavra "vermelho" a "uma cor específica"? Com efeito, o que é que a expressão "uma cor específica" significa aqui? Qual é o seu critério para associar a palavra sempre à mesma experiência? –.

Com efeito, se a pessoa tem de jogar um jogo de linguagem, a possibilidade de fazer isso dependerá de suas próprias reações e das reações de outras pessoas. O jogo depende da concordância dessas reações. Em geral, é necessário que eles, os jogadores, descrevam as mesmas coisas como "sendo vermelhas". – "Mas se a pessoa fala consigo mesma, isso é certamente diferente. Pois, nesse caso, ela não precisa levar em conta as reações das outras pessoas; ela simplesmente dá o nome 'vermelho' para *a mesma cor* para a qual deu esse nome em casos anteriores." Mas como ela sabe que é *a mesma cor*? Será que ela também reconhece esse "ser a mesma cor" como aquilo que ela costumava chamar de "ser a mesma cor", e assim por diante ad infinitum? É verdade, ela conecta as expressões "vermelho" e "a mesma cor" de acordo com o uso ordinário, por exemplo, ela não diria que agora está vendo a mesma cor que havia visto antes, que aquela cor era vermelho e que a cor que agora está vendo não é vermelho – etc.

A expressão "'ver vermelho' significa uma experiência específica" é sem sentido a não ser que possamos, depois dela, acrescentar "a saber, esta" (apontando para algo). Caso contrário, ela pode ser substituída por "'ver vermelho' significa uma experiência", por oposição, digamos, a um objeto físico; essa é uma proposição da gramática.

"E se eu usasse a linguagem apenas para fazer anotações em meu diário? Sem jamais ter aprendido uma linguagem, eu poderia ter inventado um nome para uma sensação de cor, digamos, o nome 'muuu', e então ter usado esse nome para anotar em que dias tive essa sensação de cor." – Quer dizer, você está jogando um jogo de linguagem privado consigo mesmo. Mas vejamos em que consiste esse jogo, o que devemos dizer a esse respeito. Não é correto dizer que você anota a palavra "muuu" sempre que vê vermelho (ou azul etc.). Pois tais palavras de cor são usadas em nossa linguagem comum, e são definidas por meio de amostras que "todos nós vemos". Assim, sugere-se naturalmente a expressão segundo a qual você anota "muuu" sempre que vê "uma cor específica". Mas a objeção anterior se aplica ao uso das palavras "ver" e "cor". Pois o uso dessas palavras obviamente está associado aos objetos da nossa experiência comum: amostras, os olhos humanos, o ato de olhar etc. Digamos, então, que você anote "muuu" sempre que tem uma experiência específica. – Será que não é essencial que seja sempre a *mesma* experiência? – Você poderia dizer: "Certamente podemos mudar o significado de uma palavra durante seu uso". Isso é, obviamente, verdadeiro.

33. Eu poderia, por exemplo, em um jogo de linguagem como o nº 1 (Livro I),[25] fazer com que os nomes dos materiais de construção mudassem de nome: digamos, da seguinte maneira, que a cada manhã **A** conte a **B** o que hoje chamará de "placa", "bloco" etc.

25. Wittgenstein refere-se ao jogo nº 1 da Parte I do *Livro marrom*. Lembramos que a versão do *Livro marrom* de que este Apêndice deriva foi registrada nos cadernos (ou livros) V e VI da sequência que compõe a versão do *Livro marrom* ditada por Wittgenstein e escrita por Francis Skinner.

34. Ou ainda poderíamos jogar um jogo com uma mudança periódica nos nomes, de maneira que aquilo que, às segundas-feiras, é chamado de "placa", às terças-feiras seja chamado de "bloco", às quartas-feiras de "coluna" etc. (Além disso, o silêncio de **A** pode ser um símbolo: por exemplo, se **A** não diz nada por algum tempo, **B** tem de trazer placas.) Mas suponha agora que eu tivesse descrito um jogo de linguagem (semelhante ao nº 1, Lv. I) desta forma:

35. "Há um construtor e seu colega. Enquanto trabalha, o construtor às vezes produz sons diversos (você pode chamá-los de palavras), o colega lhe traz vários materiais de construção." Ora, você chamaria isso de um jogo de linguagem? e você chamaria os sons produzidos pelo construtor de um simbolismo? E se eu dissesse: "É um simbolismo, os sons mudam de significado, mas você já admitiu que símbolos podem mudar de significado enquanto jogamos um jogo de linguagem"? Acaso você estaria inclinado a descrever o nº 35 dizendo "as palavras que **A** expele mudam de significado"? Nós diríamos: "Não falaremos de uma 'mudança de significado' em 35, porque não foi dada nenhuma regra que conecta os sons produzidos por **A** às ações de **B**, e não foi descrita nenhuma regularidade na mudança de uma tal conexão". Assim, em vez de perguntar "Será que não é essencial que seja sempre a mesma experiência?", eu poderia ter perguntado: "Será que não é essencial que 'muuu', caso mude de significado, mude de acordo com uma regra?". Para os nossos propósitos, porém, a primeira questão é tão boa quanto a segunda. – Pois em que caso diremos que você usa "muuu", em momentos diferentes, para a mesma experiência? Será que há, para você, um critério para que seja a mesma experiência? Você dirá que a reconhece como a mesma. Assim, será que diremos que você poderia reconhecê-la como a mesma sem que ela realmente fosse a mesma; ou será que

"ser reconhecida por você como a mesma" significa aqui o mesmo que "ser a mesma"? Será que faz sentido, em nosso exemplo, dizer que duas experiências são a mesma mas não são reconhecidas como a mesma, ou que elas não são a mesma e são reconhecidas como a mesma? Essa pergunta, como veremos mais adiante, equivale a esta: "Será que você pode fazer[26] qualquer uso da ideia de uma diferença ou identidade da sua experiência se você não admite *qualquer* possibilidade de saber se essas experiências são diferentes ou não?". Poderíamos dizer:[27] "Se você reconhece essa experiência como a mesma que teve antes, ela não desempenha, na verdade, absolutamente nenhum papel no reconhecimento daquilo que conta como sendo o mesmo, ao menos na medida em que apenas você a reconhece como a mesma". Digamos, então, que quando você tem a experiência chamada de "reconhecer a presente experiência como a mesma que antes você chamou de 'muuu'", você faz a anotação "muuu" em seu diário. Mas como é que você saberá que esse é o caso? (Pois lembre-se de que, aqui, não é válido nenhum critério externo a respeito do qual poderíamos dizer que ele aponta para o fato de que você está tendo a mesma experiência que teve antes.) Como é que podemos dizer que uma experiência nos justifica a usar, para ela, seja a palavra "muuu", seja a expressão "reconhecer a presente experiência como a mesma que antes chamei de 'muuu'"? Se dizemos que essa última experiência precisa ser reconhecida como a mesma que antes descrevemos do mesmo modo, então não avançamos. Há, agora, duas possibilidades: Ou há, naquela nossa linguagem privada, para além da palavra "muuu", também uma expressão

26. No manuscrito, a expressão "Será que você pode fazer..." aparece sobreposta à expressão "Será que você está fazendo...".

27. No manuscrito, lê-se a seguinte variante, que aparece na sequência do texto separada por um sinal de barra dupla (//): "... fazer a estranha observação".

como “a mesma impressão”; e, nesse caso, a descrição do nosso jogo de linguagem privado indicará em que tipo de associações as duas expressões são usadas. Ou, por outro lado, a única palavra da nossa linguagem é “muuu” e, nesse caso, a descrição do “jogo de linguagem privado” não dirá nada além de que você está fazendo a anotação “muuu” em alguns dias de seu diário.

Quando você fala acerca de um jogo de linguagem privado, está pensando, na verdade, a respeito de um jogo de linguagem que um Robinson Crusoé jogasse consigo mesmo. Mas você não diria que ele joga um jogo de linguagem consigo mesmo a menos que ele realizasse ações análogas àquelas que constituem um jogo de linguagem jogado entre um e outro homem.

Poderíamos apresentar o problema desta maneira: Uma definição ostensiva poderia ser vista como estabelecendo, fixando, o significado com o qual uma palavra deve ser usada em nossa linguagem. Poderíamos, por exemplo, ter estabelecido a definição ostensiva para “vermelho” que consiste em uma amostra de cor sob a qual está escrita a palavra “vermelho”. Mais tarde, remetemos de volta a essa definição da mesma maneira que a um estatuto. Consideremos agora o caso de uma “definição ostensiva privada”. Eu batizei uma impressão de “vermelho”, por exemplo, apenas para meu próprio uso *e de modo privado*. (É claro que registrar essa definição, digamos, por escrito e por meio de uma amostra não vai funcionar. Pois a amostra pode mudar de cor, e não é possível lhe conceder qualquer voz na decisão de qual era a impressão que chamei de “vermelho”.) De que modo o ato de ter nomeado para mim mesmo uma impressão de “vermelho” determina qual impressão eu tenho de chamar de vermelho[28]

28. No manuscrito, as aspas ao redor dessa ocorrência da palavra “vermelho” foram riscadas.

no futuro?[29] De que modo pode-se dizer que eu remeto de volta àquele ato de dar um nome para a impressão quando, numa ocasião posterior, eu uso a palavra "vermelho"? Você diz: "Eu simplesmente me lembro da decisão que tomei naquele momento. Ou posso consultá-la caso eu a tenha registrado, digamos, por meio de uma amostra e da palavra 'vermelho'". Consideremos, em primeiro lugar, o caso em que você simplesmente se lembrou da sua decisão. Aqui, não faz qualquer sentido dizer que você se lembrou dela "corretamente" ou "incorretamente". Com efeito, se você diz que se lembra de que a decisão foi tal e tal, isso equivale a dizer que a decisão foi tal e tal. Mas aqui não podemos *explicar* o que significa "lembrar-se da decisão" dizendo que isso é o mesmo que ver qual foi a decisão que tínhamos tomado; estaríamos mais inclinados a dar a explicação de que "lembrar-se da decisão" significava que uma certa decisão nos ocorreu de um modo específico. Mas de que modo? Digamos, por exemplo, que assim: Uma frase com a forma "Eu me lembrei de que decidi que 'vermelho' deveria significar essa impressão" nos vem à mente, enquanto temos uma certa impressão (você pode substituir essa descrição do fenômeno de lembrar-se por qualquer outra descrição que você queira de um fenômeno mental). Pois aqui "remeter de volta à decisão que tomei a respeito do uso da palavra 'vermelho'" significa dizer a mim mesmo, em uma ocasião posterior, "Lembro-me de ter chamado isso de 'vermelho'", tendo, enquanto o digo, uma certa impressão. Mas será que é isso o que deveríamos chamar de remeter de volta à minha decisão? Será que "remeter de volta a uma decisão" significa que o que estou fazendo agora *concorda* com a decisão que tomei antes? – Mas

29. No manuscrito, lê-se a seguinte variante, que aparece na sequência do texto separada por um sinal de barra dupla (//): "[De que modo o ato de ter nomeado para mim mesmo] uma impressão de 'vermelho' me ajuda a decidir que impressão chamar de 'vermelho' no futuro?".

eu disse apenas “tendo, enquanto o digo, *uma certa* impressão”! Eu não poderia dizer “a mesma impressão”, uma vez que, falando de maneira aproximada, o único critério para que ela seja a mesma era eu ter dito as palavras “Lembro-me de ter chamado isso de ‘vermelho’”. Com efeito, as palavras “tendo ... ... uma certa impressão” eram um floreio desprovido de significado; pois não apenas eu não poderia ter especificado a impressão como não tinha sequer o direito de usar a palavra “impressão”. Pois essa palavra tem um uso bem conhecido apenas na linguagem *que nos é comum*. – Suponha que, em vez de apenas lembrar a decisão, eu a consulto, tendo-a registrado por escrito etc. “Consultá-la”, suponho, significa que eu olho para aquilo que escrevi (pintei etc.). Mais uma vez, porém, isso não constitui “remeter de volta à decisão que registrei”; a não ser que nesse momento eu aja de acordo com aquilo que consultei.[30] Mas eu tomei as palavras “agir de acordo com...”, mais uma vez, da nossa linguagem ordinária e, ao jogar seu jogo de linguagem privado, você não precisa, nesse sentido, agir de acordo com a sua decisão anterior. “Mas é necessário que aquilo que faço pareça a mim estar de acordo com aquela decisão.” – Mas será que você está, na sua opinião, *justificado* em usar as palavras “de acordo com aquela decisão”? Será que, no final das contas, você não será levado a dizer: “essas palavras parecem-me adequadas aqui”, ou algo do gênero, e a respeito destas palavras, novamente, que elas lhe parecem adequadas, e assim por diante? Não significa nada dizer “As palavras que uso estão *justificadas* pela impressão que tenho”, a não ser que haja uma regra para a justificação de expressões com uma certa forma, a qual as coordena com descrições de impressões por meio de palavras e amostras (ou seja, a não ser que

30. No manuscrito, a expressão “aquilo que consultei” aparece sobreposta à expressão “essa decisão”.

eu possa descrever um jogo de justificação de certas expressões, jogado com palavras e amostras).

Considere que, quando normalmente usamos a palavra "vermelho" para descrever qual cor estamos vendo, nós nunca (ou apenas em casos absolutamente excepcionais) escolhemos essa palavra com base na lembrança de uma ocasião anterior em que a havíamos usado, ou com base na lembrança da ocasião em que a palavra foi explicada para nós. Apenas usamos a palavra "vermelho", sem nos lembrarmos de nada. Usamos a palavra sem qualquer justificativa, – mas isso, é claro, não significa que "estamos errados em usá-la".

Em nosso jogo de linguagem privado, nós tínhamos dado, assim parece, um nome a uma impressão, – evidentemente, para usarmos o nome dessa impressão no futuro. – Ou seja, a definição deveria ter determinado para quais impressões usar o nome, em ocasiões futuras, e para quais não o usar. Ora, dissemos que, depois de ter dado a definição, você usou a palavra "vermelho" em certos casos e não a usou em outros casos; mas nós descrevemos esses casos dizendo, apenas, que você tinha "uma certa impressão", isto é, nós não os descrevemos de modo algum. A única coisa que os caracterizava era que, naqueles casos, usamos tais e tais palavras. Nossa definição não desempenhava de modo algum o papel de uma definição, ela não justificava o uso posterior da palavra; e tudo o que resta desse jogo de linguagem privado é, portanto, que às vezes você escreve a palavra "vermelho" no seu diário – sem justificativa alguma.[31]

A "definição ostensiva privada" não força você a usar a palavra de uma ou de outra maneira.

31. No manuscrito, lê-se uma variante, que aparece na sequência do texto separada por um sinal de barra dupla (//), em que o final da frase (a saber, "– sem justificativa alguma") não ocorre.

"Mas nós *nos sentimos justificados* quando normalmente dizemos que algo que vemos é vermelho, embora não pensemos em uma definição de 'vermelho'." – Você está querendo dizer que, quando[32] usa a palavra "vermelho" para descrever algo que vê, em geral tem um sentimento específico que chama de um sentimento de justificação? Tenho dúvidas de que seja assim. Mas, de todo modo, com "justificação", eu não estava querendo me referir a um sentimento. Mas acho que sei o que faz você dizer que, quando diz a alguém, por exemplo, que o livro para o qual está olhando é vermelho, você tem um sentimento de estar justificado em usar a palavra "vermelho". Pois você pode perguntar: Acaso não há uma diferença óbvia entre o caso em que uso uma palavra com seu significado bem conhecido,[33] como quando digo a alguém: "O céu está azul hoje",[34] e o caso em que digo uma palavra arbitrária qualquer em uma ocasião assim, por exemplo, "O céu está muuu"? Nesse último caso, você dirá, ou eu sei que estou simplesmente *atribuindo* um significado à palavra "muuu", ou então eu sentirei que não tenho absolutamente nenhuma justificativa para usar a palavra.[35] "A palavra é, simplesmente, *qualquer* palavra, e não a palavra adequada." – Concordo plenamente que há uma diferença entre as experiências de "usar o nome da cor" – "dar um novo nome à cor" e "usar alguma palavra arbitrária no lugar do nome da cor". Mas isso não quer dizer que você

32. No manuscrito, a expressão "quando" aparece sobreposta à expressão "sempre que".

33. No manuscrito, lê-se a seguinte variante, que aparece na sequência do texto separada por um sinal de barra dupla (//): "com um significado bem estabelecido".

34. No manuscrito, lê-se a seguinte variante, que aparece na sequência do texto separada por um sinal de barra dupla (//): "como quando, olhando pela janela, digo a alguém: 'o céu está azul'".

35. No manuscrito, a expressão "a palavra" aparece sobreposta à expressão "esses sons".

tem um sentimento de adequação no primeiro caso, o qual está ausente no terceiro. "Mas 'vermelho', quando a uso, de alguma maneira me parece se adequar a essa cor." – Nós certamente podemos estar inclinados a dizer essa frase em certas ocasiões, mas seria errado dizer que, por isso, tivemos um sentimento de adequação quando ordinariamente dizemos que algo é vermelho.

36. Mas imagine este caso. Alguém está percorrendo com os olhos uma fileira de manchas de diferentes cores e diz: "Será que ainda sei qual dessas cores é 'vermelho'? – Sim, eu sei". Em tais casos, algumas vezes dizemos: "Alguma coisa estalou na minha mente quando cheguei a *essa* cor". (Isso, evidentemente, é usar uma imagem: Quando girei a roda até um certo ponto, uma trava encaixou-se, com um pequeno estalo.) Mas será que você concluiu, com base na experiência do estalo, que aquilo que viu era vermelho? Supondo que, ao olhar para *essa* cor, seus olhos subitamente se arregalaram e você sentiu um tremor, – será que foi pelo fato de a cor ter produzido essa reação que você a reconheceu como sendo vermelha? – Com efeito, chamamos tal fenômeno de um fenômeno de reconhecimento; mas o chamamos assim porque, em outros casos,[36] nós o usamos como um sintoma[37] de que reconhecemos certo objeto *corretamente*, havendo maneiras de verificar esse reconhecimento.

"Mas quando você me pergunta: 'Você sabe o que "vermelho" quer dizer?', eu respondo 'Sim' depois de ter trazido diante de minha mente uma certa imagem."[38] Mas como se caracteriza

36. No manuscrito, a expressão "em outros casos" aparece sobreposta à expressão "em circunstâncias diferentes".

37. No manuscrito, a expressão "sintoma" aparece sobreposta à expressão "sinal".

38. No manuscrito, a expressão "imagem" aparece sobreposta à expressão "sensação".

essa *certa* sensação? Apenas pelo fato de que ela lhe ocorre quando você diz a palavra "vermelho"? Ou pelo fato de que ela lhe ocorre e você se sente satisfeito?

"Será que um homem não pode jogar consigo mesmo um jogo de xadrez, digamos, em sua mente, sem mostrar a mais ninguém que está fazendo isso?" – O que você diria que ele precisa fazer para que esteja jogando consigo mesmo um jogo privado de xadrez? Qualquer coisa que seja? – Suponho que você diria, por exemplo, que ele imagina um tabuleiro de xadrez com suas peças, que ele imagina movimentos etc. E se lhe perguntassem o que ele tinha de imaginar para imaginar um *tabuleiro de xadrez*,[39] você explicaria isso apontando para um tabuleiro de xadrez real ou, digamos, para uma imagem de um tabuleiro, e algo análogo se lhe perguntassem o que significa[40] imaginar a peça de um rei ou imaginar o movimento de um cavalo. – Ou será que você deveria ter dito: É necessário que ele percorra certas experiências privadas que tem quando – no sentido ordinário da expressão – está jogando uma partida de xadrez. Mas quais são as experiências privadas? e será que qualquer uma delas servirá para esse caso? Por exemplo, sentir calor? "Não! As experiências privadas precisam ter a multiplicidade de um jogo de xadrez." Mas lembre-se do que dissemos a respeito de reconhecer uma experiência privada como sendo a mesma que tivemos em outro momento. – Se persistirmos na ideia de que ele tem experiências privadas que nós não conhecemos, também não podemos falar de uma "certa experiência privada", pois essa expressão é tomada dos casos nos quais alude a uma classe de experiências

39. No manuscrito, a expressão "o que ele tinha de imaginar para imaginar um *tabuleiro de xadrez*" aparece sobreposta à expressão "o que significa imaginar um *tabuleiro de xadrez*".

40. No manuscrito, a expressão "significa" aparece sobreposta à expressão "é".

que nós conhecemos, embora não saibamos qual dos membros dessa classe o outro homem tem. As experiências privadas que nós antes imaginávamos como incógnitas X, Y, Z ... por trás de nossos movimentos perdem suas identidades e se dissolvem em uma neblina. – Por que razão você saberia melhor o que é, para outro homem, "ter uma sensação"[41] do que "ver vermelho"? Se você fosse extremamente cuidadoso, diria "ter um certo algo". – E mesmo "ter" é uma palavra excessivamente definida.

Em que então consiste dar a mim mesmo a definição ostensiva de "vermelho"? – Ora, como devo descrever isso? será que eu deveria dizer "Trata-se de ver *esta* cor (apontando para um objeto vermelho) e dizer a mim mesmo 'Estou vendo vermelho'", – ou então: "Trata-se de ver uma certa cor e dizer 'Estou vendo vermelho'"? – "Eu não gosto da primeira versão; ela pressupõe que a outra pessoa tem a mesma impressão privada que estou tendo." – Mas como então posso chamar isso de uma "cor"? Será que não é tão incerto que, com "cor", eu quero dizer o mesmo que eles quanto que, com "vermelho", eu quero dizer o mesmo que eles? A mesma coisa, é claro, se aplica a "ver". (Pois não estou usando essa palavra, aqui, como querendo dizer uma atividade do olho humano.) A segunda versão está justificada caso eu deseje dizer que, aqui, não importa a qual das cores (digamos, vermelho, verde, azul, amarelo) eu atribuo[42] o nome "vermelho".

Considere este caso: Se pedimos a alguém que nos traga um objeto vermelho, ele se assegura de que sabe o que "vermelho" quer dizer chamando à sua mente uma imagem de cor. – Será, então, que ele pode se assegurar, desse modo privado, do que

41. No manuscrito, a expressão "ter uma sensação" aparece sobreposta à expressão "ter uma experiência".

42. No manuscrito, a expressão "eu atribuo" aparece sobreposta à expressão "ele atribui".

"vermelho" quer dizer?![43] – Mas como é que ele sabe que a cor que lhe ocorre é a correta? (Você está inclinado a dizer que é a correta se ela lhe ocorre de uma certa maneira.) Suponha que o homem chamasse à mente uma imagem de cor e dissesse "Ah, sim, eu sei o que 'vermelho' quer dizer" – então ele segue adiante e pega um objeto azul, – será que ainda diremos que ele havia se assegurado de que sabia o que "vermelho" queria dizer?

"Ao chamar à mente uma imagem de cor, ele se assegura do que a palavra vermelho[44] quer dizer para *ele*." Será que você diria que a palavra tinha significado para ele caso ele quisesse dizer algo diferente a cada vez? E qual é o critério para dizer que a mesma cor ocorre duas vezes? Qual é a cor correta, aquela que agora me ocorre quando digo vermelho ou aquela que agora lembro ter me ocorrido da última vez que disse vermelho, supondo que essas duas sejam diferentes?

✷[45]

Sexta-feira, 2 de novembro [de 1934][46]

Pensamos, muito frequentemente, em termos de um mecanismo e do que ele fará caso seja de um certo tipo. Nossa ideia de

43. No manuscrito, lê-se a seguinte variante, que aparece na sequência do texto separada por um sinal de barra dupla (//): "de que sabe o que 'vermelho' quer dizer?!".

44. No manuscrito, as aspas ao redor dessa ocorrência da palavra "vermelho" foram riscadas.

45. O fragmento que apresentamos a seguir foi extraído de uma folha solta, posicionada no arquivo de Skinner logo após o fim do texto que compõe este Apêndice. Ele está claramente inacabado; apesar disso, optamos por seguir de perto sua pontuação e paragrafação.

46. O ano de 1934 é uma dedução a partir da correlação entre o dia do mês e o da semana.

mecanismo não é a ideia do seu comportamento, mas, aproximadamente falando, de seu aspecto estático.

É com base em seu aspecto estático que vamos dizer o que ele fará.

Essa imagem representa uma certa forma de comportamento.

Essa imagem é uma disposição.

Trata-se de uma hipótese que essa condição será seguida por uma certa forma de comportamento.

Para nós, um certo mecanismo frequentemente representa uma forma de comportamento – ou seja, é nosso símbolo para ela.

Tratamos a imagem desta maneira: deduzimos o comportamento por meio de certas regras gramaticais. A imagem é, para nós, um desenho geométrico.

Essa é a razão pela qual pensamos que um certo estado mental, o de "entender", pode fazer certas coisas. Estamos confundindo a geometria com a física de um mecanismo.

Se dizemos que não somos capazes de profetizar o que um mecanismo fará, mas que somos capazes de dizer o que ele pode fazer, então queremos dizer, com "pode", que tratamos isso como uma regra para deduzir certas formas de comportamento.

Pergunta Será que poderia haver um caso de transição entre esses dois casos?

A resposta é que isso só pode ser respondido por meio de um exemplo. Por que digo isso?

Você não é capaz de descrever seu caso de transição, neste momento, do mesmo modo que seria capaz de descrever uma maçã azul.

N.B. estas notas deverão ser usadas em algum momento no futuro.

"leia-se?

Ex. 42 nem na sua prática uma limitação de escopo desempenha um papel 'predominante' etc."[47]

47. Referência ao exemplo 42 da Parte I do *Livro marrom* (pp. [34-5]). O texto ali era: "[...] *nor in the practice of it a limitation of the range plays a 'predominant' role* [...]". Wittgenstein oferece, aqui, uma versão quase idêntica: "*Ex. 42 nor in the practice of it does a limitation of range plays 'a predominant' role etc.*".

POSFÁCIO

O livro marrom: modo de usar[1]

JOÃO VERGÍLIO GALLERANI CUTER

1. A ORDEM DOS SINTOMAS

O livro azul foi, como se sabe, um acidente didático. Nasceu um pouco inopinadamente, como sucedâneo escrito de um curso de filosofia para matemáticos interrompido de supetão.[2] Com o *Livro marrom*, deu-se outro caso. O texto foi claramente querido, planejado e cuidadosamente desenvolvido.[3] Feito o ditado, uma cópia mimeografada acompanhou Wittgenstein num de seus retiros nos confins da Noruega. Vertido para o alemão, foi meticulosamente reelaborado pelo autor outra e outra vez ao longo dos anos seguintes, dando surgimento assim a um novo estilo, que encontrará nas *Investigações filosóficas* sua expressão mais acabada. É no *Livro marrom* que esse estilo exibe pela primeira vez sua fisionomia definitiva. No *Livro azul*,

1. Este texto deve mais do que eu poderia descrever aqui à inteligência, ao rigor e, acima de tudo, à generosidade de meus ex-alunos Giovane Rodrigues e Tiago Tranjan.

2. Dou mais detalhes no Posfácio ("Novo novelo") do *Livro azul* (São Paulo: Fósforo, 2025).

3. Na Apresentação a este volume, o leitor encontrará mais detalhes.

encontramos seu primeiro esboço. Um nasce do outro, herdando semelhanças inegáveis. No método de trabalho (um ditado feito regularmente a alguns alunos), no conteúdo (um exame crítico de uma concepção do significado que estaria na base de problemas clássicos da filosofia), na forma (uma corrente de usos linguísticos reais e imaginários que evita de modo consciente a exposição sistemática e a organização por assuntos) e até mesmo no apelido, o *Livro marrom* é uma retomada e um aperfeiçoamento do projeto filosófico apresentado no *Livro azul*. Nenhum dos dois tem título nem índice. Começam na primeira página e prosseguem num só fôlego até a última, deixando que um assunto puxe outro como num bate-papo, ou numa terapia. O que preside a articulação do texto, tentarei mostrar, não é uma ordem das razões, e sim uma ordem dos sintomas, na qual um índice temático estaria tão fora de lugar quanto traços em alguns quadros de Turner, nos quais é justamente a *indistinção* entre o navio e a tempestade que dá força à cena como um todo. Da mesma forma, pode-se anotar os temas sucessivos de uma conversa animada, mas a lista transmitiria uma impressão, não apenas incompleta, como *contrária* àquilo que foi mais relevante na situação real. Os dois livros não ficaram sem índice por descuido, mas por apuro formal. Não fora assim no *Big Typescript*,[4] que tampouco tinha título, mas vinha organizado numa sequência de capítulos ("Compreender", "Significado", "Proposição" etc.) subdivididos em seções. Não fora assim em qualquer uma das versões do livro em que seu colaborador Friedrich Waismann, desde o início dos anos 1930, sob estrita vigilância, tentava (em desespero e em vão) dar uma forma mais fixa e palatável à filosofia mutante do autor do *Tractatus*. Não

4. Livro composto por volta de 1931 e submetido a diversas correções posteriores.

fora assim nem mesmo no *Tractatus*, que, embora não tivesse índice, incorporava um sistema de numeração hierárquica dos aforismos, o que lhe dava o aspecto do índice infinitamente expansível de um *outro* livro, que, sabemos, não deveria nem poderia ser escrito.[5]

Basta abrir a primeira página do *Livro azul* para perceber um radical abandono da estruturação temática. Na primeira linha, o leitor é posto diante de um tema tipicamente tractariano na forma de uma questão ("O que é o significado de uma palavra?"). Em vez de respondê-la, porém, o autor convida seu leitor a compará-la com outras questões aparentadas, para que perceba o equívoco contido em suas expectativas de resposta — equívoco em tudo semelhante àquilo que nos paralisa diante de perguntas como "o que é comprimento?" ou "o que é o número um?". O mesmo páthos filosófico que nos leva a buscar *algo* (eis uma palavra capciosa!) que *seja* (outra!) um comprimento, ou que seja "o" número um, leva-nos à expectativa de que a pergunta pelo significado de uma palavra seja respondida pela especificação de *algo* (uma coisa, um objeto) que estaria unido à palavra, mas não seria meramente o som; algo que estaria identicamente unido a sons tão diferentes entre si quanto "lápis" e "*pencil*", "comprimento" e "*length*", "um" e "*one*", fazendo com que cada um desses pares seja composto por palavras com o *mesmo* significado. Lápis é isto, pensamos, cra-

5. Publicado em 1921, o *Tractatus* é constituído por uma série de aforismos organizados por números racionais em ordem crescente (1, 1.1, 1.11, 1.12, 1.13, 1.2, 1.21, 2, 2.1 etc.) e culmina com a desconcertante confissão (em 6.54) de que nenhum desses aforismos (6.54 inclusive) faz sentido. A série desses racionais é infinitamente expansível (novos aforismos poderiam ser infinita e inutilmente interpolados aos que foram efetiva e indevidamente escritos), mas tem um limite superior na proposição 7, em que o livro bruscamente se cala, dizendo que é eticamente obrigatório se calar sobre aquilo que é logicamente impossível dizer.

vando os olhos no lápis à nossa frente. Mas para que (ou como) devo olhar, se eu tiver em vista o comprimento do lápis, e não o lápis, pura e simplesmente? Como posso olhar para o "um" (a unidade) que esse lápis é, mas que seu comprimento, sua cor e até seu próprio número também são? Para o que apontar, em qualquer um desses casos, senão para... *isto*? Aquilo que meu dedo de carne e osso não consegue discriminar, um dedo mais etéreo, espiritualizado, sensível a variações gestálticas, poderia, digamos assim, "intencionar", "ter em vista", "visar"? Com essas perguntas, entramos numa espécie de surto filosofante, imbuídos de um maníaco sentido de "urgência". É esse o páthos que a pergunta, feita como nós a fizemos, desencadeia. A busca do significado da palavra "lápis" levará à busca "do" lápis que não é este, nem aquele, mas ambos ao mesmo tempo; evoluirá para a busca de seu comprimento, que não pode ser dado em centímetros, nem em polegadas, mas deverá se repetir idêntico em qualquer coisa com "esse" tamanho; e irá, mais cedo ou mais tarde, culminar na questão pela coisa eterna e imutável, pelo objeto lógico associado a palavras como "1", "0", "1/2", "1/3", "π" e (*crème de la crème*) "∞".[6]

Rapidamente, porém, esse páthos se dissolve quando, em vez de procurarmos por *algo* que *seja* o significado de palavras como "lápis", "um" e "comprimento", nos perguntamos sobre como *aprendemos* o significado dessas palavras. É com a proposta dessa inflexão que o *Livro azul* tem início. De que modo aprendemos a medir? De que modo medimos o comprimento de um objeto? De que modo verificamos se este lápis tem quinze centímetros ou não? Quando contrastadas com a pergunta

6. Em círculos mais técnicos, o infinito — designado pela letra aleph seguida de índices numéricos — chega a ser associado a toda uma hierarquia, que indicaria os infinitos graus que a infinitude pode ter.

inicial, estas outras têm um efeito desconcertante. É como se, de repente, a bruma da inquietação filosófica se dissolvesse e nos sentíssemos em casa novamente. Buscamos uma régua, que é encostada no lápis de tal e tal modo, examinamos em que ponto a escala graduada coincide com a extremidade do objeto — ações triviais, simples, sem nenhum mistério. Não sentimos mais a necessidade (e não vemos, na verdade, o sentido) de buscar aquilo que seria o comprimento sem o lápis, ou o lápis sem o comprimento. Nada disso está pressuposto ou mesmo remotamente envolvido no uso de palavras como "lápis" e "comprimento" em atividades cotidianas que aprendemos a desempenhar sem ruminações ou assombros. O "um", o "trinta" e o "pi" não são coisas. São apenas sons (ou marcas de tinta) inseridos em sistemas numéricos que fazem parte de nossas atividades de contagem e medição.[7] Não é difícil descrever como aprendemos (ou como poderíamos aprender) a usar os números. As respostas não exigem nenhuma investigação metafísica, ou mesmo empírica. Basta-nos alguma familiaridade com as típicas reações humanas a certos estímulos e exercícios. O problema não estava propriamente na pergunta "o que é o comprimento de um lápis?", pois a resposta poderia ter sido: "é aquilo que medimos quando fazemos tais e tais coisas". O problema estava muito mais em nossas expectativas de resposta do que na pergunta propriamente dita. Guiados por falsas analogias com palavras como "livro" ou "Sócrates", esperávamos como resposta a exibição de uma coisa para a qual pudéssemos apontar do mesmo modo que apontamos para um livro numa estante. A pergunta que fomos convidados a imaginar ("como

7. O caso de "∞" é mais complicado. Basta notar aqui que jamais alguém precisou desse sinal para medir, contar ou fazer qualquer aplicação da matemática na vida prática. Não faz sentido dizer que algo "mede" infinitos metros, ou que alguém "deu" infinitos passos.

medimos?") não responde, é claro, à primeira como desejávamos, mas nos faz perceber que a pergunta original ("o que é?") pode ser respondida de diversos modos, e não faz sentido esperar que seja respondida do mesmo modo quando se dirige ao lápis e ao seu comprimento. A segunda pergunta desarma as falsas expectativas criadas pela primeira. O problema, de repente, desaparece. Não é resolvido, mas desmoralizado.

Isso, que poderíamos chamar de "método do desconcerto", já está presente no *Livro azul* da primeira à última página: um modo terapêutico de responder desconversando, que pretende não tanto reduzir teses ao absurdo, e sim reduzir perguntas ao ridículo; uma técnica de examinar situações muito simples de uso para afastar a suposta necessidade de postularmos objetos inconsúteis e imarcescíveis misteriosamente imiscuídos na contagem de laranjas numa cesta ou na medição de um corte de tecido; uma estratégia de não articular um texto expositivo, mas conceber situações imaginárias muito simples que nos ponham diante daquilo que *realmente* acontece (por oposição àquilo que supomos que *deveria* acontecer) quando alguém está aprendendo a contar até dez, usando uma tabela, medindo, fazendo contas, comprando maçãs, e assim por diante. A filosofia de Wittgenstein não *demonstra* o erro filosófico de uma resposta; ela nos *põe diante* do erro linguístico que cometíamos ao fazer a própria questão, forçando-nos a olhar para o funcionamento efetivo da linguagem em situações imaginárias convenientemente circunscritas. O texto não tem uma estrutura dedutiva, mas justapositiva, na qual uma série cuidadosamente ordenada de exemplos desconcertantes produz o efeito planejado. Sua filosofia produz um espanto retrospectivo, não com o número um, ou com a identidade de Sócrates, mas com o tipo de pergunta que estávamos fazendo a respeito de Sócrates e dos números, e com o tipo de resposta que tínhamos a expectativa (agora reconhecida como insensata) de obter. Essa filosofia não pretende ser verdadeira (embora o seja, no sentido logicamente trivial em que diríamos que um comprimento é "aquilo que aprendemos a medir"); pretende, sim, ser *eficaz*. Não está simplesmente *dizendo* coisas, mas *fazendo algo*. É um discurso que tende ao gesto. Não quer instruir, mas *agir* sobre o leitor, mudar sua vida.

Grande parte das dificuldades de leitura dos textos que Wittgenstein escreve a partir do *Livro azul* são, na verdade, falsas dificuldades que nascem do mal entendimento desse ponto. Tenta-se ler esses textos como se estivessem estabelecendo teses; fica-se garimpando afirmações soltas que se contraponham, se aproximem ou mesmo coincidam com afirmações filosóficas tradicionais, ou, pior ainda, que permitam estabelecer um diálogo profícuo com o último artigo publicado por não sei quem no último número de não sei qual revista. Wittgenstein não tem nada a dizer sobre o kantismo que não pudesse ser dito também sobre o platonismo, o materialismo, o deflacionismo, ou sobre o último "ismo" da moda. Não está preocupado em tematizar detalhes de filosofias frondosas, mas se dirige terapeuticamente ao páthos da filosofia nascitura. Ele não estaria sequer aparelhado para entrar no mérito dos detalhes. Seus conhecimentos de história da filosofia não iam muito além daqueles pressupostos num bom estudante de graduação. Conhecia (e, aí sim, conhecia *muito bem*) os aspectos técnicos da lógica de Frege e de Russell, bem como as consequências filosóficas que esses autores (e ele próprio, no *Tractatus*) tentaram extrair dali. Mesmo assim, é apenas de raro em raro que encontramos em seus escritos observações técnicas pontuais, ou citações de outros autores. Quando cita, não é para buscar apoio ou fixar um alvo, mas quase sempre para exibir um sintoma, e depois tratá-lo.

A menção a uma passagem de Agostinho na abertura do *Livro marrom* é um bom exemplo. Trata-se do mesmo texto reproduzido logo no início das *Investigações filosóficas*.[8] A diferença é que nas *Investigações* ele é citado em latim e traduzido, ao passo que aqui é feita apenas uma alusão indireta, mas inequívoca ("Agostinho, ao descrever seu aprendizado da linguagem, diz que foi ensinado a falar ao aprender os nomes das coisas"). Perde seu tempo quem, partindo dessa alusão, sai em busca de conexões entre a filosofia da linguagem de Agostinho e a de Wittgenstein. Por menos que conhecesse a história da filosofia, Wittgenstein certamente sabia que Agostinho tem um livro inteiro dedicado ao estudo da linguagem (o *De Magistro*) e que na passagem mencionada a intenção de Agostinho não é tanto mostrar *como* a criança aprende a falar, mas *por que* faz isso. No movimento expositivo das *Confissões*, o trecho se insere na exibição do caráter essencialmente egoísta do ser humano, que carrega consigo o pecado original do amor de si. A criança aprende a falar para poder usar as palavras em seu proveito, para "expressar seus desejos por meio delas", como os adultos à sua volta estão fazendo. Wittgenstein, porém, está interessado noutro tipo de "pecado original" — não aquele cometido pela criança, mas aquele cometido pelo adulto quando tenta descrever como ele ou qualquer outra pessoa aprende a falar. Importam aqui mais as ênfases e os apagamentos do que uma teoria filosófica da linguagem que estaria supostamente "fundamentando" a descrição de Agostinho.

8. "Quando os adultos nomeavam alguma coisa e, assim fazendo, voltavam-se para ela, então eu via isso e compreendia que aquela coisa era chamada pelo som que eles emitiam quando queriam indicá-la. [...] Assim, aos poucos passei a entender quais eram as coisas designadas pelas palavras que eu escutava repetidamente em diferentes frases, em seus devidos lugares. E passei a expressar meus desejos por meio delas, agora que minha boca estava bem adestrada no uso desses sinais." (*Confissões* I, 8; reprodução da tradução oferecida nas *Investigações filosóficas*. São Paulo: Fósforo, 2022, p. 21.)

"Qualquer pessoa" que descreva o aprendizado da linguagem desse modo não está pensando "primeiramente" em palavras como "hoje", "não", "mas", "talvez". O aprendizado dessas palavras fica num segundo plano, aguardando explicação posterior. Em primeiro plano ficam palavras associadas a coisas para as quais é possível apontar, olhar, pegar: "homem", "açúcar", "mesa" etc.

Desse ponto de vista, pouco importa o modo como Agostinho explicaria a aprendizagem de palavras como "açúcar" e "hoje". Agostinho não é tomado como o proponente de uma tese a ser refutada ou defendida. Ele é o pecador pego em flagrante delito. Um pecador, aliás, que poderia ser "qualquer pessoa" que tivesse essa inclinação a pensar que o significado se articula basicamente a partir de uma união da palavra com a "coisa" significada por ela. A preferência dada, na descrição da linguagem, a nomes de coisas palpáveis revela uma tendência que reencontramos em épocas muito distantes (como a de Agostinho), línguas muito diferentes (como o latim), ambientes culturais completamente estranhos (como o fim da Antiguidade) e em diferentes tipos de discurso (como a "confissão" agostiniana). Wittgenstein não menciona esse texto porque ele apresenta uma visão particularmente desenvolvida de uma teoria da linguagem. O oposto disso é verdadeiro. O texto é particularmente adequado por ser muito vago e genérico na sua adesão a um certo modelo de descrição da linguagem. Agostinho, por assim dizer, "cai na tentação" de, num discurso cuja finalidade última é tematizar o pecado original, descrever o aprendizado da linguagem privilegiando certas palavras. Ao exibir o pecado de Agostinho, Wittgenstein nos faz sentir o quanto *qualquer um de nós* estaria inclinado a pecar do mesmo modo e o quanto essa tendência de privilegiar certas palavras quando pensamos a respeito do significado linguístico pode ser encontrada em qualquer época, língua, cultura ou estilo discursivo.

O início do *Livro marrom* espelha, portanto, o início do *Livro azul*, mas em vez de perguntar diretamente o que é o significado de uma palavra e propor, em seguida, a substituição terapêutica dessa pergunta por uma outra, menos desencaminhadora ("como aprendemos o significado de uma palavra?"), ele nos mostra o quanto a resposta a essa outra pergunta pode ser igualmente desencaminhadora e resultar, num jogo sutil de ênfases e apagamentos, numa reposição do privilégio que se atribui à coisa palpável e visível, o objeto concreto diante de mim, deixando provisoriamente de lado palavras como "azul", "hoje", "cinco" e "não". Nada obriga quem concede esse privilégio indevido ao pão, à casa e ao açúcar a, mais tarde, se transformar num filósofo platonizante atormentado pela natureza do tempo. Basta, porém, que o privilégio seja dado para que a pergunta pelo significado da palavra "tempo" tenda a produzir o páthos característico da atitude filosofante. O texto de Agostinho dá testemunho de uma espécie de trauma original associado à patologia filosófica que o novo filósofo, o filósofo-terapeuta, deve trazer à tona. Por sua exemplaridade, ele veio para ficar. Daqui por diante, nas diversas tentativas que fará de escrever seu livro da maturidade, é por essa passagem que Wittgenstein irá começar.

2. JOGOS DESCONCERTANTES

O que vem depois dessa menção inusual a um autor clássico é uma sequência ininterrupta de jogos de linguagem. A estratégia expositiva dos jogos de linguagem fora introduzida no *Livro azul*, mas é apenas no *Livro marrom* que ela ascende à posição de elemento *estruturante* do texto. O que é dito muda muito pouco, se é que muda. Mas o modo de dizer se radicaliza. O texto é agora planejado na forma de uma longa cadeia de jogos de linguagem organizados numa sequência terapeuticamente calculada para produzir certos efeitos sobre o leitor, exigindo dele uma atitude ativa a cada passo. O resultado são jogos que conversam entre si, que se atritam, expandem ou restringem jogos anteriormente imaginados e vão criando uma teia de situações que se dirigem menos às opiniões do que às inclinações filosofantes de quem lê. Trata-se, enfim, de um texto que, como os manuais de autoajuda, os guias turísticos e os livros de culinária, só será corretamente entendido na medida em que for *utilizado* de modo correto, de modo a modificar a vida de quem lê. Mais do que uma interpretação, portanto, um livro escrito nesse novo estilo filosófico exige algumas *instruções de uso*, e é isso que, neste posfácio, procuro fornecer.

Bastará examinar os dois primeiros jogos de linguagem do *Livro marrom* para perceber como funciona essa técnica terapêutica criada por Wittgenstein. A descrição de Agostinho desperta em nós a tentação original: achar que toda a linguagem se articula a partir de uma ligação entre palavras e coisas. Em vez de se opor a essa ideia, o primeiro movimento do texto é conceder que muitas palavras *de nossa língua* poderiam ser descritas *em nossa língua* como "nomes de coisas", sem maiores problemas. "Pão" é nome de uma coisa (mais exatamente, de um tipo de coisa), "mesa" é nome de outra.[9] Não há nada de errado com essas afirmações tomadas em si mesmas. Quando, no entanto, pensamos que *todas* as palavras funcionam assim,

9. A descrição, aqui, é gramatical. Isso fica evidente se tentarmos imaginar em que situações uma sentença como "a palavra 'pão' é nome de uma coisa" poderia ser usada. Se alguém me disser que a distância entre Sorocaba e São Paulo é de "pão quilômetros", a objeção gramatical poderia ser feita por meio da sentença "*a palavra 'pão' é nome de uma coisa*, não de um número". Essa sentença tem sentido, pois tem uso, mas seu uso é normativo, gramatical. Ela expressa uma regra de nossa linguagem.

estamos necessariamente pensando numa linguagem imensamente mais simples que a nossa — uma linguagem sem números, sem conjunções, possivelmente sem adjetivos ou verbos. É nesse ponto que o texto dá o passo decisivo na direção de um novo método filosófico. Em vez de se contentar com a denúncia da limitação, Wittgenstein num certo sentido acolhe a denunciada. Em vez de exorcizar a ideia, ele a invoca. Ele nos põe diante de uma linguagem desse tipo.

Seres muito semelhantes (mas não idênticos) a nós passam a vida erguendo prédios e usando uma linguagem composta apenas de nomes de peças de construção. Um ajudante de obras vai passando a um pedreiro as peças que lhe são pedidas. Se o pedreiro grita "bloco", o servente traz um bloco; se grita "tijolo", traz um tijolo; e assim por diante. Tais seres só têm essa linguagem. Não usam sinais linguísticos de nenhum outro modo em nenhuma outra ocasião, a não ser nas situações de aprendizagem, quando estão sendo treinados a usar esses mesmos sinais de modo adequado. Podemos imaginar que parte desse treinamento envolve gestos de apontar, de encorajamento, de repreensão — podemos imaginar, enfim, que tais seres reajam a gestos de apontar, tapinhas nas costas e caretas de insatisfação mais ou menos como nós reagimos, e que tais gestos possam ser usados, por isso, como parte de uma estratégia didática. O importante é que o instrutor não conhece outras palavras. Essa é *toda* a linguagem desse povo, e os sinais dessa linguagem são os únicos usados em qualquer circunstância. Eis aí uma linguagem que *nós* poderíamos descrever em *nossa* linguagem dizendo que, nela, *todas* as palavras são nomes de objetos e que os falantes a aprendem associando determinados sons a determinadas coisas. Esses falantes não descrevem nem sua própria linguagem nem coisa alguma. Eles simplesmente não têm o jogo que chamamos de "descrição". Só jogam um jogo semelhante, sob muitos aspectos, àquele que nós chamaríamos de "fazer e atender pedidos" — pedidos de um tipo muito particular, numa única situação de vida, por oposição a nós, que pedimos paciência, opiniões, empréstimos, refeições num restaurante, presentes de aniversário, instrumentos numa sala de cirurgia, e não apenas tijolos, blocos e vigas numa construção. Pedidos sui generis também pelo fato de um dos interlocutores apenas pedir e o outro apenas obedecer, em silêncio.

Representando nossa ideia preconcebida de um modo esquemático, na forma de uma linguagem completa, mas suficientemente pequena para que possamos enxergá-la inteira, o primeiro jogo de linguagem nos faz perceber a limitação que nos obcecava. Ela não está mais presente na forma de um pressuposto apenas parcialmente articulado a que tivéssemos que nos opor. A limitação agora é, como ficou dito, acolhida, recepcionada, satisfeita até o limite numa situação imaginária tal que não conseguimos imaginar outra que lhe fosse mais favorável. Se há um mundo em que a linguagem é composta por nomes de objetos, esse mundo deve ser semelhante àquele descrito no primeiro jogo de linguagem. E não há nada de errado nessa linguagem. O erro consiste apenas em pensar que nossa linguagem seja assim.

Não se trata de argumentar contra o modelo apresentado por Agostinho (até porque o próprio Agostinho não está, ali, apresentando quaisquer argumentos a favor dele). Trata-se de mostrar a quem lê o quanto esse modelo, quando satisfeito, está longe de nos levar a algo que seja remotamente próximo daquilo que nossa linguagem é. Ficamos desconcertados, mais do que convencidos. Não conseguimos mais nos reconhecer na exigência original, e é até mesmo difícil compreender como pudemos sequer supor que os mecanismos linguísticos fossem tão simples assim.

O desconcerto aumenta ainda mais quando examinamos o que significa aprender essa linguagem nesse planeta. No uso cotidiano dos sinais, o pedreiro e seu ajudante vão muito além de simplesmente "associar palavras a objetos". O que a criança tem de aprender não pode de maneira alguma ser descrito como uma "associação" entre sons e objetos. Ela tem de saber, é claro, *a que* pilha de objetos se dirigir quando ouve a palavra "tijolo". Mas tem de saber igualmente *que* deve se dirigir a essa pilha (em vez de ficar simplesmente olhando para ela), pegar um tijolo (em vez de chutá-lo ou sentar-se sobre ele) e trazê-lo para o construtor (e não atirá-lo para longe ou ficar examinando seus detalhes). Se, ao ouvir a palavra, a criança imaginar um tijolo e ficar parada olhando para os tijolos, ainda não terá aprendido a jogar e terá de ser submetida a mais sessões de treinamento. O que o leitor deve perceber, ao jogar o jogo 1, é que ele pode, sim, dizer que a linguagem desse povo é composta de nomes, desde que não se esqueça de que, se a afirmação é verdadeira em alguma medida, ela é insuficiente numa medida muito maior. "Tijolo" pode ser descrito por nós como o nome de um objeto, desde que não nos esqueçamos de que esse "nome de objeto" é usado de modos imensamente diversos. Compramos tijolos, perguntamos coisas a respeito dos tijolos que estamos comprando, discutimos se um tipo de tijolo é mais adequado que outro para certos fins, pedimos que nos tragam um tijolo de tal e tal tipo, avaliamos se a ideia de deixar tijolos expostos num certo ambiente teve resultados esteticamente interessantes, comparamos a consistência de um pedaço de pão à de um tijolo, inventamos histórias divertidas envolvendo tijolos, imaginamos jogos de linguagem nos quais tijolos estão envolvidos, e assim por diante. O caráter específico, limitado, da situação descrita no jogo imaginado salta à vista.

Insuficiente para caracterizar o primeiro jogo, a ideia de que uma linguagem se articula a partir da associação entre palavras e coisas é patentemente inadequada para caracterizar o segundo. Somos convidados a imaginar uma extensão muito simples do jogo dos construtores. A atividade é basicamente a mesma: um pedreiro pede peças de construção a um servente de obras. Agora, porém, o pedido pode incluir o número de peças desejadas. Para isso, o pedreiro utiliza em seus pedidos palavras correspondentes aos nossos números de um a dez. Em vez de pedir "tijolo" sete vezes seguidas, ele pode agora simplesmente dizer "sete tijolos". O auxiliar deve ir até a pilha correta, recitar os números de um a sete, pegar um tijolo para cada número recitado e trazer os tijolos para o construtor.

Antes mesmo de examinar os detalhes dessa nova cena, o leitor deve estar atento ao movimento que nos leva do primeiro ao segundo jogo. A "ordem dos sintomas" organiza todas as passagens. O primeiro jogo nos pôs diante de uma linguagem minimalista que procurava levar às últimas consequências a ideia de que o sentido é constituído primordialmente por uma articulação entre nomes e coisas nomeadas. Não havia, ali, nem mesmo uma multiplicidade semântica que nos permitisse diferenciar nomes e sentenças. As duas categorias colapsavam no pedido monovocabular. Se quiséssemos enunciar uma sintaxe para essa linguagem, bastaria listar seu léxico diminuto e dizer que toda palavra é uma sentença, e toda sentença é uma palavra. Agora, a formulação mais natural de uma sintaxe deveria recorrer a categorias de palavras: os números de um a dez, mais os quatro nomes. E diríamos: *se "n" é um número e "N" é um nome, então "nN" é uma sentença, não havendo sentença alguma que não seja formada assim.* Ainda estamos tremendamente distantes da linguagem cotidiana, com suas estruturas categoriais muito mais complexas, seus números de contagem organizados em séries sem fim e seus números de medição gerados por regras tão complicadas quanto as que me dão aproximações sucessivas da proporção entre uma circunferência e seu raio, ou da medida da hipotenusa de um triângulo retângulo isósceles quando se toma o cateto como unidade.[10] Mas certamente andamos um passo adiante em relação aos pedidos singulares do primeiro jogo.

Ocorre, porém, que a adição feita redobra as dificuldades postas no caminho do parti pris agostiniano. Numa categoria, talvez ainda pudéssemos reconhecer "nomes de coisas no mundo". Na outra, porém, há sons que funcionam de modo totalmente distinto. Não são nomes de coisa alguma. Não funcionam assim. Em vão procuraríamos por um número no canteiro de obras ou no local em que crianças são treinadas a aplicar os números para contar as pedras que serão levadas ao pedreiro. O sete que encontramos é simplesmente o som "sete" sendo usado para contar tijolos, colunas, placas e blocos. Ou seja, somos postos diante de uma linguagem imaginária que é apenas uma extensão mínima da primeira, e a ideia de que as palavras são nomes de coisas já se mostra completamente indefensável. Nem mesmo podemos dizer que as "principais" palavras designam coisas, enquanto as "auxiliares" funcionam de um outro modo. Não somos tentados a imaginar, por exemplo, que a palavra "tijolo" tem uma semântica originária, que liga a linguagem ao mundo, ao passo que a palavra "sete" tem uma semântica derivada, que se limita a produzir articulações complexas a partir de articulações relativamente mais simples.[11] Nessa nova linguagem, números e nomes de pedras de construção estão em absoluto pé de igualdade.

10. Estas circunlocuções cumprem a função de evitar que eu me refira a π e $\sqrt{2}$ como se fossem números, o que seria indevido do ponto de vista da filosofia da matemática de Wittgenstein.

11. Essa era aproximadamente a concepção defendida no *Tractatus*. "Há três tijolos nesta pilha" seria uma conjunção universalizada com a forma "Há um tijolo nesta pilha, e outro, e outro, e nenhum outro mais".

É importante notar o que determina a passagem do primeiro jogo para o segundo. Aparentemente, há uma simples justaposição de situações imaginárias. E, de fato, a passagem de um jogo ao outro não tem nenhum sentido "demonstrativo", nem pretende sugerir a ordem histórica na qual as diferentes categorias de palavras foram sendo criadas na história natural do homem. O fato de o segundo jogo ser uma "extensão" do primeiro tem uma razão de ser muito diferente. A função da passagem não é apresentar um raciocínio, ou uma hipótese empírica, mas apascentar a vontade, o impulso filosofante que nos levaria a perguntar pelo "conteúdo semântico" da palavra "três" e, eventualmente, sair em busca dos "objetos lógicos" designados pelos números, ou da "construção lógica" subjacente a seu uso. Nenhum objeto lógico foi necessário para descrever como se usam palavras como "três" e "sete" e, se há alguma coisa "subjacente" a esse uso, é apenas o aprendizado a que as crianças desse planeta são submetidas antes de estarem em condições de trabalhar na construção. Para que esse aprendizado ocorra, basta que os aprendizes apresentem reações normais a determinados estímulos do ambiente.

É assim, e de maneiras análogas, que o texto se desenvolve. Num primeiro momento, outras extensões parciais são introduzidas, todas elas visando ramificações cada vez mais profundas da tentação original, provocada (e exemplificada) pelo texto de Agostinho. Aos nomes de pedras de construção e aos números de um a dez, acrescentam-se nomes próprios (jogo 3), capazes de gerar pedidos de uma pedra específica — não simplesmente um tijolo qualquer, mas Pedro, o tijolo que possui tal e tal marca. Ao imaginar as técnicas de ensino que podem ser empregadas no caso do nome próprio, podemos pensar que o gesto de apontar para o tijolo Pedro seja utilizado. Mas devemos nos lembrar que ele também podia ser utilizado para ensinar os nomes de pedras de construção e até mesmo para ensinar os nomes de números. Quem lê deve perceber que não tem sentido identificar o significado com aquilo que está do outro lado do dedo. Aprende o significado de uma palavra quem começa a usá-la como as demais pessoas usam, e não quem acessa um objeto lógico, um conceito abstrato ou uma essência individual. No jogo 4, são introduzidas palavras como "esta" e "ali", que não apenas podem ser ensinadas com o auxílio de gestos de apontar, como também são acompanhadas por gestos ostensivos na situação de uso. No jogo 5, acrescenta-se o jogo de perguntar pelo número de pedras de uma pilha (e dar respostas a perguntas desse tipo). No jogo 6, o ajudante aprenderá a perguntar "o que é isso?" e a usar a resposta para estender ele mesmo o jogo. Assim, o jogo dos construtores vai se enriquecendo cada vez mais, se aproximando cada vez mais de nossos jogos cotidianos de linguagem sem que, no percurso, surja a necessidade de reificar o significado. Pelo contrário. Ao longo desse percurso, cada passo é calculado para dissolver nossas inquietações reificantes através de um exercício contemplativo. Vamos passando de um jogo a outro, observando clara e calmamente novas técnicas que foram sendo empregadas, sem que nenhum objeto novo estivesse envolvido. No canteiro de obras, as pedras utilizadas pelo construtor são exatamente as mesmas. Mudaram os usos dos sinais, só isso.

3. UMA TÉCNICA SEM TERMOS TÉCNICOS

Aqui, cabe uma curta digressão. Venho falando na estrutura "terapêutica" do *Livro marrom*, querendo com isso me referir às finalidades que dão sentido ao sequenciamento dos jogos, ao seu arranjo cuidadoso no texto, que não deve ser visto como uma rapsódia ou, pior, como a justaposição mais ou menos descuidada e indiferente de casos imaginários. É possível, porém, prever certas objeções ao uso da palavra "terapia" (e seus derivados) nesse contexto. O termo é largamente utilizado na literatura secundária a respeito das *Investigações filosóficas*, e tal uso estaria "textualmente ancorado" em passagens famosas, como quando afirma que o filósofo trata um problema filosófico "como se fosse uma doença" (§255), ou que não existe "um" método filosófico, mas vários, da mesma forma que existem "diversas terapias" (§133). Nem o termo nem as expressões aparentadas a ele aparecem no *Livro marrom*. Ora, dirão alguns, não se pode projetar sobre o *Livro marrom* um conceito que só será desenvolvido mais adiante. Wittgenstein ainda "não possui" o conceito de "terapia" e, portanto, o texto não autoriza que ele seja usado para sua interpretação. Na raiz dessa objeção, está a ideia de que "terapia" seja um termo técnico wittgensteiniano, semelhante nisso aos juízos sintéticos a priori de Kant, à mais-valia marxista, ao superego freudiano, ao número cardinal da teoria dos conjuntos e ao *Ornithorhynchus anatinus* da zoologia. "Terapia", "jogo de linguagem", "forma de vida", "imagem", "ver como" e até mesmo "regra" seriam termos técnicos usados por Wittgenstein na fase madura, assim como "mundo", "nome", "objeto", "pensamento" e "linguagem" eram termos técnicos de sua primeira filosofia. Eles só poderiam ser entendidos no contexto em que serão mais tarde formulados, e devemos tomar cuidado para não projetar tais conceitos no *Livro azul* ou no *Livro marrom*, em que eles ainda não foram "desenvolvidos". Isso é um erro profundo — um erro que tem consequências profundas — e merece, por isso, ser examinado com mais carinho. Se o leitor me permitir o exercício de uma espécie de mania, farei um breve excurso recorrendo a meu livro de cabeceira.

Havia termos técnicos no *Tractatus*. É inegável. "Mundo", nesse contexto, não era o "vasto mundo" de Drummond; era a totalidade dos fatos, ou seja, a totalidade daquilo que torna verdadeiras as proposições significativas verdadeiras da linguagem. Uma proposição significativa não era tudo (nem somente) o que um estudioso do português classificaria desse modo; era uma função de verdade não tautológica nem contraditória de proposições elementares. Uma proposição elementar, por sua vez, era uma concatenação imediata de nomes, sendo que nome é um sinal vinculado a um objeto dotado de possibilidades ontológicas de combinação isomorfas às possibilidades sintáticas de combinação do nome. Não é preciso entender em detalhes a teoria da figuração para perceber que os nomes tractarianos têm muito pouco em comum com "Sorocaba" ou "João Vergílio". Um tijolo, no *Tractatus*, não é um objeto (um átomo ou um elétron, muitíssimo menos). Objetos são os elementos últimos de referência da linguagem que, por serem últimos, não podem ser descritos de nenhum modo, o que quer dizer: não podem se modificar como uma fruta, surgir como uma flor ou desaparecer como uma estrela. Objetos tractarianos não são objetos usuais, nem todas as sentenças que reconhecemos como bem formadas são proposições no sentido lógico da palavra e o Mundo do primeiro aforismo não é formado de átomos físicos, nem de frutas, flores ou estrelas. Ou seja, termos como "mundo", "fato", "objeto" etc. não são usados no *Tractatus* como nós todos os usamos. Eles têm de ser entendidos na economia interna da obra, e é óbvio que seria indevido usar tais conceitos para interpretar as *Notes on Logic* (1913), ou mesmo os *Notebooks* (1914-6).

Acontece que palavras como "terapia" e "doença", nas *Investigações filosóficas*, querem dizer exatamente... terapia e doença. Não são termos técnicos. São palavras do português usadas no livro. Nem mesmo termos cunhados por Wittgenstein em sua fase madura, como "jogo de linguagem" e "forma de vida", são termos técnicos. Eles são mais semelhantes ao "*riverrun*" de Joyce que ao bóson de Higgs. São, no máximo, neologismos, ou extensões controladas de expressões correntes, como acontece com "jabuti" e "jabuticaba" no jargão político brasileiro.[12] Se um comentarista político dissesse que já havia jabutis na legislação do Império, ou que o auxílio-paletó[13] é uma jabuticaba, ninguém objetaria que o conceito de "jabuti" ainda não estava plenamente desenvolvido no século 19, ou que o auxílio-paletó foi instituído muito antes de existir o conceito de "jabuticaba". Concederíamos que o comentarista está apenas se servindo de termos correntes para caracterizar fenômenos pretéritos. No caso de "terapia", o fato de Wittgenstein servir-se dessa palavra para, por meio de uma metáfora, caracterizar seu novo método de fazer filosofia, não tem por consequência que o método assim caracterizado nasceu com o uso da palavra. Wittgenstein não usa a palavra "terapia" no *Livro marrom*, é verdade. Mas nós todos a usamos, a ideia está lá, e é isso o que importa.

4. A MENTE À LUZ DO DIA

Uma das fragilidades da atividade terapêutica é que ela não pode oferecer garantia contra recaídas. O *Livro marrom* põe

12. Um jabuti, como se sabe, é um artigo sobre alhos malandramente inserido por alguém numa lei sobre bugalhos. É, na verdade, abreviação do dito popular "jabuti não sobe em árvore": se está ali, é porque alguém o colocou. Uma jabuticaba política é uma excentricidade legislativa brasileira — algo que, como a jabuticaba, só pode ser encontrado no Brasil.

13. Gratificação paga a servidores públicos para que eles possam arcar com os custos de adicionar elegância à galhardia.

diante do leitor uma linguagem (no sentido usual) na qual todas as palavras (no sentido usual) estão associadas (no sentido usual) a objetos (no sentido usual). Espera-se que o leitor perceba, por um lado, quão pobre essa linguagem seria em comparação com a nossa e, por outro, quão longe ela estaria, ainda assim, de funcionar com base unicamente em meros mecanismos de associação. Espera-se que, examinando um caso imaginário, nosso paciente filosofante abandone a inclinação de identificar o significado de uma palavra ao objeto designado, mesmo nos casos em que a palavra, de fato, designa um objeto. Nada garante, porém, que a compulsão de reificar significados não persista, ou não retorne. Normalmente, retornará. Imaginando a cena dos construtores, por exemplo, o leitor poderá se perguntar o que encaminha o servente à pilha dos tijolos, e não a qualquer outra, quando ouve o som "tijolo". O que torna *possível* a mera identificação de um tijolo em meio aos outros objetos do canteiro de obras? O que permite ao ajudante distingui-lo de uma placa, ou de uma coluna? A compulsão pela busca do objeto que unifica as situações de uso, expulsa pela porta da frente, pode forçar a reentrada pelos fundos. "Deve haver algo", pensará o paciente leitor, "que torne possível a cada indivíduo o mero *reconhecimento* de um tijolo. Sem isso, não seria possível *aplicar* a palavra a objetos de um certo tipo, e não de outro." É neste ponto que os tijolos mentais entram em cena.

Eles são convocados a desempenhar o papel de *regras gerais* que, associadas ao som, me ensinariam a aplicá-lo aos infinitos casos possíveis. Não temos uma ideia clara de *como* essas regras poderiam "estar em mim". O que nos move é a convicção de que a regra tem de estar "em algum lugar", ou não haveria comportamento regrado. Como não está visível no ambiente de uso, passamos a flertar com a imagem de uma regra oculta. Contentamo-nos, então, com caracterizações um pouco toscas, assumidamente provisórias, a serem mais bem trabalhadas mais adiante. Um mecanismo imaginário vai aos poucos se insinuando. O mestre de obras grita "tijolo", o som chega aos meus ouvidos e, graças ao treinamento que recebi, o esquema de um tijolo me vem à mente (de modo sutilíssimo, automatizado, ou mesmo inconsciente). O som, por assim dizer, "toca uma corda em minha imaginação" — não na imaginação usual, talvez, mas noutra, mais profunda. Comparo o esquema aos objetos que vejo, reconheço um tijolo (pois ele "bate", digamos assim, com a imagem conjurada em meu espírito) e posso então atender ao pedido que me foi feito. O significado já não está no chão, na forma de um objeto concreto, mas na mente, na forma de um misterioso (mas supostamente eficaz) objeto abstrato. Vem daí a ideia de que um esquema, ou algo semelhante a um esquema, uma regra, ou algo semelhante a uma regra, tem de estar associado ao som para que ele tenha um significado definido. Não estando presente no espaço físico compartilhado do canteiro de obras, nem na escola onde crianças aprendem a usar os sinais, ele se torna uma presença, insidiosa, sui generis, na esfera privada, estritamente subjetiva, de quem usa os sinais de uma linguagem.

Não tendo de se expor à luz do dia, essa regra nebulosamente reificada não tem muitas satisfações a dar. Não sabemos bem o que ela é, ou que forma tem, mas essa indeterminação é exatamente aquilo que sua natureza nebulosa nos autorizava a esperar. O mistério, em vez de inculpá-la, curiosamente a confirma. Quanto menos essa regra mental se descobre, mais ela nos fascina.

É contra esse fascínio que muitos jogos propostos no *Livro marrom* procuram se contrapor. No mais das vezes, fazem isso através de um exercício muito simples: a exteriorização sistemática da regra. Em vez de afirmar que nenhuma regra *está* presente no uso (o que poderia, aliás, ser falso em muitos casos), Wittgenstein convida o leitor a imaginar que ela esteja presente, mas não de modo fantasmático. Em vez de pressupor que haja uma misteriosa regra agindo no recôndito da mente, "por trás" dos sinais escritos ou falados, Wittgenstein a coloca no seio do jogo, na forma de uma amostra de pano, de uma tabela de papelão, de um desenho esquemático, de uma instrução escrita, de uma fórmula numérica, e assim por diante. A ideia central desse expediente é sempre a mesma. Seja lá o que a regra mental fosse chamada a fazer, a regra visível e palpável também faria. A constatação será sempre a mesma: a amostra, a tabela, o desenho, a instrução não "fazem" coisa alguma, a não ser no contexto de um jogo de linguagem do qual fazem parte — um jogo de linguagem que deve ser aprendido como qualquer outro. Posso usar tabelas (de papelão ou mentais — pouco importa!), mas, para usá-las, eu teria de ser treinado como a criança que aprendeu a usar a palavra "tijolo" sem o auxílio de tabela alguma.

Falando de outro modo, se eu achar que é absolutamente necessário que exista uma tabela que me guie na aplicação da palavra "tijolo", não terei como não achar igualmente necessária a existência de uma tabela que me guie na aplicação da tabela que me guia na aplicação da palavra "tijolo". Como fez Aquiles, no caso da tartaruga, só há uma solução ao paradoxo: andar, e andar sem nenhum guia.[14] Mais cedo ou mais tarde, terei de seguir a regra e, quando fizer isso, não haverá regra alguma que eu esteja seguindo. Isto quer dizer apenas o seguinte: terei de, mais cedo ou mais tarde, agir *regradamente* sem contar com o auxílio de uma tabela, fórmula ou instrução de qualquer tipo

14. Cf. Lewis Carroll, "What the Tortoise Said to Achilles". *Mind*, v. 4, n. 14, pp. 278-80, 1895.

que me ensine o que deve ser feito. Se me fosse pedido, poderia *enunciar* uma regra, desde que minha linguagem contivesse o jogo das justificações, o que definitivamente não é o caso no planeta do jogo 1. E poderia, ainda, justificar a justificação, desde que, em algum ponto, eu estivesse apenas me justificando, sem apresentar nenhuma justificação para estar justificado. Em algum ponto, eu precisarei agir sem ter tabela alguma me guiando, seja na mão, seja na cabeça. Nas palavras de Goethe, usadas numa passagem emblemática do *Sobre a certeza*, "*Im Anfang war die Tat!*".[15]

5. O TEXTO EM SITUAÇÃO DE USO

Isto que é verdadeiro da linguagem em geral é especialmente verdadeiro do uso que Wittgenstein faz da linguagem para produzir essa articulação filosófica sui generis característica do *Livro marrom*, que ele manterá inalterada até o final de sua vida. O sentido de seus textos deve ser buscado no *uso* que o autor espera que façamos dele. Esse uso, por sua vez, está insinuado na ordenação dos diversos jogos, que nos obriga a confrontá-los com certas expectativas e pressupostos que somos tentados a fazer quando refletimos sobre eles.

Tomemos como exemplo os jogos de linguagem 14 a 17. Wittgenstein recorre a uma situação muito corriqueira em que uma regra está, de fato, presente na ocasião do uso, para evidenciar o quanto é vã a tentativa de ancorar qualquer uso de sinais em regras introjetadas durante o aprendizado da linguagem ou atemporalmente disponíveis a qualquer falante. A cena é uma

15. "No princípio era o ato!" (*Fausto*, verso 1237. Apud Ludwig Wittgenstein, *Sobre a certeza*. São Paulo: Fósforo, 2023, §402.)

loja de tecidos. Um freguês precisa comprar (imaginemos) três metros de algodão amarelo. Como há diversos tipos de algodão e diversas tonalidades de amarelo, ele leva consigo uma pequena amostra do tecido desejado. Essa amostra servirá como *regra* na situação de compra. O vendedor *deve* trazer ao balcão um rolo *daquele* tecido e *daquela* cor, e o comprador poderá também usar a amostra para avaliar se o tecido desejado é mesmo aquele, ou não.

A situação apresentada no jogo 14 é a mais comum possível. O comprador apresenta a amostra no balcão, o vendedor a examina rapidamente, vai até a prateleira e traz o tecido. O freguês se mostra satisfeito, faz o pagamento e vai embora. A amostra não precisou ser levada até a prateleira porque o vendedor reconheceu imediatamente a cor e o tipo de tecido. Mesmo assim, a amostra foi usada como *regra* durante a compra. O vendedor guiou-se por ela quando procurou pelo rolo na prateleira e o comprador, se não ficasse satisfeito, teria recorrido a ela para reclamar de que não tinha pedido aquele tipo de tecido, ou aquela cor.

No jogo de linguagem seguinte (o jogo 15), Wittgenstein varia ligeiramente a situação. Desta vez, o vendedor não vai diretamente à prateleira. Em vez disso, empunha a amostra e vai olhando alternadamente para ela e para os rolos de tecido nas prateleiras, em busca da cor e do tecido correspondentes. Aqui, o leitor já percebe que tem de parar e comparar uma situação com a outra. Qual é o ponto de se justapor essas duas situações? Como compará-las? Visando o quê? Enquanto não fazemos essas perguntas, o que temos é a justaposição pura e simples. Entendemos as descrições dessas situações tomadas isoladamente, percebemos até que ponto elas coincidem e em que elas diferem, mas não sabemos o que fazer com essas semelhanças e diferenças. Enquanto não soubermos usar essas descrições corretamente, o sentido do texto não irá aflorar. Precisamos dotar as descrições de um porquê para que sua justaposição faça sentido.

A chave de leitura, nesse caso, consiste basicamente em ceder à tentação filosofante de projetar um véu misterioso sobre a singela ação de alguém que vai buscar aquilo que lhe foi pedido. Alguém poderia, por exemplo, alegar que a comparação feita no jogo 14 pressupunha que o vendedor levasse na memória a imagem da amostra vista sobre o balcão. É como se, sem essa imagem, o vendedor não tivesse *como* procurar. Na verdade, nem sequer saberia *o que* procurar. A imagem, portanto, tem de estar lá, para servir como uma espécie de guia do vendedor que busca o tecido nas prateleiras. Pouco importa que, como questão de fato, não estejamos dispostos a reconhecer a ocorrência efetiva de uma espécie de "alucinação mnemônica" simultânea à busca. Em nosso modelo mentalista de busca, a memória usual será sub-reptícia e semiarticuladamente substituída, na inquietação filosofante, por uma faculdade sublimada, escorregadia, quase metafísica que "está lá", atuante o tempo todo, mas cuja atuação seria impossível perceber. E é isso que dará sentido à justaposição do jogo 15, no qual a amostra sublime pressuposta nas profundezas da mente cede lugar a um pedaço ordinário de pano posto na superfície da mão.

E nos ocorre, então, a desconcertante suspeita de termos simplesmente trocado seis por meia dúzia.

Com efeito, por que não repetir as mesmas questões no segundo caso? Basta observá-la sob uma lupa conceitual para perceber que, em essência, nada mudou. Pois, para ir da amostra até o rolo, o olhar tem de percorrer uma distância que, desprezível de um ponto de vista prático, parece intransponível para a *hybris* filosofante. Primeiramente, a pupila do vendedor capta a imagem da amostra que ele tem em sua mão. Da pura e simples percepção, a amostra de tecido vai se refugiar nas profundezas da memória sublimada, enquanto sua pupila vai traçando um ângulo ascendente, visando as prateleiras, percorrendo os diversos rolos que a impressionam e produzem, no caminho, um fluxo contínuo de imagens percebidas. Lá pelas tantas, a imagem mnemônica dá uma ordem ("Alto lá!") numa linguagem inapreensível para os ouvidos, mas que se traduz, na mente, por uma relaxante sensação de reconhecimento e familiaridade ("É *essa*!"). O vendedor vai até a prateleira, pega o rolo e o leva até o balcão, sem que ninguém (acima de tudo, sem que ele próprio) se dê conta da rebuscada coreografia que sua mente acaba de executar.[16]

Inutilmente, é claro. Pois não se colocam em relação a essa coreografia microscópica exatamente as mesmas questões que se colocavam em relação à primeira? Por que essa memória mitológica, atuando nas profundezas da mente, reconheceria o rolo mais facilmente do que o faz um bem treinado vendedor atrás do balcão? Como essa memória saberia a hora de dizer "Alto lá!"? Como seria capaz de reconhecer corretamente o tecido? Pois foi daqui que partimos, e é para cá que acabamos de voltar — para o reconhecimento imediato de um rolo de tecido. A única vantagem da memória profunda sobre o vendedor experiente é a do engodo mal disfarçado. Tínhamos um ator sobre o palco, representando seu papel diante de todos; agora temos um funcionário soprando o ponto, oculto num alçapão.

Talvez todo o problema pudesse ser resolvido com a postulação de uma retenção contínua da memória. Em vez de atuar à

16. Uma das marcas de entendimento de um jogo de linguagem é o sorriso. A arma central do método de Wittgenstein é a *ironia*. Não se busca (nem se poderia buscar, como já ficou dito) uma redução ao absurdo. Busca-se, isto sim, uma redução terapêutica ao *ridículo*. A ironia que usei para descrever o jogo do vendedor é parte integrante do texto, e não um artifício expositivo do intérprete. Não tem por objetivo "facilitar as coisas" para um iniciante, mas possibilitar a leitura que me parece a mais correta.

distância, a amostra mental poderia talvez ser retida num plano simultâneo ao da percepção. Desse modo, quando o vendedor buscasse pelas prateleiras, estaria percebendo *e recordando* a um só tempo. A memória não teria de "se comunicar" com outra região da mente. Ela apenas manteria à tona o padrão de reconhecimento, que se ofereceria agora de modo imediato à percepção, como quando encostamos uma amostra de pano sobre o rolo de tecido. É essa a situação dramatizada pelo jogo 16, mais uma vez recorrendo à exteriorização de um suposto processo mental. No lugar de uma memória retentiva simultânea à percepção, temos um vendedor de carne e osso encostando a amostra em diversos tecidos para decidir qual é o correto.

Mas como se decide qual é o correto? Pois há diversas maneiras de comparar amostras com tecidos. Estamos supondo que o freguês quer comprar um corte do mesmo tecido e exatamente da mesma cor da amostra. Quando o vendedor compara o tecido com a amostra, busca uma perfeita coincidência. Chamemos isso de "comparação 1". Mas o freguês poderia querer um *outro* tecido daquela cor. O vendedor faria exatamente a mesma cerimônia: sobreporia a amostra a vários rolos de tecido para fazer o que chamaremos de "comparação 2". Se lhe fosse pedido que trouxesse o mesmo tecido, mas de uma cor ligeiramente mais escura, faria uma "comparação 3". E assim por diante. Há um número indefinidamente grande de comparações que podemos imaginar, e todas elas envolveriam o mesmo tipo de ação externa. Se o vendedor fizer a escolha correta em cada caso, os resultados de cada uma dessas comparações serão muito diferentes. E, então, somos levados a repetir em relação a essas infinitas comparações "por contato" as mesmas questões que fizemos em relação às comparações "à distância": como o vendedor elege a comparação correta a ser feita? Será necessário que ele tenha uma tabela das comparações possíveis e, diante do pedido "traga-me um tecido ligeiramente mais escuro", que a tabela o instrua a fazer a comparação 3, e não a comparação 1, ou qualquer outra? Será que, para fazer uma comparação, ele precisa comparar amostras de comparação com aquela que ele efetivamente faz, para certificar-se de que escolheu a correta?

Mas não é claro, nesse ponto, que, seguindo nesse caminho, o vendedor precisará também comparar as comparações de comparações entre si, antes de finalmente poder se decidir?

Note-se que, no plano das atividades cotidianas de uma loja de tecidos, partimos da identificação mais pacífica, na qual o vendedor, ao bater o olho na amostra, não tem dúvida de qual é o tecido desejado. Passamos, então, a um caso um pouco mais difícil, no qual foi preciso, de longe, comparar a amostra com diversos rolos para chegar a uma decisão. Finalmente, o jogo 16 evocou um caso em que, seja pela inexperiência do vendedor, seja pela semelhança entre alguns tecidos da prateleira, foi necessário encostar a amostra no pano para eliminar qualquer dúvida. Nenhuma dessas três atividades "pressupõe" as outras duas. Seria ridículo pretender (e, na verdade, não teria sentido afirmar) que, para reconhecer a amostra de cara, é preciso "antes" encostá-la no tecido.

Contra o pano de fundo das atividades mentais postuladas como condição de possibilidade do reconhecimento, o jogo 16 reduz tais postulações ao ridículo, mediante o uso da *ironia*. É só quando percebemos isso que o sentido do texto de Wittgenstein é compreendido. O subtexto irônico, que o leitor deve ler nas entrelinhas, diz mais ou menos o seguinte: *Se, para reconhecer o tecido nos jogos 14 e 15, fosse necessário reter a memória da amostra para sobrepô-la à percepção, deve ser necessário também sobrepor a percepção da amostra à percepção do tecido para decidir, no jogo 16, se o tecido da amostra coincide ou não com o do rolo.* Se insistirmos na necessidade da comparação mental, apesar do ridículo, um novo tombo nos aguarda no próximo degrau. Pois, diante da insistência, torna-se cabível perguntar se não seria necessária uma comparação ainda mais profunda para fundamentar a comparação da memória e da percepção, servindo-lhe de modelo. Se se disser que essa comparação de ordem superior não é necessária porque a coincidência é imediatamente verificada no nível mental, a resposta (irônica) seria: *Mas por que a coincidência dos dois pedaços de pano não lhe pareceu suficiente há pouco?*

A função do jogo 17 é, desse ponto de vista, jogar uma pá de cal nas inquietações mentalistas do interlocutor imaginário, encenando no interior da loja o que chamamos há pouco de "comparação 3". A amostra, as prateleiras, o vendedor, tudo é mantido constante, exceto o pedido. Em vez de pedir um tecido daquela cor, o comprador estende a amostra e pede um pano "ligeiramente mais escuro". O que pode acontecer nesse caso? Eis o que o leitor é convidado a imaginar. E deve perceber que as mesmíssimas coisas podem acontecer. Um vendedor experiente, diante da amostra, pode saber que há apenas um tecido "ligeiramente mais escuro" na prateleira e sair para buscá-lo, deixando a amostra sobre o balcão. Na dúvida, pode levantar a amostra e correr os olhos pelas prateleiras. Ainda na dúvida, pode encostá-la a dois ou três rolos para se certificar de qual é o tecido que mais se aproxima da descrição. Em qualquer um dos três casos, na mente desse vendedor podem estar acontecendo diversas coisas, ou absolutamente nada. (Este, aliás, é o caso mais comum.) É exatamente isso que as variantes 14a, 14b e 14c, acrescentadas ao jogo 17, procuram evidenciar.

Vimos que o jogo 14 evocava a situação menos problemática: um vendedor experiente tratando de um caso muito simples. Se nos perguntarmos o que acontece na mente do vendedor, a resposta mais natural seria: *Caso ele não esteja distraído, não deve acontecer absolutamente nada*. Ele simplesmente vai até a prateleira, pega o tecido e o traz até o balcão. Na variante 14a, porém, imaginamos que aconteça na mente do vendedor algo análogo ao que acontece em plena loja no jogo 15. Ao ver o pedaço de pano, o vendedor forma uma imagem mnemônica, que ele deve "carregar" (com muito cuidado e concentração, suponho, para que ela não suma de repente, nem perca nitidez) até a prateleira, onde a compara com os diversos tecidos que está vendo. Passa por quatro rolos e, em frente a cada um deles, repete para si mesmo (em voz alta, mentalmente, ou quiçá "de modo inconsciente") coisas do tipo "muito escuro", "muito claro", "esse, não". No quinto rolo, finalmente, diz "É isso!" (sentindo, talvez, uma sensação de relaxamento muscular na altura das sobrancelhas). Pega, então, o rolo e o leva até o balcão.

Wittgenstein não está querendo mostrar, com essa cena imaginária, que isso não possa acontecer. Pelo contrário. Está mostrando que *pode* acontecer. É uma das inumeráveis coisas que podem acontecer a um vendedor nessa situação, muito embora apenas pessoas um pouco excêntricas se comportem assim. Mas não é necessário que aconteça. Isso cria uma situação retoricamente poderosa. Algo que não precisa acontecer e que, em situações normais, não acontece é um análogo melhorado (pois objetivo, palpável, visível) daquilo que, há pouco, pressupúnhamos que deveria necessariamente ocorrer nas profundezas do Eu. Não se trata de dizer que esse acontecimento estranho e rarefeito não acontece. Trata-se de dizer: *se* acontecer, irá simplesmente recolocar de forma mais aguda o *falso* problema que nos levou a achar necessário que aquilo acontecesse.

A variante seguinte (14b) tira de cena a imagem mnemônica, conservando apenas as expressões audíveis e visíveis do vendedor ao olhar as prateleiras. Ele balança a cabeça diante de quatro rolos, franzindo o cenho. Quando olha para o quinto, relaxa, dá um sorriso satisfeito, vai até ele e o leva até o balcão. Sob o impacto da variante anterior, é muito provável que não nos sintamos mais inclinados a perguntar o que "fundamenta", o que "está por trás" dos movimentos da cabeça, da sobrancelha, da expressão de alívio e do sorriso. Nada *precisa* estar por trás de tudo isso. Terá o vendedor dito algo em voz baixa enquanto franzia o cenho? Talvez sim, talvez não. Talvez tenha dito coisas do tipo "Não, esse não é o tecido correto" e "Sim, é este!". Talvez tenha pensado no que vai fazer à noite. O mais provável (apenas isso...) é que não tenha pensado em coisa alguma.

Na variante 14c, o cenho franzido e o sorriso satisfeito são simplesmente tirados de circulação. Ninguém sente falta deles.

6. CONVITE

Rigorosamente, seria inadequado falar em "conteúdo" na obra madura de Wittgenstein.[17] Ela fala, é claro, sobre diversas coisas — a nomeação, a linguagem, a mente, as regras, a teoria dos números, as formas de vida, os jogos, e por aí vai. Mas o entendimento de seus textos não tem como se limitar ao entendimento daquilo que o texto *diz*. Só os entende quem consegue, com eles, através deles, realizar em si uma experiência que eles não pretendem (e, a rigor, não poderiam) *descrever*. Os diversos tópicos que acabamos de listar são, sem dúvida, instrumentos e temas dos textos produzidos a partir do início dos anos 1930. Desse ponto de vista, porém, o *Livro marrom* não apresenta nenhuma novidade quando comparado ao *Livro azul*, ou mesmo ao *Big Typescript*. A grande novidade é *formal*. Do *Livro mar-*

17. No *Tractatus*, também, mas por razões completamente diversas.

rom em diante, o texto passa a se organizar na forma da apresentação de uma série de situações linguísticas imaginárias (os jogos de linguagem), às quais se intercalam observações cuja finalidade é auxiliar o leitor a *usar* o texto para produzir em si mesmo certo desconcerto. O entendimento só se perfaz nesse ponto — quando o leitor finalmente consegue perceber de que modo deve se deixar atingir pelo texto. As observações intercaladas fazem, de modo um pouco menos explícito, aquilo que estou procurando fazer neste posfácio: guiar essa experiência, propiciá-la. Esse é, a meu ver, o único modo correto de comentar os textos maduros de Wittgenstein. O leitor deve ser instruído sobre como *usar* esses textos.

A cuidadosa justaposição dos jogos de linguagem deve ser vista como um percurso terapêutico planejado para nos ajudar a não fazer mais questões sem sentido, nem tentar respondê-las. Isso determina opções que dizem respeito, sem dúvida, à forma do texto, mas é necessário acrescentar que não se trata aqui de uma questão *meramente* formal. O recurso sistemático à justaposição (por oposição à subordinação lógica) das partes responde a três tipos de exigência inerentes ao projeto filosófico do segundo Wittgenstein.

A primeira exigência não pode ser desenvolvida em detalhes aqui, pois implicaria um mergulho na filosofia da matemática do *Tractatus* e na crise pela qual passa essa filosofia no final dos anos 1920. Falando em termos muito genéricos, o resultado geral dessa crise foi a constatação de que regras recursivas e regras de subsunção conceitual não podem legitimar o discurso a respeito de *todos* os resultados da aplicação dessas regras. Essa postura costuma ser chamada de "finitismo", e comporta inúmeras variantes. Seria impossível listá-las aqui. Com dois exemplos, o leitor será capaz de compreender o que está em jogo. Uma regra recursiva define uma série de elementos mediante a especificação do primeiro elemento da série e de uma regra que me permite obter o elemento seguinte a qualquer elemento dado. Por exemplo, eu poderia definir os números pares do seguinte modo:

(i) 0 é par.
(ii) Se x é par, então x + 2 é par.[18]

Isso me permite ir tão longe quanto eu queira na série dos pares. O finitismo que Wittgenstein abraça a partir do final dos anos 1920 reconhece a legitimidade desse tipo de regra, mas nega que ela possa legitimar qualquer referência à "totalidade" dos números pares. Do mesmo modo, não diremos que o conceito vinculado à função proposicional "x é par" subsume "infinitos números". Diremos que subsume 0 e, se subsumir um número x qualquer, subsumirá o número x + 2. Temos, portanto, a regra de recursão, mas não a totalidade dos casos. O finitismo que marca o colapso do projeto tractariano bloqueia qualquer referência a uma suposta totalidade dos possíveis usos da palavra "tijolo" no primeiro jogo de linguagem, ou à totalidade dos possíveis usos de uma amostra de pano numa loja de tecidos. Em qualquer dos seus usos, a linguagem sempre pode ser aplicada a um número tão grande de casos quanto se queira, mas seria indevido, de um ponto de vista finitista, fazer referência a *todos* esses usos possíveis. Menciono essa primeira exigência para que o leitor tenha consciência de que muitas questões que

18. O leitor mais familiarizado com o tema talvez dissesse que, a bem do rigor, deveríamos acrescentar aqui uma cláusula de fecho, dizendo que *apenas* o que se obtém por meio dessa regra é um número par. É questionável que isso pudesse ser feito de um ponto de vista finitista, pois o infinito atual acabaria se imiscuindo na palavra que grifei. Não afligirei o leitor menos afeito a tecnicalidades com minudências que tais.

não pude abordar neste posfácio deveriam ser abordadas num estudo desse período como um todo.

A segunda exigência é inerente a toda e qualquer pergunta pelo sentido de uma expressão — pergunta que, sob as mais diferentes roupagens, perpassa toda a filosofia madura de Wittgenstein. Se me perguntam o que quer dizer "nefelibata", eu posso responder dizendo que é uma pessoa que vive no mundo das nuvens. Se a mesma pessoa me diz que não sabe o que significa "viver no mundo das nuvens", posso dar um equivalente dessa expressão metafórica. Mas, se uma pergunta desse tipo ressurge toda vez que dou uma resposta, o próprio jogo de "pedir explicações sobre o sentido de uma palavra" se dissolve. Só podemos explicar o sentido de uma palavra se houver alguma coisa que possamos chamar de "explicação do sentido de uma palavra" que satisfaça à pessoa a quem damos tal explicação. O mesmo vale para o reconhecimento de que uma expressão não tem sentido. Se alguém me diz que a expressão "verde avermelhado" tem sentido, eu lhe pediria que me mostrasse algo a que poderíamos aplicar essa expressão. Se essa pessoa me diz que não há nada a que possamos aplicá-la, mas *poderia* haver, eu respondo que qualquer som "poderia" ter sentido, caso alguém me explicasse como usá-lo, mas que "poder ter sentido" não significa "ter sentido". Não existe demonstração possível no campo do sentido desvinculada de um reconhecimento imediato do sentido ou falta de sentido. Em última instância, tanto o sentido quanto a falta de sentido devem ser imediatamente exibidas e reconhecidas como tais. Uma filosofia que se move e se decide na exibição do sentido de certas expressões não pode, por isso, assumir a forma de uma dedução lógica. Ela deve caminhar, se podemos dizer assim, de reconhecimento a reconhecimento, de um caso a outro. Ela deve *mostrar*, não demonstrar. A sequência de jogos de linguagem que constituem a tecitura do *Livro marrom* é, por isso, a forma necessária (e não apenas estilisticamente interessante) de exposição de sua nova filosofia.

A terceira exigência é aquela que vimos mencionando desde o início, e que talvez agora ganhe contornos mais ricos e determinados. O texto do *Livro marrom* não se dirige às opiniões e crenças das pessoas para quem ele foi escrito. Dirige-se à sua *vontade*. Seu alvo são certas inclinações obsessivas que nos fazem voltar sistematicamente a questões sistematicamente refratárias a qualquer solução possível. O que se faz necessário, nesses casos, não é uma nova tentativa de resposta, mas um diagnóstico preciso e um tratamento adequado. Achamos, por exemplo, que faz sentido perguntar se o azul que eu vejo é o mesmo azul que as outras pessoas veem. Posso responder que é o mesmo, caso estejamos olhando para a mesma coisa e tenhamos a visão normal. Como no caso da palavra "nefelibata", porém, a repetição obsessiva de um certo padrão de pergunta pode acabar minando o próprio jogo de perguntar e responder. Nosso interlocutor pode dizer, por exemplo, que não se trata do "mesmo" azul, mas apenas de azuis "semelhantes". Ponho duas amostras com tonalidades semelhantes, mas não exatamente iguais, de azul diante de meu interlocutor e pergunto se é a esse tipo de semelhança que ele se refere. Mas fico sabendo que também não é nesse sentido que eu devo tomar sua pergunta. "Você vê o *seu* azul, e eu vejo o *meu*", ele diz. Devemos saber, agora, em que sentido o azul pode ser "meu". E a discussão recomeça.

Ela pode recomeçar sempre — esse é o diagnóstico de Wittgenstein. Não há divergência sobre fatos, nesse caso, mas sobre os usos que fazemos das palavras. Acima de tudo, a discussão nasce da inclinação, da vontade, da obsessão de usar palavras como "azul", "idêntico", "semelhante", "ver", "meu" e "seu" de um modo que ninguém mais usa. Isso não seria problema algum, caso meu interlocutor estivesse disposto a me explicar o uso que faz dessas palavras. Ele poderia dar um equivalente em nossa linguagem da palavra "azul", tal como ele a entende. Ou apontar para uma amostra desse azul que ele alega estar vendo, e que eu não vejo. Ou dizer que espécie de capacidade visual ele tem que eu não tenho. Qualquer uma dessas coisas seria uma explicação perfeitamente aceitável a respeito do que ele estava querendo dizer. Mas nada disso parece satisfazê-lo. Ele é sempre capaz de recolocar suas questões de um modo que nunca serei capaz de entender. É preciso dar um passo atrás e, em vez de argumentar, *mostrar* a essa pessoa que suas perguntas não fazem sentido para mim porque, antes de mais nada, não fazem sentido para ela. Wittgenstein concebe, então, uma filosofia que, em vez de demonstrar teses, *mostra* determinadas situações e espera que, diante delas, consigamos perceber que, ali onde parecia haver uma pergunta filosófica profunda ou um pressuposto filosófico inescapável, há na verdade apenas um engano linguístico vulgar. Para isso, recorre a um método *amostral*. Em vez de afirmar com veemência que uma pergunta não tem sentido, ou que certos pressupostos são injustificados, o texto vai me pondo diante de *amostras linguísticas* nas quais essas perguntas e pressupostos não têm mais lugar.

Perguntávamos pelo significado da palavra "cinco", esperando encontrar "algo" semelhante a um tijolo que pudesse cumprir essa função. Sou posto, então, diante de uma linguagem na qual todas as palavras designam objetos, e nem por isso os objetos designados são os significados das palavras. Achávamos necessário que, para aplicar palavras como "amarelo", tivéssemos de introjetar uma amostra ideal do amarelo, que serviria como regra para a aplicação correta da palavra. O texto me põe diante de uma situação na qual amostras de pano são, de fato, usadas, sem que esse uso esteja menos sujeito à exigência (indevida!) da presença de uma regra que o regule. Achávamos que a palavra "amarelo" se refere a algo que só eu posso ver. O texto me põe diante de situações nas quais só eu estou vendo algo e percebo que, em todas essas situações, uma outra pessoa também poderia ver o que estou vendo. As perguntas, que me pareciam profundas, começam a parecer tão infantis quanto as que fizemos sobre o sentido da palavra "nefelibata". Os pressupostos, que pareciam inescapáveis, começam a parecer tão ridículos quanto a ideia de carregar na memória a amostra para, no alto de uma escada, encostar a amostra mental no rolo de tecido e decidir se é ou não aquele rolo que o freguês está pedindo.

Num posfácio a um livro assim, eu só podia fazer o que fiz: enunciar algumas regras de leitura e esperar que elas possam ajudar o leitor a caminhar com seus próprios pés. Ele é apenas um convite; seria incapaz de substituir a visita. "Como em qualquer livro", você diria. "Nos de Wittgenstein, mais que nos de qualquer outro autor", seria minha resposta. O motivo é simples, e ficou dito ali atrás. O *Livro marrom* é mais semelhante a um guia turístico ou um livro de autoajuda que a um livro tradicional de filosofia. Ele pode ser lido, talvez, sem que você faça nada enquanto lê, mas isso seria mais ou menos como ouvir música distraído, enquanto cozinha ou faz qualquer outra coisa. A experiência genuína se perde, e tudo se passa como se você não tivesse realmente entendido o que ouviu — ou o que leu. A leitura de um guia turístico só se perfaz na cidade visitada. A leitura de um livro de autoajuda só faz sentido para quem se reconhece nos problemas que ele tenta resolver, e procura se modificar em função da leitura. Quero dizer com isso que o *Livro marrom* também é um convite para algo que se encontra necessariamente fora dele, e que talvez possa ser alcançado com ele, para além dele. Se me perguntar o que é "isso", o mais razoável seria não lhe dar resposta alguma. Leia. Do outro lado deste livro (tal como *eu* o leio, pelo menos) há uma espécie de silêncio. Uma espécie de respeito, talvez, por coisas que a linguagem jamais poderá fazer. Mas, nesse ponto, estou tentando pôr os pés indevidamente num terreno que é só seu. Meu papel aqui é fazer um convite para que você aceite um outro, que o livro lhe fará. O resto é de si consigo. Cada qual no seu cada qual. Se conseguinte.[19]

JOÃO VERGÍLIO GALLERANI CUTER
Professor de lógica e filosofia da linguagem na Faculdade de Filosofia, Letras e Ciências Humanas (FFLCH) da Universidade de São Paulo (USP).

19. Cf. João Vergílio Gallerani Cuter, "Wittgenstein e eu". *Discurso*, n. 38, pp. 215-37, 2008.

Índice remissivo

Este índice se refere apenas ao texto principal do livro e ao Apêndice (não às variantes indicadas em notas de rodapé).

No caso do texto principal do livro, os números remetem à paginação do tiposcrito de Von Wright (TS 310), usado como base para a presente tradução (ver Apresentação). No caso do Apêndice, os números referem-se à divisão em seções e as letras, ao parágrafo gramatical dentro de cada seção. Assim, por exemplo, 35c indica que o termo deve ser procurado na seção numerada como 35, no terceiro parágrafo gramatical. Números em negrito indicam que há mais de uma ocorrência do termo na mesma página.

Título original: *Brown Book*

COORDENAÇÃO DA COLEÇÃO Giovane Rodrigues e Tiago Tranjan
DIRETORAS EDITORIAIS Fernanda Diamant e Rita Mattar
EDITORES Carlos Tranjan e Eloah Pina
ASSISTENTE EDITORIAL Millena Machado
PREPARAÇÃO Bonie Santos
REVISÃO Fernanda Campos e Denise Camargo
DIRETORA DE ARTE Julia Monteiro
CAPA Equipe Fósforo
IMAGEM DO VERSO DA CAPA Fac-símiles CC BY-NC 4.0. Originais na Wren Library, Trinity College, Cambridge, onde, em 2014-15, por requisição do Wittgenstein Archives da University of Bergen (WAB) e com apoio financeiro generoso da Stanhill Foundation, Londres, esta reprodução foi feita. A imagem foi posteriormente tratada no WAB e foi aqui reproduzida com a permissão de The Master and Fellows of Trinity College, Cambridge, e University of Bergen, Bergen. A venda e outras reproduções ou usos dessas imagens com fins comerciais sem permissão prévia dos detentores do copyright são proibidos. © 2015 The Master and Fellows of Trinity College, Cambridge; The University of Bergen, Bergen.
TRATAMENTO DE IMAGENS Adiel Nunes Ferreira
PROJETO GRÁFICO Alles Blau
EDITORAÇÃO ELETRÔNICA Página Viva

CIP-BRASIL. CATALOGAÇÃO NA PUBLICAÇÃO
SINDICATO NACIONAL DOS EDITORES DE LIVROS, RJ

W786l

Wittgenstein, Ludwig, 1889-1951
O livro marrom / Ludwig Wittgenstein ; tradução, organização e apresentação Giovane Rodrigues, Tiago Tranjan ; posfácio João Vergílio Gallerani Cuter. — 1. ed. — São Paulo : Fósforo, 2025.

Tradução de: Brown Book
ISBN: 978-65-6000-127-5

1. Filosofia austríaca. 2. Linguagem e línguas — Filosofia. I. Rodrigues, Giovane. II. Tranjan, Tiago. III. Cuter, João Vergílio Gallerani. IV. Título.

CDD: 193
25-98508.0 CDU: 1(436)

Carla Rosa Martins Gonçalves — Bibliotecária — CRB-7/4782

Editora Fósforo
Rua 24 de Maio, 270/276, 10º andar, salas 1 e 2 — República
01041-001 — São Paulo, SP, Brasil — Tel: (11) 3224.2055
contato@fosforoeditora.com.br / www.fosforoeditora.com.br

Este livro foi composto em GT Alpina e
GT Flexa e impresso pela Ipsis em papel
Golden Paper 80 g/m² para a Editora
Fósforo em julho de 2025.